郭建勋 翟新明 编著

绝世妙笔《古文观止》新编

名师导读

CNS PUBLISHING & MEDIA 中南出版传媒

岳麓书社·长沙

图书在版编目(CIP)数据

绝世妙笔《古文观止》新编/郭建勋,翟新明编著.—长沙:岳麓书社,2014.10(2022.10 重印)

(名师导读)

ISBN 978-7-5538-0291-6

Ⅰ.①绝…　Ⅱ.①郭…②翟…　Ⅲ.①古典散文—散文集—中国　Ⅳ.①H194.1

中国版本图书馆 CIP 数据核字(2014)第 197515 号

JUESHI MIAOBI GUWEN GUANZHI XINBIAN

绝世妙笔《古文观止》新编

编　　著:郭建勋　翟新明

责任编辑:皮朝霞　蔡　晟

责任校对:舒　舍

装帧设计:谢　颖

岳麓书社出版发行

地址:湖南省长沙市爱民路 47 号

直销电话:0731-88804152　0731-88885616

邮编:410006

版次:2014 年 10 月第 1 版

印次:2022 年 10 月第 2 次印刷

开本:710mm×1000mm　1/16

印张:11.5

字数:196 千字

印数:8 001—11 000

ISBN 978-7-5538-0291-6

定价:34.80 元

承印:廊坊市博林印务有限公司

如有印装质量问题,请与本社印务部联系

电话:0731-88884129

目　录

郑伯克段于鄢

——《左传·隐公元年》——

文献简介

《左传》原称《左氏春秋》，又称《春秋左氏传》，与《公羊传》《穀梁传》合称"《春秋》三传"，"十三经"之一。传为春秋时左丘明撰，现多认为是在战国初年编订的。《左传》是一部编年体史书，记录了从鲁隐公元年(前722)到鲁哀公二十七年(前468)间各国发生的重大历史事件。

初，郑武公娶于申，曰武姜，生庄公及共叔段。庄公寤生，惊姜氏，故名曰"寤生"，遂恶之。爱共叔段，欲立之。亟请于武公，公弗许。[①]及庄公即位，为之请制。公曰："制，岩邑也。虢叔死焉，他邑唯命。"请京，使居之，谓之京城大叔。[②]

祭仲曰："都，城过百雉，国之害也。先王之制：大都，不过参国之一；中，五之一；小，九之一。今京不度，非制也。君将不堪。"[③]公曰："姜氏欲之，焉辟害?"对曰："姜氏何厌之有? 不如早为之所，无使滋蔓。蔓，难图也。蔓草犹不可除，况君之宠弟乎?"公曰："多行不义，必自毙。子姑待之。"[④]

既而大叔命西鄙北鄙贰于己。公子吕曰："国不堪贰，君将若之何? 欲与大叔，臣请事之；若弗与，则请除之。无生民心。"公曰："无庸，将自及。"[⑤]

大叔又收贰以为己邑，至于廪延。子封曰："可矣! 厚将得众。"公曰："不义不昵。厚将崩。"[⑥]

注释

①初：用来表示追叙前事的副词。申：国名，姜姓，后被楚所灭，故城在今河南省

南阳市。武姜:武是郑武公之谥,姜是姓。共(gōng)叔段:叔是排行,段是名,段后来出奔共,故称“共叔段”。寤生:逆生,难产。寤:通“牾”。亟(qì):屡次。

②制:地名,在今河南省荥阳市西北。岩邑:险要的城邑。虢(guó)叔:东虢国君。京:地名,在今河南省荥阳市东南。大:通“太”。

③祭(zhài)仲:郑国大夫。都:都邑。城:城垣。雉:计量单位,高一丈,长三丈。参:同“叁(三)”。国:国都。不度:不合法度。堪:胜,承受。

④辟:通“避”。厌:满足。所:处所,地方。毙:仆倒,失败。

⑤鄙:边境。贰:有二心,或说两属,即同时属庄公和大叔。公子吕:郑国大夫。生民心:使百姓生二心。庸:用。自及:指自作自受,自身遭祸。

⑥贰:指前面提到的西鄙、北鄙两地。廪延:地名,在今河南省延津县北。子封:即公子吕,子封是他的字。厚:多、大,指势力雄厚。昵:亲昵。

大叔完聚,缮甲兵,具卒乘,将袭郑。夫人将启之。[①]公闻其期,曰:“可矣!”命子封帅车二百乘以伐京。京叛大叔段。段入于鄢,公伐诸鄢。五月辛丑,大叔出奔共。[②]

书曰:“郑伯克段于鄢。”段不弟,故不言弟;如二君,故曰克;称郑伯,讥失教也;谓之郑志。不言出奔,难之也。[③]

遂置姜氏于城颍,而誓之曰:“不及黄泉,无相见也!”既而悔之。[④]

颍考叔为颍谷封人,闻之,有献于公。公赐之食。食舍肉。公问之。对曰:“小人有母,皆尝小人之食矣;未尝君之羹,请以遗之。”公曰:“尔有母遗,繄我独无!”[⑤]颍考叔曰:“敢问何谓也?”公语之故,且告之悔。对曰:“君何患焉?若阙地及泉,隧而相见,其谁曰不然?”公从之。公入而赋:“大隧之中,其乐也融融。”姜出而赋:“大隧之外,其乐也泄泄。”遂为母子如初。[⑥]

君子曰:“颍考叔,纯孝也,爱其母,施及庄公。《诗》曰‘孝子不匮,永锡尔类’,其是之谓乎!”[⑦]

注释

①完:修固城郭。聚:储存粮草。缮:修补。甲兵:铠甲和兵械,指武器。具:准

备。卒乘:步兵和车兵,指战士。启:开启城门以为内应。

②乘(shèng):春秋时车一辆为一乘,每乘甲士十人,徒兵十人。鄢:地名,在今河南省鄢陵县。共:地名,在今河南省辉县。

③书:指《春秋》经文。克:战胜。郑志:郑庄公的意图,这里指郑庄公故意养成段的罪行,以便征讨驱逐。出奔:《春秋》中"出奔"多用于有罪之人。

④城颍:地名,在今河南省临颍县西北。黄泉:地下之泉,暗指不死不相见。

⑤颍谷:地名,在今河南省登封市西南。封人:镇守边疆的地方官员。舍:置,指吃饭时把肉另放在一边。遗(wèi):送,给。繄(yī):发声词,无义。

⑥患:担忧。阙:掘。隧:隧道,这里用作动词,指挖隧道。赋:赋诗。

⑦施(yì):延及。"孝子不匮,永锡尔类":出自《诗·大雅·既醉》。匮:穷尽;一说当作"遗",读为"坠",颓坠。锡:赐予。类:族类。

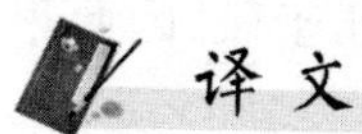

译文

当初,郑武公从申国娶了妻子,称为武姜。武姜先后生下了郑庄公和段。庄公出生的时候,姜氏因难产而受到惊吓,所以给庄公取名为"寤生",从此很讨厌他。姜氏喜欢小儿子段,想要将他立为国君。她多次向郑武公提起,郑武公都没有答应。等到庄公即位,姜氏想为段请求制地作为他的封地。庄公说:"制地是险要的城邑,东虢的国君就死在那里,如果是其他的地方则唯命是从。"姜氏又请求京地,庄公答应了,让段居住在那里,人们称段为"京城大叔"。

大夫祭仲对庄公说:"城邑的城垣如果超过了百雉,就会成为国家的危害。先王的法制规定:大的城邑不能超过都城的三分之一,中等城邑不能超过五分之一,小城邑不能超过九分之一。现在京这个城邑没有按照法度,不符合规范。恐怕国君无法承担后果。"庄公说:"这是我母亲姜氏想要这样,怎么才能避开这个祸患呢?"祭仲回答说:"姜氏怎么会有满足的时候呢?不如及早处置,不要让他的势力扩张,如果扩张的话就难以控制。蔓延的野草尚且不容易完全清除,更何况是国君宠爱的弟弟呢?"庄公说:"不该做的事情做多了,一定会自食其果。你暂且等着看。"

不久,大叔段命令西面和北面边境的城邑听从自己的命令。大夫公子吕对庄公说:"一个国家不能忍受城邑两属的情况,国君准备如何处理呢?如果想把政权交给大叔,那么我请求去侍奉他;如果不是,那么我请求现在就剪除他的势力,不要让百姓生有二心。”庄公说：“不用，他会自食恶果。”大叔段又把这两个城邑收为自己的封邑，势力一直扩充到了廪延。公子吕对庄公说：“可以了，再继续下去他的势力扩大，就会得到民心拥护了。”庄公说：“做了不该做的事情是不能团结他人的，势力雄厚就必将崩溃。”

大叔段修固城郭，储存粮草，修补兵器，召集士兵，准备偷袭郑国国都，姜氏将作为内应开启城门。庄公得知了偷袭的日期，说：“可以出击了！”于是命令公子吕率领战车二百乘讨伐京地。京地的百姓背叛了大叔段，段逃到了鄢地。庄公又讨伐鄢。五月辛丑日，大叔段出逃到了共地。

《春秋》对此的记载是“郑伯克段于鄢”。段的作为不像弟弟应该做的，所以不称他为“弟”；两人之间的战争好像是两国国君对战，所以称“克”；之所以称庄公为“郑伯”，是讽刺他没有尽到教化弟弟的职责，这也揭示了庄公养成弟弟的罪过来征伐弟弟的本心。不说“出奔”，是因为罪在双方，不能只归罪于段，因此很难下笔。

于是庄公把姜氏安置在城颍，并且发誓说：“不到黄泉，我不会再见她！”但紧接着就后悔了。

颍考叔是颍谷的长官，听说了这件事，于是向庄公进献。庄公赏赐他吃饭。吃饭的时候，颍考叔把肉单独拿出来放在一边。庄公询问他原因。颍考叔回答说：“我的老母亲吃过我所吃过的所有食物，但还没有吃过国君的肉羹，我请求国君能够把这肉羹赏赐给她。”庄公说：“你还有母亲可以送食物，可唯独我却偏偏没有！”颍考叔说：“请问这是什么意思呢？”庄公告诉了他原因，并说明自己的后悔。颍考叔回答说：“国君又何必担忧呢？如果国君能够向下掘地到达泉水涌出的地方，在隧道里相见，谁又能说不对呢？”庄公听从了这个建议。于是开掘隧道，庄公进入隧道赋诗道：“我来到这隧道之中，是多么和乐。”姜氏走出来赋诗道：“我来到这隧道之外，是多么自在。”于是母子之间又恢复如初。

有德行的人说：“颍考叔，是真正的孝子。他爱他的母亲，并将这种爱影响到了庄公。《诗》中说‘孝子尽孝没有穷尽之时，将以此孝道长久地赐予你的族类’，大概就是说他这种人吧！”

导读

《春秋》笔法，向称“微言大义”，故孟子称“孔子成《春秋》而乱臣贼子惧”

(《孟子·滕文公下》),所指明的就是《春秋》“诛心”(揭露用心)的效用。故而《春秋》虽然文辞不多,但却无一字无用意。即以此篇而论,《春秋》只用了“郑伯克段于鄢”六个字,但所包含的内容却远远超出于此。《左传》“以事传经”,在对这六个字进行解释和事件记录的同时,更加注重了叙事和文辞,以及人物刻画。

文章先写旧事,以提供故事发生的背景。郑庄公出生的时候逆产,导致母亲并不喜欢自己,虽然成为了郑国国君,但母亲仍偏爱弟弟段,并帮助他扩展势力。叙事从段的势力扩展和郑国大臣进谏与庄公应对两条主线入手,明写段的“不义”和郑庄公的退让,暗写郑庄公用心的险恶。在故事叙述中,段以京为封邑,城邑的“不制”,“命西鄙北鄙贰于己”并“以为己邑”,背后都有着姜氏的影子,郑庄公与段的斗争,其实是作为儿子的庄公与作为母亲的姜氏之间的斗争。在这一过程中,郑庄公步步退让,“纵容”段的作为,在大臣进谏时,也屡屡以“多行不义必自毙”“将自及”“不义”等作为回复。看似是站在正义的一方,实际上却是一步一步“引诱”段发动叛乱,从而使自己“师出有名”,得以征讨段而不招致杀弟的恶名。等到段终于作乱,而姜氏也将为内应,早已做好准备的郑庄公便派遣军队前往讨伐,最终使段逃亡鄢地和共地。姜氏对庄公的厌恶与对段的宠爱,段的步步进逼与庄公的步步退让,庄公的长期隐忍等待时机与时机成熟后迅速出兵都形成了鲜明的对比。文章前半部分着重描写了郑庄公与臣子的对话,而正是在对话中,使得郑庄公的形象得以显现和放大。郑庄公养成弟弟的罪过从而征伐的险恶用心也在其言语和行动中被历史记录者看破,留下了“郑伯克段于鄢”这内容简短而含义丰富的记载。《左传》首先通过对事件的详细记录和对郑庄公的刻画来揭示这六个字的真实含义,在兄弟斗争结束时,又通过对“郑伯克段于鄢”的逐字解释,将郑庄公的用心明示于史书。

但故事到此并未结束。郑庄公与段兄弟间的对立已随着段的出逃结束,而郑庄公与姜氏母子间的关系则陷入了僵局。段逃奔后,庄公将母亲姜氏安置在城颍,并发誓“不及黄泉无相见也”,但很快就后悔。出于儿子对母亲本能的感情,庄公对姜氏又爱又恨。因为恨而将弟弟段陷入谋反的境地,使其出奔;因为爱,又使他对于自己对姜氏的处罚感到痛苦。颍谷的官员颍考叔便为庄公出谋,使母子二人终于相见,而庄公与姜氏“其乐融融”“其乐泄泄”的对话,表明庄公并不仅是有着精明的政治头脑、擅长险恶阴谋的君王,同时也是有着正常感情的普通人。也正是通过“克段”与“见母”两个故事的记载,才使我们了解到一个真实性格的郑庄公。

《春秋》“笔则笔,削则削”,《左传》则在保持《春秋》精义的前提下进行记录和发挥。“克段”与“见母”两个故事,前者是对春秋精义的阐释,后者则是《左传》自身的发挥。通过文末君子对颍考叔的称赞可以明显看出,《左传》作者更加注重后一行为所体现出的“孝”,而这也正是儒家思想的精华之一,一直影响中国文化,至于今日。

曹刿论战

——《左传·庄公十年》——

十年春,齐师伐我。公将战。[①]曹刿请见。其乡人曰:“肉食者谋之,又何间焉?”刿曰:“肉食者鄙,未能远谋。”[②]乃入见,问何以战。公曰:“衣食所安,弗敢专也,必以分人。”对曰:“小惠未遍,民弗从也。”[③]公曰:“牺牲、玉帛,弗敢加也,必以信。”对曰:“小信未孚,神弗福也。”[④]公曰:“小大之狱,虽不能察,必以情。”对曰:“忠之属也,可以一战。战,则请从。”[⑤]

公与之乘。战于长勺。公将鼓之,刿曰:“未可。”齐人三鼓,刿曰:“可矣!”齐师败绩。[⑥]公将驰之,刿曰:“未可。”下,视其辙,登轼而望之,曰:“可矣!”遂逐齐师。[⑦]

既克,公问其故。对曰:“夫战,勇气也。一鼓作气,再而衰,三而竭。彼竭我盈,故克之。夫大国,难测也,惧有伏焉。吾视其辙乱,望其旗靡,故逐之。”[⑧]

注释

①十年:鲁庄公十年(前684)。齐师:齐国的军队。我:指鲁国。公:鲁庄公。

②曹刿(guì):鲁国人。肉食者:大夫以上的人能够每天吃肉,代指身居高位得厚禄的人。间(jiàn):参与。鄙:鄙陋,浅薄。

③何以战:即“以何战”,凭借什么作战。安:善,指喜欢、爱好。专:独自享有。

人:指臣子。遍:遍及、普遍。

④牺牲、玉帛:古代祭祀用的祭品,牺牲指猪、牛、羊等,玉帛指玉石、丝织品。加:超过(规定)。信:诚。孚(fú):使相信,使信服;一说为"覆",遍及。福:赐福,保佑。

⑤狱:讼案。情:实际情况,或说是忠诚。属:类。

⑥长勺:鲁国地名,在今山东省曲阜市北。鼓:击鼓(进军)。败绩:战败。

⑦驰:驱车(追击)。辙:车辙。轼:古代车厢前边的横木,供乘车人做扶手用。

⑧盈:充沛,旺盛。伏:埋伏。靡:披靡,倒下。

译文

鲁庄公十年的春天,齐国的军队来攻打鲁国。鲁庄公准备迎战。曹刿请求接见。他的同乡对他说:"在位的大官们自然会谋划这件事,你又何必参与呢?"曹刿说:"大官鄙陋浅薄,不能深谋远虑。"于是入宫进见鲁庄公,问鲁庄公凭借什么条件来同齐国作战。庄公说:"衣食这类我所喜欢的事物,我不敢独自享用,一定会拿去分给别人。"曹刿说:"这是小恩小惠,不能遍及百姓,百姓不会跟从您。"庄公说:"用于祭祀的牛羊、玉帛,我不敢超过礼的规定,一定以诚心来祭祀。"曹刿说:"这只是小范围内的诚心,还不能使神相信,神灵不会保佑您。"庄公说:"对于大大小小的诉讼案件,我虽然不能一一明察,但一定会根据实际情况来处理。"曹刿说:"这是忠诚一类的表现,可以凭此来作战。如果要作战的话,请允许我跟从您。"

于是鲁庄公和曹刿同乘一辆战车,在长勺和齐军作战。一开始,鲁庄公想要击鼓进军,曹刿说:"还不可以。"齐军击鼓三次后,曹刿说:"可以击鼓进军了。"齐军被打得大败。鲁庄公又要下令追击齐军,曹刿说:"还不可以。"曹刿下了战车,查看地上齐军战车辗过的痕迹,又登上车前的横木,远望齐军撤退的情况,说:"可以追击了。"于是鲁军追击齐军。

战胜以后,鲁庄公询问曹刿取胜的原因。曹刿说:"作战,靠的是勇气。第一次击鼓能够振作士兵的勇气,第二次击鼓士兵的勇气就减弱了,第三次击鼓后士兵的勇气就被消耗尽了。齐军作战的勇气已经消失,而我军的勇气正旺盛,所以能够战胜他们。但齐国是一个大国,难以捉摸,恐怕他们假装战败而留有埋伏来伏击我们。我看到他们战车的车轮痕迹很混乱,望见他们的军旗也已经倒下,知道他们是真的战败,所以才下令追击他们。"

导读

《孙子兵法·计篇》云:“兵者,国之大事,死生之地,存亡之道,不可不察也。”明确指出了战争对于一个国家的重要性。《左传·成公十三年》也曾提到“国之大事,在祀与戎”。春秋战国间多战争,因此有众多的军事人才和总结战争经验以指导战争的兵法出现。《左传》以描写战争、刻画人物著称,本节即是对一次战争及兵法的精彩描写,同时出色地塑造了曹刿这一人物形象。

鲁庄公十年,齐桓公借口鲁国曾帮助同自己争做国君的公子纠,出兵进攻鲁国。齐强鲁弱,而“肉食者鄙,未能远谋”,在这种情况下,曹刿主动参与了战争的全部过程,并对战争的最终胜利作出了决定性的贡献。《孙子兵法·计篇》提出必胜的五个条件,首先便是:“道者,令民与上同意也。故可与之死,可与之生,而民不畏危。”强调的便是民心的重要性。在未战之前,曹刿入见鲁庄公,询问鲁国与齐国可以一战的条件。在否定了鲁庄公“衣食”“牺牲、玉帛”之类不能获取民心和神灵福佑的小惠小信之后,对鲁庄公以“必以情”的态度处理狱事表示赞同,认为这是“忠之属”,即是以民心向背作为战争胜负的先决条件。《孙子兵法·军争篇》谓“三军可夺气,将军可夺心,是故朝气锐,昼气惰,暮气归。故善用兵者避其锐气,击其惰、归,此治气者也”。在战争中,曹刿特别强调士气的重要性。齐军三鼓之后士气衰竭,曹刿便一鼓作气,以充满锐气的鲁军击败了他们。《孙子兵法·计篇》谓“兵者,诡道也”。战场之上,兵不厌诈。齐国是大国,虽然战败,但曹刿唯恐齐国是佯装战败而有埋伏。齐国可以打败仗,而鲁国不可以打败仗,故而曹刿在既胜之后并不盲目追击,而是根据敌军败后的车辙和军旗披靡情况来作出齐军确实战败的正确判断,才下令追击。从战前到战后,曹刿的一言一行,一举一动,都是兵法的妙用。清人林云铭称其“以‘远谋’二字作眼,总是一团慎战之意。惟知慎战,故于未战之先,必考君德;方战之时,必养士气;既胜之后,必察敌情。步步详审持重处,皆成兵机妙用。所谓远谋者,此也;肉食辈能无汗浃?”(《增订古文析义合编》卷一)《孙子兵法·谋攻篇》称“上兵伐谋”,曹刿论战,其实便是以谋略而取胜。这种远谋正与鄙陋的“肉食者”和轻率的鲁庄公形成鲜明的对比,也正是在这种对比中,突出表现了曹刿善于谋划的军事才能。

本篇对曹刿的刻画,并不止于其军事才能,还涉及他的个人品质。从战前他与乡人的对话,可看出其对鲁国的热爱,不避艰难;战争之中对战场局势的掌控和对敌情认真的观察，又显示出他精审细察的性格；通过与鲁庄公的轻率进军、追击对比，更加表现出他的沉着冷静和准确的判断力。本文篇幅虽短，却不仅提供了一个完美的战争范例，为后来战争经验和兵法的总结提供了宝贵的借鉴，更塑造了一个充满爱国心、沉着冷静而又有着突出军事才能的人物形象。

烛之武退秦师

——《左传·僖公三十年》——

九月甲午，晋侯、秦伯围郑，以其无礼于晋，且贰于楚也。晋军函陵，秦军氾南。①

佚之狐言于郑伯曰："国危矣，若使烛之武见秦君，师必退。"公从之。辞曰："臣之壮也，犹不如人；今老矣，无能为也已。"公曰："吾不能早用子，今急而求子，是寡人之过也。然郑亡，子亦有不利焉。"许之。②夜，缒而出。见秦伯曰："秦、晋围郑，郑既知亡矣。若亡郑而有益于君，敢以烦执事。③越国以鄙远，君知其难也，焉用亡郑以陪邻？邻之厚，君之薄也。④若舍郑以为东道主，行李之往来，共其乏困，君亦无所害。⑤且君尝为晋君赐矣，许君焦、瑕，朝济而夕设版焉，君之所知也。⑥夫晋，何厌之有？既东封郑，又欲肆其西封。若不阙秦，将焉取之？阙秦以利晋，唯君图之。"⑦秦伯说，与郑人盟，使杞子、逢孙、杨孙戍之，乃还。⑧

子犯请击之。公曰："不可。微夫人之力不及此。因人之力而敝之，不仁；失其所与，不知；以乱易整，不武。吾其还也。"亦去之。⑨

注释

①九月：鲁僖公三十年（前630）九月。晋侯：晋文公。秦伯：秦穆公。无礼于晋：指晋文公流亡时经过郑国，郑文公对其未加礼遇。贰于楚：指郑文公曾帮助楚国进击晋国，是对晋国有二心而亲近楚国。军：驻军。函陵：在今河南省新郑市北。氾：东氾水。氾南：在今河南省中牟县南。

②佚之狐：郑国大夫。郑伯：郑文公。烛之武：郑国大夫。

③缒(zhuì):把绳子绑在身上从上面吊下去。执事:敬称,指秦穆公。

④越:越过。鄙远:把远地作为自己的边境。鄙:边界。陪:一作“倍”,增益。

⑤东道主:东方道路上的主人。行李:外交官员。共:通“供”。

⑥焦、瑕:地名,在今河南省,在当时都属于晋国。设版:建筑工事,比喻防范。此句指秦穆公曾帮助晋惠公复国,而晋惠公却未曾按照约定回报。

⑦封:边界,这里指开拓边界。肆:放恣,指扩张。阙:损害。

⑧说:通“悦”。杞子、逢孙、杨孙:均为秦国大夫。

⑨子犯:晋国大夫。微:无,没有。夫人:这个人,指秦穆公。因:借助。敝:一作“弊”,损害。所与:指秦国。知:通“智”。乱:指晋攻秦。易:代替。整:指晋、秦联合。武:使用武力所应遵守的道义准则。

译文

鲁僖公三十年的九月甲午日,晋文公和秦穆公率军围困郑国,因为郑国在晋文公流亡时未加礼遇,而且亲近楚国,助楚攻晋,对晋国有二心。晋国的军队驻扎在函陵,秦国的军队驻扎在氾南。

郑国大夫佚之狐对郑文公说:“这是国家危亡的时刻,倘若能够派遣烛之武去面见游说秦穆公,秦国一定会撤军。”郑文公听从了他的意见。烛之武推辞说:“在我壮年的时候,我尚且不如别人,更何况现在已经老了,更加无能为力了。”郑文公说:“我不能早早地任用你,现在到了危急的时刻才来求你,这是我的过错。但是如果郑国灭亡了,对你也没有什么好处。”于是烛之武答应了。到了夜晚,烛之武用绳子垂下城墙,到了秦国军营中,面见秦穆公。烛之武说:“秦国和晋国来围困郑国,郑国已经知道一定要灭亡了。倘若郑国被灭而对国君有帮助的话,那敢请劳烦国君出兵。只是要跨越别的国家而把郑国当作秦国的边境,国君也知道这是很困难的。又何必要灭亡郑国来使邻国壮大实力呢?邻国的势力壮大了,国君的势力就被削弱了。倘若能够放弃攻打郑国,而把郑国当作贵国向东行进道路上的主人,负责外交官员的来往接待,供给他们粮草物资,对国君也没有什么损害。更何况,国君曾经厚赐帮助晋惠公,晋惠公也曾许诺把焦、瑕两地割让给秦国,但他早上渡过了黄河归国,傍晚就开始搭建防御工事,这是国君已经知道的了。晋国哪里会满足呢?现在如果晋国向东占领了郑国,就一定会想要向西扩展边境,但如果不损害秦国,又怎么能办得到呢?损害秦国而有利于晋国,这件事情但凭国君考虑。”秦穆公很高兴，于是与郑国签订了盟约，并派遣杞子、逢孙、杨孙率军驻守，自己率军返回秦国去了。

晋国大夫子犯听到了这件事，请求进击秦国。晋文公说：“不可以。如果没有秦穆公的帮助，我就没有今天的成就。我借助了他的力量却来损害他，这是不仁；因此而失去盟友，这是不智；两国相争而不是结盟，这不符合使用武力的规则。我们还是回去吧。”于是晋国也撤退了。

导读

本文是一篇描写外交辞令的精彩文章。

春秋时期，郑国处于极其尴尬的地位。春秋前期，在郑庄公的时代郑国曾一度强大，甚至曾与周王室抗争作战（鲁桓公五年）。但到了后期，历经内乱，郑国走向衰落，又处于南方的楚国和北方的晋国两个强大的诸侯国之间，因此郑国不得不依附于两国但又多次游离，故而屡次受到晋、楚两国的谴责和攻打。郑文公时，晋国发生内乱，公子重耳（即后来的晋文公）流亡至郑国时，郑文公未加礼遇。后来郑国又投靠了楚国，并曾帮助楚国攻打晋国，引起晋国不满。而秦国是晋国的盟友，重耳流亡至秦时秦穆公曾予以帮助，嫁女与重耳，并助其复国，是为晋文公。鲁僖公二十八年，晋文公于城濮大败楚国。鲁僖公三十年，晋国联合秦国进攻郑国。

在这种情形之下，郑文公接受了佚之狐的意见，重新任用烛之武，在遭到拒绝后，先是动之以情，对自己以前不能任用表示道歉，又晓之以理，指出烛之武与郑国休戚与共的关系，终于促使烛之武前往秦军大营游说秦穆公。烛之武与郑文公的对话已经有了辞令辩驳的色彩，佚之狐准确地指出了解决郑国危机的关键在于劝谏秦穆公，而郑文公所指的“利”字更为烛之武劝谏秦穆公定下了基调。

烛之武的游说，完全以利益为宗旨，紧紧围绕着利益问题展开论述。他首先从郑国灭亡对谁有利的角度出发，指出郑国灭亡，只对晋国有利，而对秦国没有任何好处，而晋国势力的壮大，同时意味着秦国势力的削弱。在指出郑国灭亡无益于秦国的基础上，进而提出对秦国有益的方案，指出可以将郑国作为秦国通向东方的有力助手，解决路途上的各种问题，而这对秦国有百利而无一害。紧接着又指出晋君言而无信，最初许诺秦国的城池并未兑现，而晋国的野心无法满足，当其扩张之时，必然要损害秦国的利益，重新回到秦晋之间的利益冲突问题上来。如此，在对秦国利益的有利与不利的辩驳分析中，烛之武充分论证了亡郑则利于晋而不利于秦，存郑则利于秦而不利于晋，使得秦穆公在利益得失面前最终作出了存郑的选择，撤兵之余还派驻兵协助郑国防范晋国，这一举措直接导致晋国的撤兵，从而使郑国免于亡国。

孟子曾评价春秋时代“无义战”（《孟子·尽心下》），当时的战争基本上都是为争夺利益而发动，而各诸侯国之间的关系也以利益相维持。一旦发生利益冲突，则将兵锋相争，而利益相合之时，则可瞬间恢复合作、同盟的关系。秦国与郑国并无直接的利益冲突，但与晋国之间却隐藏着直接的利益冲突，故而烛之武的游说完全站在秦国而非郑国的立场上，不但强调亡郑对秦国无益，更指出亡郑对秦国的害处，并进而指出秦国和晋国之间可能发生的利益冲突，以及存郑对秦国的益处，使得秦穆公在利益权衡之下作出决断，最终保存了郑国，使晋国亡郑的计划破产。这种游说方式，与兵法中的“围魏救赵”有异曲同工之妙。烛之武凭借外交言辞而能存郑，不仅在于其辞令、游说技巧的高妙，更在于他能够抓住秦、晋、郑三国之间的利益这一核心问题。而秦、晋向为盟国，转而敌对；秦、郑先为敌国，转而结盟，也正可说明当时各诸侯国之间纯粹是利益关系，佐证了“春秋无义战”的观点。

邵公谏厉王弭谤

——《国语·周语上》——

文献简介

《国语》，旧传为左丘明作，近多认为是战国人汇编各国史料而成。共二十一卷，分《周语》《鲁语》《齐语》《晋语》《郑语》《楚语》《吴语》《越语》。记事起于周穆王，终于鲁悼公。因以国别为分，并主要是记录言论，故称《国语》。

厉王虐，国人谤王。邵公告曰：“民不堪命矣。”王怒，得卫巫，使监谤者，以告，则杀之。国人莫敢言，道路以目。王喜，告邵公曰：“吾能弭谤矣，乃不敢言。”①

邵公曰："是障之也。防民之口，甚于防川。川壅而溃，伤人必多。民亦如之。是故为川者决之使导，为民者宣之使言。[②]故天子听政，使公卿至于列士献诗，瞽献曲，史献书，师箴，瞍赋，矇诵，百工谏，庶人传语，近臣尽规，亲戚补察，瞽史教诲，耆艾修之，而后王斟酌焉，是以事行而不悖。[③]民之有口，犹土之有山川也，财用于是乎出。犹其有原隰衍沃也，衣食于是乎生。口之宣言也，善败于是乎兴。行善而备败，所以阜财用衣食者也。夫民虑之于心而宣之于口，成而行之，胡可壅也！若壅其口，其与能几何？"[④]

王弗听，于是国人莫敢出言，三年，乃流王于彘。[⑤]

注释

①厉王：周厉王。国：国都。谤：指责、怨望。邵公：邵穆公，名虎，周王的卿士。邵：或作"召"。弭(mǐ)：止，消除。

②障：防范。壅：堵塞。为：治。导：通。宣：宣导，引导。

③列士：周代士分为上士、中士、下士三等，统称列士；一说为天子之士，又称元士。瞽(gǔ)：没有眼睛的盲人，指乐师，又称太师。史：外史，掌管三皇五帝之书。师：少师。箴：规诫的言辞。瞍(sǒu)：没有眸子的盲人。赋：不歌而诵。矇：有眸子但看不见的盲人。诵：吟诵。百工：有技艺的人；一说是百官。庶人：平民。耆艾(qí ài)：古人称六十岁为耆，五十岁为艾，泛指老年人；一说是有德行的老年人。修：修饬、警诫，一说是整理。悖(bèi)：违背。

④原隰(xí)衍沃：广平为原，下湿为隰，下平为衍，有溉为沃，泛指平坦而肥美的土地。备：防备。阜：厚，增多。与：语辞，无义。

⑤彘(zhì)：地名，在今山西省霍州市。

译文

周厉王十分暴虐，国都的人都指责他。邵穆公对周厉王说："百姓不能忍受暴虐的政令。"周厉王大怒，召集卫地的巫师，来监视敢于指责的人，一经报告，立即杀掉。国都的百姓都不敢再说话，走在道路上遇到了熟人也只敢用眼色示意。周厉王很高兴，对邵穆公说："我可以消除百姓的谤言了，他们都不敢说话了。"

邵穆公说:“这只是防范他们。防范百姓开口说话,比防范河水决堤还要危险。河道堵塞而决堤,必定会伤害很多人,百姓也是这样。所以治理河水的人要排除拥堵,疏通河道来使河道畅通,统治百姓的人要引导他们使他们敢于说话。所以天子听取政事,要让公卿到列士都来献诗,瞽要献乐曲,外史要献书,少师要献规诫的箴文,瞍要赋所献的诗,矇要诵读所献的箴文,百官进谏,平民的意见要被传递上来,亲近的大臣要尽到规谏的责任,宗室姻亲要补遗审察,瞽和史官要对天子进行教导,有德行的老年人负责整理,最后由天子对此进行选取决断。这样的话,事情得以施行而不会出差错。百姓有口,就好像大地上有山川,财富都是从这里产生的;就好像大地上有平坦肥沃的土地,衣服食物都是在这里取得。百姓用口来发表意见,国家的兴衰由此而体现出来。施行善政而防备败亡,这是用来增加财富衣食的方法。百姓心中有想法而通过嘴巴来表达,思虑成熟之后自然传布开来,又怎么可以去堵塞呢?倘若去堵住他们的嘴,又能够维持多久呢?”

周厉王没有听从他的意见,所以国都的百姓都不敢再说话。三年后,国都的百姓便把周厉王流放到了彘地。

导读

早在周初,鉴于夏商两代覆亡的教训,统治者已经认识到人民的重要性。在他们看来,能够保有政权的前提是尊奉天命,尊奉天命则需要敬德保民。先秦典籍中经常出现的“格于上下”一语,实际上是试图在天地神民之间构建一个由有德君王担任中介的宗教政治体系,其中的“下”即指向人民。保民与敬德是一体两面,民意在很大程度上可以代表天意,而保民也是君王敬德的一种外在体现。《孟子》引《尚书·太誓》称:“天视自我民视,天听自我民听。”(《孟子·万章上》)《尚书·康诰》:“用康保民,宏于天。”保民的关键又在于明德慎罚,《尚书·康诰》以周成王对康叔的诰命具体阐释了“明德”与“慎罚”的要求。保民最终要懂得“无于水监,当于民监”(《尚书·酒诰》),通过对百姓的治理来了解政治的施行情况。因此“欲至于万年,惟王子子孙孙永保民”(《尚书·梓材》),保民与否成为政权能否延续、稳定的基础,一旦失去民心,则国家政权也将失去稳定的根基,所谓“殷鉴不远,在夏后之世”(《诗·大雅·荡》),三代的更替便是很好的证明。这些思想在《尚书》《诗》等周人著作中得以保存,并刻录在青铜器上,通过颁赐诸侯,不断对后人进行训诫,以期保有周人的天命。

到了西周后期,周厉王暴虐,并用卫巫来监听国人的言论,以此来防范、统治百姓,致使百姓敢怒而不敢言。厉王的行为已经违背了周初先王所遗留的教训。在此之时,邵穆公对厉王劝谏。他首先以堵塞山川引发灾难为喻,指出防范百姓、堵塞其口的方法,必将导致严重的后果,进一步指出应当引导百姓敢于表达自己的意见并能听取。在此,邵穆公援引历史,详细介绍了古代天子听取政事时百官至于庶人的职责,通过献诗书、赋诵等行为来为君王提供意见,使君王在最终决策时有所选取,避免不正确的判断及引发严重的后果。紧接着又指出君王的一切都来自于百姓,而百姓之口是无法堵塞的,即使堵塞也不能长久。面对邵穆公的谏言,周厉王并没有听取,最终导致三年之后被国人流放。

邵穆公的劝谏,以"防民之口甚于防川"为核心,依次说明防民之口的危害性和宣民之言的重要性,一反一正,用比喻来生动地说明君王应当顺民之心、宣民之言。在前后的比喻之间,又称举古代政治的模范,即百官献策,君王听取选择。这不仅是对周厉王所提出的要求,更加反映了周代曾经施行的政治制度,也为了解周代政治提供了相对可信的文献材料。而在比喻与称举史实中,尤其强调了君王应当采纳各种意见,顺应民意,进而做出有利于百姓和国家的决策。"防民之口甚于防川"成为后世政治家所重视的教训,而以民为本的思想也在中国政治思想中得到重视和发扬。从周人"当于民监"的训诫发展为孟子"民为贵,社稷次之,君为轻"(《孟子·尽心上》),再到"君者,舟也,庶人者,水也。水则载舟,水则覆舟"(《荀子·王制》),都是在强调对人民力量的重视,以保证政权的稳固和持久。民本思想发端于先秦,对后世产生了极其重要的影响,并成为中国政治学说的一个重要命题。

邹忌讽齐王纳谏

——《战国策·齐策》——

文献简介

《战国策》主要记载战国时期纵横家的言论,其记事上承《春秋》,下迄楚汉之际。由西汉刘向编订,按国别分为东周、西周、秦国、齐国、楚国、赵国、魏国、韩国、燕国、宋国、卫国、中山国十二策,共三十三篇,是中国古代的一部国别体史书，对后世散文有重要影响。

邹忌修八尺有余，而形貌昳丽。朝服衣冠，窥镜，谓其妻曰：“我孰与城北徐公美？”其妻曰：“君美甚，徐公何能及君也？”——城北徐公，齐国之美丽者也。忌不自信，而复问其妾曰：“吾孰与徐公美？”妾曰：“徐公何能及君也？”①旦日，客从外来，与坐谈，问之：“吾与徐公孰美？”客曰：“徐公不若君之美也。”明日，徐公来，孰视之，自以为不如。窥镜而自视，又弗如远甚。暮寝而思之，曰：“吾妻之美我者，私我也。妾之美我者，畏我也。客之美我者，欲有求于我也。”②

于是入朝，见威王曰：“臣诚知不如徐公美。臣之妻私臣，臣之妾畏臣，臣之客欲有求于臣，皆以美于徐公。今齐地方千里，百二十城。宫妇左右莫不私王，朝廷之臣莫不畏王，四境之内莫不有求于王。由此观之，王之蔽甚矣。”③王曰：“善。”乃下令：“群臣吏民，能面刺寡人之过者，受上赏。上书谏寡人者，受中赏。能谤议于市朝，闻寡人之耳者，受下赏。”令初下，群臣进谏，门庭若市。数月之后，时时而间进。期年之后，虽欲言，无可进者。④

燕、赵、韩、魏闻之，皆朝于齐。此所谓战胜于朝廷。⑤

注释

①邹忌：战国时齐国政治家，曾任齐国国相，封成侯。修：长，指身高。昳丽：美丽。孰与：与……相比，谁……。

②旦日：明日，第二天。孰视：仔细看。孰：通“熟”。私：偏爱。

③威王：齐威王。方千里：方圆千里。蔽：（被）蒙蔽。

④面刺：当面指出、批评。谤议：讥评议论。市朝：市井，指公开场合。间：间或。期（jī）年：一年。

⑤朝：朝贺。

译文

齐国国相邹忌身高八尺多，容貌十分美丽。早上穿衣戴帽的时候，从镜子中自我窥视，问他的妻子说："我跟城北的徐公谁更漂亮？"妻子回答说："夫君非常漂亮，徐公哪里能比得上你呢？"——城北的徐公，是齐国的美男子。邹忌不是很自信，又去问他的妾说："我和徐公谁漂亮？"妾回答说："徐公哪里比得上您？"第二天，有客人从外面来拜访，邹忌与他坐着交谈，又问他："我跟徐公比谁更漂亮？"客人回答说："徐公不如您漂亮。"再过一天，徐公来了，邹忌很仔细地观察他，自认为不如他漂亮，又对着镜子看自己，更觉得远远比不上徐公。晚上睡觉的时候，他思考这件事情，说："我的妻子认为我更漂亮，那是因为她偏爱我；小妾说我更漂亮，那是因为她畏惧我；而客人说我漂亮，则是因为有求于我。"

于是，邹忌上朝去进见齐威王，说："臣确实知道臣不如徐公漂亮。臣的妻子偏爱臣，小妾畏惧臣，而客人则有求于臣，所以都说臣比徐公漂亮。现在齐国所占的土地方圆千里，拥有一百二十座城池，宫廷中的妇人和左右侍臣无不偏爱于国君，朝廷上的大臣无不畏惧国君，而四方边境之内的人无不有求于国君。这样来看的话，国君被蒙蔽的情况很严重。"齐威王说："好。"于是便下达命令："全国的官员百姓，有能够当面指出我的错误的，接受上等赏赐；能够上书来劝谏我的，接受中等赏赐；能够在市井之间议论，而传到我的耳朵里的，接受下等赏赐。"命令刚刚下达的时候，群臣都来进谏，齐王的宫殿门口就好像街市一般热闹；几个月以后，间或还有人进入；一年以后，虽然想要进谏，但已经没什么可说的了。

燕、赵、韩、魏四国听说了，都来向齐威王朝拜祝贺。这就是所谓的在朝廷之上战胜敌人。

导读

据《史记·田敬仲完世家》，邹忌因善弹琴讽谏而被齐威王任为国相，后封成侯。由同篇所载的邹忌与淳于髡的对话可知邹忌善于言辞论辩。本文所记载的即是邹忌由一件日常小事引发思考而对齐威王进行劝谏，最终使得齐国"战胜于朝廷"。

邹忌身长而容貌美丽，某日早晨照镜之时产生与城北徐公比美的想法，于是先后询问自己的妻、妾和外来的客人，三人的回答都相同，认为邹忌比徐公更美。但邹忌对于自身和相同的回答都产生了质疑，于是亲自与徐公比较，最终得出结论认为自己不如徐公美。在事实与所听到的答案相反的情况下，邹忌对此进行了思考，最终得出三人"私我""畏我""有求于我"的结论。进而，邹忌将这一情况汇报给了齐威王,并推论至齐威王身上,指出凭借齐威王的权势地位,则私之、畏之、有求之的情况必然更多,从而使齐威王所听所见都非真实,受到蒙蔽。而齐威王也从邹忌的进谏中有所领悟,于是下达命令,奖励能够指出自己错误之人,从而使自己去除被蒙蔽的可能性,虚心接纳众人的意见,以至于一年以后,无人可以进谏,而燕赵韩魏诸国也意识到了齐威王这一举动的强大,而对齐威王表示祝贺。文末以"战胜于朝廷"强调了谏言与听取谏言的可贵之处。

从艺术手法而言,文章层层递进,井然有序。讲述邹忌之事,是以邹忌本身貌美为引,以窥镜为转折,又由亲及疏,由内及外,以此步骤询问妻、妾与客人,井然有序,而三次问语与答语大同而小异,使行文不至重复枯燥。接着又引入徐公,使得邹忌能够与徐公正面比美,得出自己的结论,从而引发思考。由"朝"至"旦日"至"明日"再至"暮",在时间上也形成步步推移。又进而以邹忌入朝见齐威王为转折,将邹忌的个人感触上升到国家层面,通过类推,指出齐威王受到蒙蔽的情况必然十分严重。由小及大,正是讽谏的特色,能够使进谏者直观形象地表达进谏的内容和目的,也使受谏者更容易了解并接受谏言。齐威王立刻接受了谏言,宣布上中下赏,又以初下、数月、期年的时间推进,简洁地写出齐威王命令的执行程度,又间接写出齐威王确实接受了意见进行改正,才使得最终"无可进者"。而正是这一隐含的信息,才使得燕赵韩魏四国认识到了齐国的强大,进而朝于齐。全文由个人容貌之事引入国家之事,层层推进,使得最终的结果也成为必然。而最后得出的结论"战胜于朝廷",不但是对全文的总述评价,也是兵法中"上兵伐谋""不战而屈人之兵"(《孙子兵法·谋攻篇》)的最好解释。

本文所揭示的另一道理,是人贵有自知之明。邹忌对自身容貌不如徐公美的怀疑(自我认识)使得他针对妻、妾、客人的回答进行了深入思考,并能将自己的所得与齐威王和齐国联系起来,从而实现了进谏的目的。而齐威王也从邹忌的进谏中明白自己所处的境地,在对自我认知清晰的前提下采取了下令进谏的措施,并能随之改正,使得齐国威震四国。这都是有自知之明的体现,而正是这种自知之明,才使得他们对自我能够更好地进行定位,不被蒙蔽,实现更好的发展和进步。

触龙说赵太后

——《战国策·赵策》——

赵太后新用事，秦急攻之，赵氏求救于齐。齐曰："必以长安君为质，兵乃出。"太后不肯，大臣强谏。太后明谓左右："有复言令长安君为质者，老妇必唾其面！"①

左师触龙愿见太后，太后盛气而揖之。入而徐趋，至而自谢曰："老臣病足，曾不能疾走，不得见久矣。窃自恕，而恐太后玉体之有所郄也，故愿望见太后。"②太后曰："老妇恃辇而行。"曰："日食饮得无衰乎？"曰："恃鬻耳。"曰："老臣今者殊不欲食，乃自强步，日三四里，少益耆食，和于身也。"太后曰："老妇不能。"太后之色少解。③

注释

①赵太后：赵惠文王的妻子赵威后，赵孝成王的母亲。新用事：刚刚执掌政事。长安君：赵太后幼子的封号。质：人质。强(qiǎng)：竭力，极力。

②左师：官名。揖：当为"胥"，通"须"，等待。趋：快步走。谢：道歉。曾(zēng)：竟然。疾走：快跑。窃：私下。郄(xì)：孔隙，指小毛病。

③恃：凭借，倚靠。得无：莫非，该不会。衰：减少。鬻："粥"的本字。殊：特别。强步：勉强走路。耆食：指食欲。耆：一作"嗜"。和：调和。解：通"懈"，缓和。

左师公曰："老臣贱息舒祺，最少，不肖，而臣衰，窃爱怜之。愿令得补黑衣之数，以卫王宫，没死以闻。"太后曰："敬诺。年几何矣？"对曰："十五岁矣。虽少，愿及未填沟壑而托之。"①太后曰："丈夫亦爱怜其少子乎？"对曰："甚于妇人。"太后笑曰："妇人异甚。"对曰："老臣窃以为媪之爱燕后贤于长安君。"曰："君过矣！不若长安君之甚。"②左师公曰："父母之爱子，则为之计深远。媪之送燕后也，持其踵，为之泣，念悲其远也，亦哀之矣。已行，非弗思也，祭祀必祝之，祝曰：‘必勿使反。’岂非计久长，有子孙相继为王也哉？”太后曰：“然。”[③]

注释

①贱：谦称。息：儿子。舒祺：人名，触龙的小儿子。不肖：不成材。黑衣：战国时赵国的王宫宿卫常穿黑衣，用以指代宫廷侍卫。没(mò)死：一作“昧死”，冒死。填沟壑：死亡的委婉说法。

②异甚：特别厉害。媪(ǎo)：对年老妇人的尊称。燕后：赵太后的女儿，嫁到燕国做王后，故称燕后。贤：超过。过：错。

③踵(zhǒng)：脚跟；一说是车辕末端用以承受车箱横木的部分。祝：祈祷。反：同“返”，当时诸侯的女儿出嫁，除非国灭或者被废，否则很难可以返回娘家。

左师公曰：“今三世以前，至于赵之为赵，赵王之子孙侯者，其继有在者乎？”曰：“无有。”曰：“微独赵，诸侯有在者乎？”曰：“老妇不闻也。”[①]“此其近者祸及身，远者及其子孙。岂人主之子孙则必不善哉？位尊而无功，奉厚而无劳，而挟重器多也。[②]今媪尊长安君之位，而封之以膏腴之地，多予之重器，而不及今令有功于国，一旦山陵崩，长安君何以自托于赵？老臣以媪为长安君计短也，故以为其爱不若燕后。”太后曰：“诺。恣君之所使之。”于是为长安君约车百乘，质于齐，齐兵乃出。[③]

子义闻之曰：“人主之子也，骨肉之亲也，犹不能恃无功之尊，无劳之奉，而守金玉之重也，而况人臣乎？”[④]

注释

①三世以前：从现在往上推三代，即赵肃侯以前。赵之为赵：指赵建国，在周威王二十三年(前403)，赵烈侯由晋国大夫成为赵国第一位国君。继：继承人。微独：不仅。

②奉：通“俸”，俸禄。劳：功劳。挟：挟持，拥有。重器：指贵重的宝物，是财富和权力的象征。

③山陵崩：君王死亡的委婉说法。托：托身，立足。恣：任凭。约：准备。

④子义：赵国的贤士。

译文

赵太后刚刚执掌赵国政事，秦国猛烈地攻打赵国。赵国向齐国求救，齐国说："一定要以长安君做人质，齐国才会出兵。"赵太后不同意，大臣们极力劝谏。太后明确地告诉左右："有谁再敢劝说让长安君做人质的，我一定朝他脸上吐唾沫！"

左师触龙说希望能够谒见太后，太后怒容满面地等他。触龙进来之后慢步向前走，到了太后面前，自我请罪说："老臣的脚有病，甚至不能快跑，很久没能前来谒见太后。我私底下原谅了自己，但又害怕太后玉体有所欠安，所以希望能来看看太后。"太后说："我一般都是坐车出行。"触龙说："太后每天的饮食应该没有减少吧？"太后说："就靠喝点粥罢了。"触龙说："老臣最近特别不想吃东西，于是自己坚持步行，每天走三四里，能够稍稍增加一点食欲，来调节一下身体。"太后说："我做不到。"太后的脸色稍微缓和了些。

触龙说："老臣的劣子舒祺，年纪最小，不成材，但老臣年老，私底下最疼爱他。希望能够让他到侍卫队里凑个数，来保卫王宫，老臣冒着死罪来禀告您。"太后说："好。他有多大了？"触龙回答说："十五岁了。虽然还小，但老臣希望能在死前将他托付给太后。"太后说："男子也疼爱小儿子吗？"触龙回答说："要超过女子。"太后笑着说："妇人要更加厉害。"触龙回答说："老臣个人以为太后疼爱女儿燕后，要超过疼爱长安君。"太后说："你错了，远比不上长安君。"触龙说："父母疼爱子女，就要为他们考虑得更加深远。当初太后送燕后出嫁的时候，抱着她的脚哭泣，是想到她要离开自己远去，内心十分悲伤。燕后离开以后，您并不是不想念她，每逢祭祀的时候也一定为她祈祷说：'一定不要让她回来。'难道不是从长远考虑，希望她有了子孙可以代代相继在燕国为王吗？"太后说："是这样的。"

触龙说："从现在往上数三世，直到赵国建立的时候，赵国君王的子孙凡是被封侯的，他们的后代还有能保存爵位的吗？"太后说："没有。"触龙说："不只是赵国，其他的诸侯国有吗？"太后说："我没有听说过。"触龙说："这是因为他们的灾祸近的降临自身，远的则降临到子孙身上。难道是君王的子孙就一定不好？那是因为他们地位尊崇、俸禄丰厚，却从来没有立下功劳，但却拥有众多的财富和权力。现在太后给长安君以高位，封赏给他肥沃的土地，又赐予他大量的财富和权力，却不曾想到现在要让他为国家建立功劳。一旦太后去世，长安君又凭什么能在赵国安身立足呢？老臣认为太后为长安君考虑得过于短浅，所以老臣以为您爱长安君比不上爱燕后。”太后说：“是，任凭你如何处置他。”于是为长安君准备了一百乘车，到齐国充当人质，齐国随后出兵。

子义听到这件事后评价说：“君王的儿子，有着骨肉之亲，尚且不能凭借没有功劳的高位厚禄，而占有财富权力，更何况是做臣子的呢？”

导读

《孟子·离娄下》谓：“君子之泽，五世而斩。”指的是世代延续无法长久。田氏代齐和三家分晋使得延续了六百余年的齐国姜氏与晋国姬氏失去了政权，也由此而掀开了战国时代的序幕。早在春秋末期，孔子就已经意识到这一问题：“天下无道，则礼乐征伐自诸侯出。自诸侯出，盖十世希不失矣；自大夫出，五世希不失矣；陪臣执国命，三世希不失矣。”（《论语·季氏》）春秋和战国时期，原有的宗法、分封、礼乐等制度都遭到破坏，诸侯权力被大夫取代，权力的争夺与更迭极为迅速，一国之君都有可能朝不保夕，而宗族延续更加有着极大的阻力。在这种情况之下，如果仅仅依靠世袭而自身不能拥有一定的功绩，则难以保持权力和地位的长久。

据《史记·赵世家》记载，赵惠文王卒后，其子赵孝成王即位，因年少，由赵太后执掌政事。秦国攻打赵国，攻占三座城池，赵国遂向齐国求援，齐国则要求以赵太后幼子长安君为质子，方能出兵，而赵太后不同意。在这种情况下，左师触龙向赵太后进谏。

在触龙进谏之前，赵太后正处于盛怒之中，且通过明告左右来阻断进谏的可能性。在此种情形之下，势必不能直谏，而必须委婉劝谏。触龙首先以“徐趋”的行动，使自己处于弱者的状态，并以自己脚有病为由，引出拜见太后的原因，表达对太后身体的关心，又以饮食之类家常闲谈，使赵太后放松警惕，无形中拉近了二人的距离，有意构建了相对温和的谈话环境。进而，触龙又以自己的小儿子为依托，以希望赵太后将自己的小儿子纳入侍卫为转折，使谈话的主题自然地转入到对子女的疼爱上。又以赵太后对待女儿燕后的态度提出“父母之爱子，则为之计深远”的主张，进而比较赵太后对待燕后和长安君的不同。随后，以历史事实为依据，指出世代的延续不能长久，父母应当为子女计谋深远，以使他们能够在任何情况下都保持已经获得的地位俸禄。如果只使子女拥有尊崇的地位和丰厚的俸禄，而不让他们建立足以安身立足的功劳，那么这种谋划就是目光短浅的。通过对比赵太后对待燕后和长安君的不同态度及其可能出现的不同后果，又暗中以自己对待小儿子的态度来支撑自己的主张，触龙的言辞成功地打动了赵太后，使她认识到让长安君出质齐国将为长安君带来的益处，从而使其放弃了最初的强硬态度，也解除了赵国面临的危难。

战国时期，以君王子孙为质来换取两国合作已经是很平常的事情，赵太后的强硬抵制，无非是出于对幼子的疼爱，而不愿使其离开自己到异国受苦。触龙的进谏便从此入手。先动之以情，来缓和与赵太后之间可能存在的矛盾，继而以幼子为突破口，将谈话转移，并以自己的质疑引出自己的主张，再加以充足的论证，晓之以理，使得赵太后在比较温和的对话氛围中认识到了自己的错误，进而改正错误。触龙能够依据实际情形加以变通，掌控局势，循循善诱，逐步推进，可谓是善谏的代表，而赵太后也被触龙步步引导，入其彀中而不自觉。本文堪为进谏的经典之作。

逍遥游（节选）

——[战国]庄子——

作者简介

庄子（约前369—前286），名周，战国时期宋国蒙（今河南省商丘市东北）人。曾任漆园吏，其后终身不仕。道家重要代表人物，著名哲学家、文学家。所著《庄子》一书，以诡奇怪诞的构思、雄逸开阔的境界、变幻神奇的笔法、异趣横生的语言，对其后的散文产生了重要的影响。

北冥有鱼，其名为鲲。鲲之大，不知其几千里也。化而为鸟，其名为鹏。鹏之背，不知其几千里也。怒而飞，其翼若垂天之云。是鸟也，海运则将徙于南冥。南冥者，天池也。[1]《齐谐》者，志怪者也。《谐》之言曰："鹏之徙于南冥也，水击三千里，抟扶摇而上者九万里，去以六月息者也。"[2]野马也，尘埃也，生物之以息相吹也。天之苍苍，其正色邪？

其远而无所至极邪？其视下也，亦若是则已矣。[3]且夫水之积也不厚，则其负大舟也无力。覆杯水于坳堂之上，则芥为之舟，置杯焉则胶，水浅而舟大也。风之积也不厚，则其负大翼也无力。故九万里则风斯在下矣，而后乃今培风；背负青天而莫之夭阏者，而后乃今将图南。[4]

注释

①北冥：北海。冥：一作“溟”。鲲：大鱼名。怒：奋起，鼓起翅膀。海运：海水运动，海运则必有大风。南冥：南海。天池：天然形成的大池。

②齐谐：书名，记载怪异之事的书；一说为人名。志：记载。水击：震动翅膀时拍打水面。抟(tuán)：旋转上升。扶摇：盘旋而上的旋风。去：离开。息：休息；一说为呼吸。

③野马：云气，状如奔马，故称“野马”。息：气息。正色：本色。

④坳堂：堂中的低凹之处。芥：小草。胶：胶着，着地。培风：凭风，乘风。夭阏(è)：阻碍。

蜩与学鸠笑之曰：“我决起而飞，枪榆枋，时则不至而控于地而已矣，奚以之九万里而南为？”[1]适莽苍者，三餐而反，腹犹果然；适百里者，宿舂粮；适千里者，三月聚粮。之二虫又何知！[2]小知不及大知，小年不及大年。奚以知其然也？朝菌不知晦朔，蟪蛄不知春秋，此小年也。[3]楚之南有冥灵者，以五百岁为春，五百岁为秋；上古有大椿者，以八千岁为春，八千岁为秋。而彭祖乃今以久特闻，众人匹之，不亦悲乎！[4]

汤之问棘也是已。穷发之北，有冥海者，天池也。有鱼焉，其广数千里，未有知其修者，其名为鲲。有鸟焉，其名为鹏，背若泰山，翼若垂天之云，抟扶摇羊角而上者九万里，绝云气，负青天，然后图南，且适南冥也。[5]斥鴳笑之曰：“彼且奚适也？我腾跃而上，不过数仞而下，翱翔蓬蒿之间，此亦飞之至也。而彼且奚适也？”此小大之辩也。[6]

注释

①蜩(tiáo)：蝉。学鸠：小鸟。决(xuè)：疾速的样子。枪(qiāng)：越过；一说为

集，落。榆：榆树。枋：檀木。控：投，落下。

②适：去，往。莽苍：郊野的颜色，引申为近郊。三餐：指一天时间。反：同“返”。果然：饱的样子。宿舂粮：出发前一晚舂米准备粮食。之：这。

③年：指寿命。朝菌：一种朝生暮死的菌类植物。晦朔：农历每月的最后一天与第一天。蟪蛄（huì gū）：寒蝉，春生夏死，夏生秋死。

④冥灵：大树名。椿：椿树。彭祖：传说中尧的臣子，寿八百岁。乃今：而今，至今。特：独。众人：一般人。匹：比。

⑤棘：汤时的大夫。穷发：不毛之地。发：毛，草。修：长。羊角：一种回旋向上如羊角状的旋风。绝：穿过。且：将。

⑥斥鴳（yàn）：小雀。斥：通“尺”；一说为小泽。至：极点。辩：通“辨”，区别。

故夫知效一官，行比一乡，德合一君，而征一国者，其自视也，亦若此矣。[1]而宋荣子犹然笑之。且举世誉之而不加劝，举世非之而不加沮，定乎内外之分，辨乎荣辱之境，斯已矣。彼其于世，未数数然也。虽然，犹有未树也。[2]夫列子御风而行，泠然善也，旬有五日而后反。彼于致福者，未数数然也。此虽免乎行，犹有所待者也。[3]若夫乘天地之正，而御六气之辩，以游无穷者，彼且恶乎待哉！[4]故曰：至人无己，神人无功，圣人无名。[5]

注释

①效：胜任。行：品行。比：合。而：通“能”；一说如本字。征：信。此：指斥鴳。

②宋荣子：即宋钘，战国时宋人。犹然：笑的样子。劝：勉励。非：责难，批评。沮：沮丧。定：确定。内外：自我与外物。数数（shuò）然：汲汲然，着急的样子，指看重名利。

③列子：列御寇，战国时郑人。泠（líng）然：轻妙的样子。有：通“又”。致福：求福。待：凭借，依靠。

④乘天地之正：顺从自然的本性。御六气之辩：驾驭六气的变化。六气：指阴、阳、风、雨、晦、明。辩：通“变”。恶（wū）：何。

⑤至人、神人、圣人：庄子理想中修养最高的人。无己：忘我，物我为一。无功：不看重功劳。无名：不看重名声。

译文

北方的大海里有一种鱼,它的名字叫作鲲。鲲鱼的巨大,不知道有几千里,鲲鱼可以变化成为鸟,名字就叫作鹏。鹏鸟的脊背,不知道有几千里,当它奋起而飞的时候,它展开的双翅就像是天边的云朵。这种鹏鸟,每当海水运动之时就要迁徙到南方的大海去。南方的大海,是个天然的大池。《齐谐》,是一部专门记载怪异事情的书。《齐谐》上记载说:"鹏鸟迁徙到南方的大海去,翅膀拍击水面激起的水花有三千里之远,随着旋风之势盘旋直上九万里的高空,离开六个月才休息一次。"九万里高空中有状如奔马的云气,其下是空气中的尘埃,再下是生物以气息相互吹拂。天色深青,是它真正的颜色吗?还是因为它过于高旷辽远而没有边际呢?鹏鸟在高空中向下看,也不过像人抬头看天空一样罢了。再说如果水积得不深,它承载大船就没有力量。将一杯水倒在庭堂的低洼之处,小小的芥草浮在上面就能成为一只小船,如果搁置杯子就会与地面胶着,这是因为水太浅而船太大了。如果风蓄积的力量不够雄厚,那么它托负鹏鸟巨大的翅膀便没有力量。所以鹏鸟能够飞翔九万里,是因为其下有巨风承载,然后才能够乘风而飞。它背负着青天而没有什么力量能够阻遏,然后才图谋飞到南方去。

蝉和小鸟讥笑鹏鸟说:"我从地面上急速起飞,能够越过榆树和枋树,在上面栖息,有时不能停留很久,就落到了地上,哪里用得着飞到九万里的高空上去,前往遥远的南方呢?"到近郊去,一天就可以往返,肚子还是饱的;到百里之外的地方去,要提前一晚来捣米准备粮食;到千里之外的地方去,在三个月以前就要准备粮食。这两个小动物又知道什么呢?小知比不上大知,寿命短的比不上寿命长的。怎么知道是这样的呢?朝菌朝生夜死,不知道一个月的时间变化;寒蝉春生夏死,不知道一年的时间变化,这就是寿命短的。楚国的南边有种叫作冥灵的大树,它把五百年当作一个春季,把五百年当作一个秋季;上古时候有种叫作大椿的古树,它把八千年当作一个春季,把八千年当作一个秋季,这就是寿命长的。而彭祖到现在还独以长寿而出名,一般人想要和他相比,岂不是很可悲吗?

商汤询问棘的话就是这样的。在草木不生的极北地带,有一个极为深广的大海,那是天然形成的大池。那里有一种鱼,它的身体的宽度有好几千里,没有人知道它有多长,它的名字叫作鲲。有一种鸟,它的名字叫作鹏,它的脊背仿若泰山一般高大,展开双翅就像天边的云朵。鹏鸟奋飞之时,翅膀拍击旋风,如同羊角一般盘旋直上九万里高空，穿过云气，背负青天，这样以后才向南方飞去，将要飞往南方的大海。沼泽里的小雀讥笑鹏鸟说："它打算飞到哪儿去呢？我奋力地跳起来往上飞，飞不到几丈高就落了下来，在蓬蒿丛中飞来飞去，这也算是飞翔的极限了。而它打算要飞到什么地方去呢？"这就是小和大的区别。

所以，那些才智可以胜任一官之职，品行符合一乡的习俗，道德合乎一国之君的要求，才能可以取信于一国之人的人，他们看待自己，就如同小雀一样满足。而宋荣子却讥笑这种人。而且整个世间都在赞誉他，他却并不会因此而更加奋勉；整个世间都非难他，他也不会因此而更加沮丧。他能够清楚地知道自身与外物的区别，辨明荣誉与耻辱的界限，也就这样罢了。他在世间，并不汲汲于追求功名利禄。但即使如此，他还是有尚未能达到的境界。列子能够驾风行走，轻盈而美好，十五天之后才返回。列子对于求福这种事情，并没有刻意追求。他这样虽然能够免于步行，但还是需要有所依靠。如果能够顺应天地万物的本性，而驾驭六气的变化，在无穷无尽的境域之内遨游，又需要什么凭借呢？因此说：至人忘却了自我，神人不看重建立功业，圣人不追求声名。

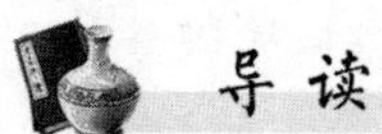

导读

庄子是战国时期道家思想的代表人物，他的学说虽传承自老子，但又与老子有较大的不同。"老子之言未尝舍天下家国而独善其身，未尝损民而利己，其所谓清静无为者，正其所以安民、治国、平天下之术，其无为即所以大有为也。若庄子则纯持放任之义，民可不必安，国可不必治，天下可不必平，世之治乱漠然无以关其心。"（江瑔《读子卮言》）这段话虽然未必准确，但却极为精准地抓住了老子与庄子思想的核心，即老子之学仍旧关注于政治，力图为政治变革提供一条道路，而庄子之学则纯然为己，只求一己的逍遥而不去理会人间。所以，有的学者认为，庄周即"拔一毛而利天下，不为也"的杨朱。

《庄子》一书系由庄子及后学者所作，一般认为内篇为庄子所作，外篇、杂篇为后学者所作。内七篇已经包含了庄子最主要的思想，如逍遥、齐物等。《逍遥游》是《庄子》第一篇，可称是开宗明义的一篇，庄子思想的最关键之处，都在本篇中得以体现。开篇即讲述北冥之鱼，其大不知几千里，又能化为鹏，其背不知几千里，而乘风南行，又引《齐谐》之言以为佐证，极写鲲鹏的大，飞行时间之长久，志向之远大。但又通过抒发议论，指出鲲鹏虽然大，但仍然有所待，即必须要"培风"而无"夭阏者”，才能够水击三千里，直上九万里高空。又以蜩和学鸠的讥笑和自我满足，提出小大之辨，以朝菌、蟪蛄、冥灵、大椿、彭祖为例，提出“小知不及大知，小年不及大年”。至此，庄子所提出的小大之辨已经充分证明，系由鲲鹏引出大，以蜩和学鸠的讥讽引出小。作者又以汤和棘的对话再次证明鲲鹏传说的可信性，并以斥鴳的讥讽再次指出小大之辨。寓意虽同，而文字略有小异，通过《齐谐》志怪之书的记载与汤问棘的故事，两次论证自己关于小大之辨的论点。经由此，在物的方面提出了“蜩、学鸠、斥鴳—鲲、鹏”的小大体系，进而以人为例，再次论证小大之辨。在庄子看来，那些知行德能合乎一官、一乡、一君、一国者，也不过是像蜩、学鸠、斥鴳之类自我满足；宋荣子不加劝、沮，高于这些人，但仍然是有意为之，还不能做到去除物我之分；列子御风而行，已经忘怀得失，但也像鲲鹏一般，需要凭借风才能实现。由此而在人的方面提出了“知效一官者—宋荣子—列子”的小大体系。鲲鹏和列子虽然超出于其他物和人，但仍旧有所待，还不是最高境界。作者进而指出，真正的逍遥应当是“乘天地之正，而御六气之辩，以游无穷”，顺应天地自然的正变，而不需依靠外物，才能够真正地逍遥游于天地之间。而能够做到这一点的，只有那些能够达到无己、无功、无名的至人、神人、圣人。如此，文章一开始所提到的鲲鹏，对之讥笑的各种小鸟，御风而行的列子，不为所动的宋荣子，汲汲于世间功名富贵之人，都成为了被否定的对象，他们或是处于小而不知大，或是虽大而犹有所待，都不能达到逍遥的境界。

逍遥的观点，成为道家核心思想之一，尤其在魏晋之际，得到极度的推崇。《庄子》一书先后有向秀、郭象、支遁等人作注，而于《逍遥游》一篇，诸家各持己见，各有发明。（参见《世说新语·文学》）《庄子》与“逍遥游”精神也为此时好玄言、尚清谈、放荡不羁的时代风气提供了文本基础和精神土壤。

庄子文章，多好寓言，《庄子·天下篇》称“庄周闻其风而悦之。以谬悠之说，荒唐之言，无端崖之辞，时恣纵而不傥，不以觭见之也。以天下为沉浊，不可与庄语。以卮言为曼衍，以重言为真，以寓言为广”。清人林云铭称《逍遥游》“篇中忽而叙事，忽而引证，忽而譬喻，忽而议论。以为断而非断，以为续而非续，以为复而非复。只见云气空濛，往返纸上，顷刻之间，顿成异观”（《庄子因》）。正是这种借助寓言神话的笔法和汪洋恣肆的文风，成就了庄子在中国文学史中的地位。鲁迅称“其文则汪洋辟阖，仪态万方，晚周诸子之作，莫能先也”（《汉文学史纲要》）。《庄子》一书不仅在思想史上占据重要地位，更成为中国文学史上的一座丰碑，对后世文学不断产生影响。

劝学(节选)

——[战国]荀子——

作者简介

荀子(约前313—前238),名况,战国时期赵国人。曾游学于齐,三任祭酒,遭谗去齐至楚,春申君任为兰陵令。后春申君被杀,遂定居兰陵,著书授徒,韩非、李斯为其弟子。战国后期儒家代表人物,诸子集大成者,主张礼法兼施,长期被儒家"正统"所排斥。

君子曰:学不可以已。青,取之于蓝而青于蓝;冰,水为之而寒于水。木直中绳,𫐓以为轮,其曲中规,虽有槁暴,不复挺者,𫐓使之然也。[①]故木受绳则直,金就砺则利,君子博学而日参省乎己,则知明而行无过矣。故不登高山,不知天之高也;不临深谿,不知地之厚也;不闻先王之遗言,不知学问之大也。[②]

干、越、夷、貉之子,生而同声,长而异俗,教使之然也。[③]《诗》曰:"嗟尔君子,无恒安息。靖共尔位,好是正直。神之听之,介尔景福。"神莫大于化道,福莫长于无祸。[④]吾尝终日而思矣,不如须臾之所学也。吾尝跂而望矣,不如登高之博见也。登高而招,臂非加长也,而见者远;顺风而呼,声非加疾也,而闻者彰。[⑤]假舆马者,非利足也,而致千里;假舟楫者,非能水也,而绝江河。君子生非异也,善假于物也。[⑥]

注释

①已:停止。蓝:蓝草,其叶可以提取蓝色染料。中:符合。𫐓(róu):通"煣",用火烤木材使其弯曲。有:通"又"。槁:枯。暴:"曝"的古字,晒干。挺:直。

②金:指金属制作的器具。砺:磨刀石。参:检验;一说同"叁(三)"。省:反省。知:通"智"。

③干、越:国名;一说即吴、越。夷:东方少数民族之称。貉:通“貊(mò)”,北方少数民族之称。

④“《诗》曰”句:出自《诗·小雅·小明》。恒:常。安息:安逸。靖:安。共:执。介:助。景:大。神:修养的最高阶段。

⑤跂(qǐ):踮起脚跟。彰:清楚。

⑥假:借助,利用。利足:脚步迅速。绝:横渡。江河:一作“江海”。生:同“性”。

南方有鸟焉,名曰蒙鸠,以羽为巢,而编之以发,系之苇苕,风至苕折,卵破子死。巢非不完也,所系者然也。西方有木焉,名曰射干,茎长四寸,生于高山之上,而临百仞之渊,木茎非能长也,所立者然也。①蓬生麻中,不扶而直;白沙在涅,与之俱黑。兰槐之根是为芷,其渐之滫,君子不近,庶人不服。其质非不美也,所渐者然也。故君子居必择乡,游必就士,所以防邪辟而近中正也。②物类之起,必有所始。荣辱之来,必象其德。肉腐出虫,鱼枯生蠹。怠慢忘身,祸灾乃作。强自取柱,柔自取束。邪秽在身,怨之所构。③施薪若一,火就燥也;平地若一,水就湿也。草木畴生,禽兽群焉,物各从其类也。④是故质的张而弓矢至焉,林木茂而斧斤至焉,树成荫而众鸟息焉,醯酸而蜹聚焉。故言有召祸也,行有招辱也,君子慎其所立乎!⑤

注释

①蒙鸠:即鷦鹩。苕(tiáo):芦苇的花。射(yè)干:植物名。

②蓬:草名,又名“飞蓬”。麻:大麻,茎长而直。涅:黑泥。兰槐:香草名,即白芷。渐(jiān):染,浸泡。滫(xiǔ):臭水。邪辟:乖谬不正。

③象:像,相似,指依据。蠹(dù):蛀虫。柱:通“祝”,断。束:约束。构:结,集。

④施:铺陈,摆放。畴:通“俦”,类。畴生:或说为丛生。群焉:当为“群居”。

⑤质:箭靶。的(dì):箭靶的中心。醯(xī):醋。蜹(ruì):虫名,蚊子一类的昆虫。

积土成山,风雨兴焉;积水成渊,蛟龙生焉;积善成德,而神明自得,圣心备焉。①故不积跬步,无以至千里;不积小流,无以成江海。骐骥一跃，不能十步；驽马十驾，功在不舍。锲而舍之，朽木不折；锲而不舍，金石可镂。[2]螾无爪牙之利，筋骨之强，上食埃土，下饮黄泉，用心一也。蟹六跪而二螯，非蛇蟺之穴无可寄托者，用心躁也。[3]

注释

①而：则。神明：人的智慧。圣心：圣人的思想。备：具备。

②跬(kuǐ)：同“跬”，半步。骐骥：良马。驽马：劣马。驾：马行一天的路程。锲、镂：雕刻。

③螾：同“蚓”，蚯蚓。黄泉：地底的泉水。六跪：当为“八跪”。跪：足。螯：螃蟹等节肢动物的变形的第一对脚，形如钳子，用以取食或自卫。蟺：通“鳝”，鳝鱼。

译文

君子说：学习是不可以停止的。靛青是从蓝草里提取的，但是颜色比蓝草更深；冰是水凝结而成的，但却比水还要寒冷。木材的平直程度符合木匠用以取直的墨线的标准，但是用火烤后把它弯曲制成车轮，其弯曲的程度符合画圆的圆规的标准，那么即使再被太阳暴晒而干枯，木材也不会恢复挺直，这是因为经过了火烤加工，使它变成了这样。所以，木材经过墨线测量加工后就会变得平直，金属制品在磨刀石上磨过之后就会变得锋利，君子广博地学习，而且每天自我检验、反省，那么就会智慧明达，而行为就不会有过错。因此，不登上高山，就不会知道天的高远；不面临深谷，就不会知道地的宽厚；不听闻先王的遗教，就不会知道学问的博大。

干、越、夷、貉地区的人，刚生下来时啼哭的声音都是一样的，但长大之后风俗习性却不尽相同，这是他们所接受的教育使他们如此。《诗》说：“你这个君子，不要总是贪图安逸。要好好地奉守你的职位，爱好这正直的德行。神明将听闻这一切，赐与你宏大的福泽。”精神修养的最高境界莫过于接受道德熏陶感染而变化气质，福泽没有比无灾无祸更长远的了。我曾经整日思索，还不如片刻的学习所得到的知识多。我曾经踮起脚跟远望，还不如登上高处所看到的广阔。登上高处向远处招手，胳膊没有比原来更长，但是别人在远处也能看见；顺着大风呼叫，声音并没有变得更加洪亮，但听到的人却能听得很清楚。借助于车马的人，并不能使脚走得更快，却可以到达千里之外的地方；借助于舟船的人，并不是善于游泳，却可以横渡江海。君子的资质秉性与一般人并没有什么不同，只不过君子善于借助外物罢了。

南方有一种叫作蒙鸠的鸟，它用羽毛来做窝，用毛发把窝编结起来，把窝系在嫩芦苇的花穗上面。一旦有风吹，苇穗折断，鸟窝也就坠落，鸟蛋全部摔碎，鸟子也就死亡。并不是窝没有编好，而是所系的地方不够牢固导致了这一结局。西方有种叫作射干的草，茎长只有四寸，生长在高山之上，面临百仞高的深渊。并不是草自身很高，而是它所生长的地势导致了这一结局。蓬草生长在种植大麻的土地里，不需要外力扶持也能生长得挺直；白沙混进了黑泥里，就变得与黑泥一样黑。兰槐的根叫作芷，但一旦被浸泡在臭水中，君子不会靠近，连普通人都不会拿它来佩戴。并不是芷本身不香美，而是因为浸泡在臭水中沾染了臭气，因而导致了这一结局。所以君子居住一定要选择良好的环境，交友一定要选择有道德的士人，用来防范乖谬不正，而接近中正平直。万事万物的发生，都必然会有起因。荣辱的降临，也与个人的德行相应。肉腐烂了就会生蛆，鱼枯死了就会生长蛀虫。行为懈怠疏忽，忘记了做人的准则，就会招致灾祸。太过强硬，就容易断裂；太过柔弱，就容易被束缚。自身行为龌龊肮脏，招致的怨恨自然就会集中。在地上摆放柴薪，干柴最容易被点燃；同样是平地，水总会流向潮湿的地方。草木按种类生长在一起，野兽也采取群居的方式，万物都以族类相聚集。所以箭靶摆放好了，弓箭就会射来；树木丰茂，就会引来斧头砍伐；树林繁茂成荫，众鸟就会前来栖居；醋变酸了，就会引来蚊虫聚集。所以言语可能招致灾祸，行为可能引来侮辱，君子立身行事，必须要十分谨慎。

堆积土石成了高山，风雨就会从这里兴起；汇聚水流成了深渊，蛟龙就会在这里出现；积累善行养成高尚的品德，自然就获得智慧，具有圣人的思想精神。所以不一步一步前行，就没有办法到达千里之远；不汇聚细小的水流，就没有办法汇聚成大江大海。骏马一跃，也没有十步之远；劣马行走十天的路程，也能与骐骥一天所行相同，其成功之处就在于不肯舍弃。雕刻之时半途而废，即使是腐烂的木头也不能断折；雕刻而始终不停，即使是金石也能雕刻成功。蚯蚓并没有锐利的爪子和牙齿，强健的筋骨，却能够在地上吃到泥土，在地下喝到泉水，这是因为它用心专一。螃蟹有八条腿，两只蟹钳，但是如果没有蛇、鳝的洞穴，就没有地方存身，这是因为它用心浮躁。

导读

荀子生于战国后期,当时七国争霸,春秋时期还残留的礼乐已经完全被废弃,诸子学说蜂起,形成了百家争鸣的思想活跃局面。在当时,以齐国国都临淄稷下学官为主,形成了战国学术争鸣的思想中心。荀子曾在齐国"三为祭酒"(《史记·孟子荀卿列传》),也曾参与稷下论战。因此,荀子思想虽仍以儒家思想为主,但已经与孔、孟有所不同。随着时代的变迁,荀子思想中杂糅了许多诸子百家思想。荀子最核心的主张在于"礼法兼施",即将儒家的"礼"与法家的"法"相结合,共同成为政治统治的工具。在礼法之中,荀子尤其强调礼的重要性,从这一意义上来说,荀子仍旧遵循儒家正统。但荀子被长期排斥在正统儒家学说之外,究其原因,在于其提倡"性恶"与非议诸子尤其是子思、孟子。《四库全书总目》称"况之著书,主于明周、孔之教,崇礼而劝学,其中最为口实者,莫过于《非十二子》及《性恶》两篇"。《性恶》直指人性本恶,与孟子"性善"说相对,《非十二子》则对诸子都有批评。因此缘故,自《荀子》成书后,直至唐代才有杨倞第一次为《荀子》作注,其后千余年,至清代,才被重新重视。《荀子》一书的遭际,在儒家学派中最为坎坷。与此形成鲜明对比的是,荀子的礼法思想大受统治者的欢迎。荀子思想上承儒家,下启李斯、韩非法家,而"礼法兼施"的思想正是历朝历代政治的核心思想。在其书不被重视达近两千年之久的历史背景下,清代学者对于荀子的重新发现便有着重要的意义。自从《四库全书》将《荀子》列入"子部儒家类",诸如谢墉、卢文弨、郝懿行、王念孙、俞樾、王先谦、刘师培、章太炎、梁启雄、高亨等学者都曾对其有过考证、注解。近代以降,对于《荀子》的注解、研究也有很多。对于《荀子》的思想核心及其学术地位,人们有了新的认识。如《四库全书总目》称"平心而论,卿之学源出孔门,在诸子中最为近正",谢墉称"知荀子之学之醇正,文之博达,自四子而下,洵足以冠冕群儒,非一切名、法诸家所可同类共观也"(《〈荀子笺释〉序》),王先谦称"荀子论学论治,皆以礼为宗,反复推详,务明其指趣,为千古修道立教所莫能外"(《〈荀子集解〉序》)。可称的论。

荀子之学,源出于孔子,其学术思想,远比孟子更加贴近于孔子本义。《荀子》一书,也有仿照《论语》一书体例的痕迹。《劝学》为《荀子》第一篇,系仿照《论语·学而》。为学在儒家思想中是一个极为重要的概念。《论语》中讲述学习的篇章比较零散,而《荀子·劝学》则是专门针对学习而作的独立篇章,其中也大多是对《论语》中有关学习话语的解释和阐发。《劝学》系统地阐释了学习的意义、方法和目的。就其章法,孙德谦曾谓"此篇共九章。第一章言学之于人,为益最大,故人不可不学。第二章言君子之异于人者即在学。第三章言人之所以力学者,为立身耳。第四章言人当积学,而积学则在用心专一,既能积学,则声名自彰……"(《古文读法略例》卷三《读书宜辨章法例》)。本书即采取孙德谦所称的体例分章。在井然有序的章法之外,荀子更提出了诸多有关学习的观点,这些观点,成为其后学者学习的重要标准。针对学习的重要性,荀子指出"学不可以已",至死方休;针对外部环境对人的影响,指出君子应当"择乡""就士",并"慎其所立"。每一章的观点,都有着极强的针对性,并通过比喻、用典等艺术手法,对此进行详尽而反复的解说。

荀子思想中有"性恶"之说,荀子认为人性本恶,而善是后天形成的。荀子非常重视"学"即后天教育的重要性。因为本性为恶,后天教育的重要性也就不言而喻,而学的重要性也得以凸显。儒家以学为核心理念之一,孔子时理论体系尚不完善。至荀子时,学被纳入其所建立的政治伦理思想体系中,成为一种手段,重要性开始凸显。本篇应当作为学者求学与教者教学必看以及指导其教、学的作品之一,而其井然有序的论证过程也堪称论述文之典范。

渔　父

——[战国]屈原——

作者简介

屈原(约前340—约前278),名平,战国时期楚国人。曾任楚国三闾大夫,掌管王族事务。后被佞臣所妒,两次被楚王放逐,后自沉于汨罗江。屈原所存作品主要有《离骚》《九章》《九歌》等,经后世整理称为"楚辞",与《诗经》共同成为中国文学的源头。

屈原既放,游于江潭,行吟泽畔,颜色憔悴,形容枯槁。渔父见而问之曰:"子非三闾大夫与?何故至于斯?"① 屈原曰:"举世皆浊我独清,众人皆醉我独醒，是以见放。”渔父曰：“圣人不凝滞于物，而能与世推移。世人皆浊，何不淈其泥而扬其波？众人皆醉，何不餔其糟而歠其醨？何故深思高举，自令放为？”②屈原曰：“吾闻之，新沐者必弹冠，新浴者必振衣。安能以身之察察，受物之汶汶者乎？宁赴湘流，葬于江鱼之腹中。安能以皓皓之白，而蒙世俗之尘埃乎？”③渔父莞尔而笑，鼓枻而去，歌曰：“沧浪之水清兮，可以濯吾缨；沧浪之水浊兮，可以濯吾足。”遂去，不复与言。④

注释

①放：放逐。颜色：面色。形容：身体容貌。三闾大夫：楚国官名，掌管昭、屈、景三姓贵族事务。

②凝滞：拘泥。推移：变化。淈（gǔ）：乱，搅乱。餔（bū）：吃。糟：酒渣。歠（chuò）：饮。醨（lí）：薄酒。深思：指忧君与百姓，即独醒。高举：指行为高蹈，不合于俗，即独清。

③沐：洗头发。浴：洗身体。察察：洁白的样子。汶汶：通“惛惛”，昏暗的样子；或说是玷辱。

④莞尔：微笑。枻（yì）：船桨。沧浪：水名，在洞庭湖以北。缨：帽带。

译文

屈原被放逐以后，在江边徘徊，边走边吟诵。他脸色发黑，身形消瘦。有位隐居的渔父看到了他，于是便问：“你不是三闾大夫吗？怎么到了这样一种境地？”屈原回答说：“整个世界都是浑浊的，唯独我是清白的；所有的人都喝醉了，唯独我是清醒的，正因为如此我才被放逐，到了这样的境地。”渔父说：“圣人是不会被时势所拘束的，他们能够随着事物的变化而改变自身。既然世界是浑浊的，那你为何不也搅乱污泥、扬起水波呢？既然大家都喝醉了，那你为何不也去吃些酒糟、喝些薄酒呢？又何必要担忧君王百姓，行为高蹈，不合于俗，导致被放逐呢？”屈原说：“我曾听说过，一个人新洗了头发，就一定会去弹掉帽子上的灰尘；新洗了身体，也一定会抖落衣服上的灰尘。我又怎么能让我这清白的身躯遭受玷污呢？我宁可跳入这江水，葬身在鱼腹之中，也不愿让我的清白蒙受世俗尘埃的污染。”渔父微笑着划船而去，唱歌道："沧浪的水如果清澈，可以洗洗我的帽带；沧浪的水如果浑浊，可以洗洗我的双脚。"于是径自离开，没有再跟他说话。

导读

《孟子·离娄上》记载："有孺子歌曰：'沧浪之水清兮，可以濯我缨；沧浪之水浊兮，可以濯我足。'孔子曰：'小子听之！清斯濯缨，浊斯濯足矣，自取之也。'"沧浪之水的清浊，代表的是两种人生取向。孔子曾说"用之则行，舍之则藏"（《论语·述而》），孟子也曾提到"穷则独善其身，达则兼善天下"（《孟子·尽心上》）的不同人生选择。儒家希望能够积极用世，从而对改造世界发挥作用，所以当天下有道而被任用时，能够积极发挥自身的能力去发表意见、造福社会；当天下无道不被任用时，则暂时归隐山林，来保存自身，以等待"有道"的到来。这种选择是基于现实的考虑，更是基于对自身价值的定位和自身责任的承担。当他们自觉背负起传承文化、改造社会的使命时，清浊都不被他们所看重，他们所期待的，不过是利用时机来实现自己经世致用的理想。

但即使是标榜"用舍行藏"的孔子，也曾被人批评为"知其不可而为之"（《论语·宪问》）；孟子虽然标榜穷达的不同选择，但也有"舍生而取义"（《孟子·告子上》）的勇气和决绝。事实上，每个人都有选择坚守的可能性，这种坚守，实际上是对个人人格的坚守，是对理想的坚守，是对自身价值的坚守。在人生的路途中，经常可能遇到理想与现实的冲突，在这种时候，是选择退让妥协，还是选择坚守不移，更加可以体现一个人的人生追求和价值定位。只有对自我有清醒的认识和了解，才能在面临两难境地时作出正确的选择。圣人"与世推移"是需要一定条件的，在细节和小问题上，可以暂时地妥协，但在大是大非的原则问题上则需要坚持。这也正是古往今来名垂千古的伟人们所共有的品质。近代著名史学家陈寅恪在为王国维所作的《王观堂先生纪念碑铭》中写道："惟此独立之精神，自由之思想，历千万祀，与天壤而同久，共三光而永光。"独立与自由，其实便是在标榜个人的道德坚守，并成为近代以来中国知识分子的座右铭。

屈原是楚国大臣，"楚之同姓"，他始终坚持着美政的理想，试图使楚国强大，但这种理想，在楚王的昏庸、反复和佞臣的排挤中成为虚幻。西汉淮南王刘安称屈原"其志洁，故其称物芳；其行廉，故死而不容自疏。濯淖污泥之中，蝉蜕于浊秽，以浮游尘埃之外，不获世之滋垢，皭然泥而不滓者也。推此志也，虽与日月争光可也"(《离骚传叙》)。屈原在楚怀王时第一次被流放，写作了《离骚》，他在其中写道："鸷鸟之不群兮，自前世而固然。何方圜之能周兮，夫孰异道而相安？"将自己与奸佞小人截然划分，标榜自身的清白，而对小人进行无情的斥逐。"众皆竞进以贪婪兮，凭不厌乎求索。羌内恕己以量人兮，各兴心而嫉妒。"(《离骚》)屈原对世人从俗之态的描写，实际上是将自身与世上其他所有人都对立起来，最终形成了"独醒""独清"的结局。楚顷襄王时屈原被第二次流放，当他徘徊在故国之外，且行且吟之时，想必也曾思考过坚守与妥协的选择。事实上，渔父所提出的"与世推移"、同流合污，正是当时社会绝大多数人的选择。这种选择可以使人沉沦，也可使人成就暂时的功名事业。但对于屈原来说，就如同新沐浴之人一定要弹冠、振衣，他无法忍受自身的清白遭受污浊的玷污。"举世皆浊我独清，众人皆醉我独醒"，在不被人所理解的孤独境地中，屈原宁可独守清白，葬身鱼腹，也不愿与污浊之人同流合污。早在第一次流放时，屈原已经作出了"伏清白以死直"(《离骚》)的选择。"独清""独醒"是他被排挤、放逐的原因，而正是同样的原因，促成他留下了千古美名。这种不苟合于世的独立高傲，"虽九死其犹未悔"(《离骚》)的精神，不断地激励着后人，在面临抉择时选择坚守自我，而不妥协于世俗。

谏逐客书

——[秦]李斯——

作者简介

李斯(？—前208)，楚上蔡(今属河南省)人。著名政治家、书法家。初为秦相吕不韦舍人，后拜为秦国客卿，辅佐秦王嬴政吞并六国，任丞相。废分封制，定郡县制，建议焚毁诗书、统一文字等。始皇死后，与赵高合谋矫诏杀始皇长子扶苏，立少子胡亥为帝。后被赵高诬陷谋反，腰斩于咸阳。

臣闻吏议逐客，窃以为过矣。昔缪公求士，西取由余于戎，东得百里奚于宛，迎蹇叔于宋，求丕豹、公孙支于晋。此五人者，不产于秦，而缪公用之，并国二十，遂霸西戎。[①]孝公用商鞅之法，移风易俗，民以殷盛，国以富强，百姓乐用，诸侯亲服。获楚、魏之师，举地千里，至今治强。[②]惠王用张仪之计，拔三川之地；西并巴蜀；北收上郡；南取汉中，包九夷，制鄢郢；东据成皋之险，割膏腴之壤。遂散六国之从，使之西面事秦，功施到今。[③]昭王得范雎，废穰侯，逐华阳，强公室，杜私门，蚕食诸侯，使秦成帝业。[④]此四君者，皆以客之功。由此观之，客何负于秦哉！向使四君却客而不内，疏士而不用，是使国无富利之实，而秦无强大之名也。[⑤]

注释

①客：客卿。过：错。缪公：即秦穆公，"春秋五霸"之一。由余：晋人，入西戎，奉命出使秦国，为秦穆公所用。百里奚：虞国大夫，后被楚人俘获，秦穆公用五张公羊皮将他赎回，用为大夫。蹇叔：岐人，客居宋国，经百里奚推荐被秦穆公迎为大夫。丕豹：晋人，父丕郑为晋惠公所杀，逃亡秦国，秦穆公用为大夫。公孙支：岐人，游宦于晋，后归秦，被秦穆公所用。

②商鞅：卫人，姓公孙，名鞅，秦孝公时主持变法，被封于商。举：攻占。

③张仪：魏人，入秦为相，用连横之策离间六国。三川：指在韩国境内的伊水、洛水、黄河。巴蜀：在今四川省。上郡：在今陕西省北部，属魏国。汉中：在今陕西省南部，属楚国。九夷：居住在楚地的各种夷族。鄢：在今湖北省宜城市。郢：在今湖北省荆州市荆州区西北。成皋：又名虎牢。从：通"纵"，合纵，战国时苏秦游说六国联合抗秦，称"合纵"。施(yì)：延续。

④范雎(jū)：魏人，入秦为相，封应侯。穰(rǎng)侯：魏冉，秦昭王母宣太后异父同母弟，曾任秦相，封穰侯。华阳：芈(mǐ)戎，宣太后弟，封华阳君。公室：王室。

⑤向使：假使。却：拒绝。内：同"纳"。疏：疏远。

今陛下致昆山之玉，有随、和之宝，垂明月之珠，服太阿之剑，乘纤离之马，建翠凤之旗，树灵鼍之鼓。此数宝者，秦不生一焉，而陛下说之，何也？[①]必秦国之所生然后可，则是夜光之璧不饰朝廷，犀象之器不为玩好，郑卫之女不充后宫，而骏良駃騠不实外厩，江南金锡不为用，西蜀丹青不为采。[②]所以饰后宫、充下陈、娱心意、说耳目者，必出于秦然后可，则是宛珠之簪、傅玑之珥、阿缟之衣、锦绣之饰不进于前，而随俗雅化、佳冶窈窕赵女不立于侧也。[③]夫击瓮叩缶、弹筝搏髀而歌呼呜呜快耳目者，真秦之声也；郑卫桑间、韶虞武象者，异国之乐也。今弃击瓮而就郑卫，退弹筝而取韶虞，若是者何也？快意当前，适观而已矣。今取人则不然，不问可否，不论曲直，非秦者去，为客者逐。然则是所重者在乎色乐珠玉，而所轻者在乎人民也，此非所以跨海内制诸侯之术也。[④]

注释

①昆山：即昆仑山。随、和之宝：随侯珠与和氏璧，均为古代著名的珠玉。服：佩戴。太阿：古代著名的宝剑。纤离：古代骏马名。翠凤之旗：用翠羽做成凤形装饰的旗帜。灵鼍(tuó)：即扬子鳄。说：通“悦”。

②駃騠(jué tí)：古代良马名。外厩：宫外的马舍。丹青：丹砂和青雘，可作颜料。

③下陈：指后宫中地位低下的姬侍。宛珠之簪：用宛地的珍珠装饰的发簪。傅玑之珥：附有玑珠的耳饰。阿缟：齐国东阿所出的细缯。随俗雅化：娴雅变化而又能随俗。冶：艳丽，妩媚。

④瓮：汲水用的瓦罐。缶：瓦制的容器。搏髀(bì)：拍着大腿应和歌拍。郑卫桑间：指郑、卫一带的音乐。韶：虞舜时的音乐。武、象：周武王时的乐舞。适观：适合观赏。

臣闻地广者粟多，国大者人众，兵强则士勇。是以太山不让土壤，故能成其大；河海不择细流，故能就其深；王者不却众庶，故能明其德。是以地无四方，民无异国，四时充美，鬼神降福，此五帝三王之所以无敌也。[①]今乃弃黔首以资敌国，却宾客以业诸侯，使天下之士，退而不敢西向，裹足不入秦，此所谓“借寇兵而赍盗粮”者也。[②]

夫物不产于秦，可宝者多；士不产于秦，而愿忠者众。今逐客以资敌国，损民以益仇，内自虚而外树怨于诸侯，求国无危，不可得也。

注释

①太山：即泰山。让：推辞、拒绝。择：通“释”，舍弃；一说为挑选。众庶：百姓。

五帝三王：据《史记·五帝本纪》，以黄帝、颛顼、帝喾、唐尧、虞舜为五帝，以夏禹、商汤、周武王为三王。

②黔首：百姓。资：供给。业诸侯：使诸侯成就霸业。裹足：有所顾虑而止步。赍(jī)：送给。

译文

臣听说官员们正在议论要逐走在秦国的客卿，臣私下认为这是错误的。从前秦穆公求取人才，西面从西戎那里得到由余，东面在宛地得到百里奚，从宋国迎接蹇叔，在晋国求得丕豹和公孙支。这五个人，都不是秦国人，但穆公任用他们，吞并了西戎二十个部落，于是称霸西戎。秦孝公任用商鞅实行变法，改易风俗，百姓因此富裕，国家因此富强，百姓乐于用命，诸侯也亲附归服，又俘获了楚国、魏国的军队，开拓了千里疆土，使国家至今仍安定强盛。秦惠王采纳了张仪的计策，攻取三川，向西吞并了巴蜀，向北取得了上郡，向南占领了汉中，占有了楚地的夷族，控制了楚国的鄢城和郢都，向东占据了成皋这一险要地区，割占肥沃的土地，于是破除了六国的合纵，使他们向西臣服于秦国，功效一直延续到今天。秦昭王得到了范雎，罢免了穰侯，驱逐了华阳君，加强了王室的权力，杜绝了权贵弄权，逐渐侵占诸侯国，使得秦国成就了帝王大业。这四位君王，都是依靠客卿的功劳。由此来看，客卿何曾对不起秦国？假使这四位君王当初拒绝接纳客卿，疏远人才而不任用，那秦国就不会拥有现在的富裕和强大的声名。

现在大王求取昆仑山的美玉，拥有随侯珠、和氏璧那样的宝物，挂着明月珠，佩戴太阿宝剑，驾着纤离良马，竖立翠凤旗，架起鼍皮鼓。这几样宝物，秦国一样都不生产，但大王却喜爱它们，为什么呢？如果一定要秦国所生产的才可以使用，那么夜光璧就不能用来装饰朝廷，犀牛角、象牙制成的器物就不能供为玩赏，郑国、卫国的美女就不能充实后宫，駃騠一类的良马也不能充实宫外的马棚，江南的金锡就不能使用，西蜀的丹砂和青雘也不能用来绘彩。那些用来装饰后宫、充实姬侍、愉悦心情耳目的，如果一定要秦国生产的才可以使用，那么装饰着宛珠的簪子、附有珠玑的耳饰、东阿细缯织成的衣服、精美细致的装饰品都不能进献使用，而那些娴雅变化又能随俗、艳丽妖冶的赵国美女也不能侍立在一旁。敲着瓮缶，弹着秦筝，拍着大腿来应和节奏，用呜呜大唱来取悦听觉的，那才是真正的秦国音乐；郑国、卫国的音乐，夏、商、周的宫廷乐舞，都是别国的音乐。但现在大王却抛弃了敲击瓮缶、弹筝而接受了郑、卫和夏、商、周的音乐，这又是为什么呢？不过是适合观赏，能够在当下愉悦心情罢了。但现在大王选取人才却不是这样，不问可不可用、有无才能，也不问是非善恶，凡不是秦人的客卿就被驱逐赶走。这样的话，大王所看重的只不过是女色、音乐、珠宝、玉器，所看轻的却是百姓，这并不是跨越海内、制服诸侯的方法。

臣听说土地广阔，生产的粮食就多；国家广大，百姓就众多；军队强盛，战士就勇敢。因此泰山不拒绝泥土，所以才能成就其高大；黄河和大海不摈弃细小的溪流，所以才能成就其深广；帝王不拒绝百姓，所以才能彰显其美德。因此，土地不分四方，百姓不分国别，只要四季充实美好，鬼神就会前来降福，这就是五帝三王之所以天下无敌的原因。现在大王却抛弃百姓来供给敌国，拒绝宾客而使他们帮助诸侯建立霸业，使得天下的人才后退而不敢向西前进，停步而不敢进入秦国，这就是所谓的"借给敌人兵器，送给强盗粮食"啊。

东西虽然不是秦国生产的，但值得珍爱的有很多；士子虽不是秦国人，但愿意效忠秦国的也很多。现在您却驱逐客卿来供给敌国，减少百姓来增强敌国的力量，在内使自己虚弱，在外则与诸侯建立怨仇，要想国家没有危险，那是不可能办到的。

导读

春秋时期，虽然周王室衰弱，诸侯国之间不断发生战争，但天下在名义上仍旧统一，各国之间的人才交流也比较普遍。比较著名的如"虽楚有材，晋实用之"（《左传·襄公二十六年》）。但秦长期被东方诸国排斥，进入秦国的人才并不多见。至战国时期，诸国之间的战争加剧，对人才的需求日益加深，人才流动更加频繁。从商鞅入秦变法开始，大量人才涌入秦国，为秦国后期的强大奠定了基础。战国后期，秦国一国独大，而东方六国势力衰弱，已不能阻止秦国的进攻，而六国的合纵之策也被破除，六国之间存在矛盾，合力抗衡秦国不可实现，秦国与六国之间的矛盾日益加深。在秦国历史上，被任用参与改革、委以重任的，大多不是秦人。秦国的强盛虽然得益于诸国人才，但秦国对于异国之人保持着警惕之心。

据《史记·李斯列传》记载，秦王嬴政即位以后，韩国惧怕秦国出兵攻打，于是派遣水工郑国到秦国，向秦王建议修建水渠，以削弱秦国国力，延缓秦国的进攻步伐。事情被发觉后，秦国宗室大臣认为前来秦国的诸国客卿都是为其本国谋利，而这将损害秦国利益，因此提出逐客的主张。在此之前，李斯曾经游说秦王，已经担任了秦国客卿，现在也在被逐之列，于是他在返回本国的路上写下这篇《谏逐客书》。作为被逐之人，李斯的上书并未从自身利益出发，也未直斥逐客的错误，而是紧扣秦国任用异国之人才得以强盛的历史事实，引出逐客令的荒谬之处，并进一步指出逐客对秦的危害，从而使秦王废止了逐客令。

《谏逐客书》首先表达了自己对于逐客令的观点，认为逐客是错误的。紧接着便讲述了秦穆公、秦孝公、秦惠王、秦昭王任用异国之人而取得的成就，指出“客何负于秦”，表明秦国需要依靠异国人才才能取得并延续强盛，而异国之人并未有负于秦国，从而使异国人才处于论辩的有利地位。进而，又从秦王对待“色乐珠玉”的态度入手，指出秦王所喜好的享乐事物均非产自秦国，而是来源于异国。倘若要驱逐一切非秦自产的事物，则秦国现在所享受占有的一切都应当被驱逐，但秦国一面驱逐客卿，一面又在享受异国出产的物品，从而得出秦国所看重的并不是人才，而是声色享乐的结论，同时也使秦国陷入了自相矛盾的尴尬境地。紧接着又指出能够成就大业、无敌于天下者，都有着容纳万物的广博心胸，而秦国驱逐客卿，实际上是在削弱自身的实力，将忠于秦国的人才推向了敌国一方，最终必将使国家危亡。如此，李斯所上书的全部内容都是针对秦国所发，而毫不牵涉个人情感。以秦国依仗客卿而取得成功的史实为依据，使秦王不能反驳；以秦国占有享受异国事物使秦国陷入自相矛盾的境地；以秦驱逐客卿的严重后果使秦王认识到逐客的危害。步步推进，而印证自己认为逐客错误的论断。

刘勰《文心雕龙·论说》称此文“顺情入机，动言中务，虽批逆鳞，而功成计合，此上书之善说也”，清人林云铭称“细玩行文，落笔时胸中必有一段无因见逐、不能自平之气，故不禁其拉杂错综，忽而正说，忽而倒说，忽而复说，莫可端倪。如此所以为佳”（《增订古文析义合编》卷六）。李斯此书有纵横家纵横捭阖的气势，但纯粹以事实和推理为主，不是空谈，更非危言耸听。也正因如此，秦王在得到李斯上书后，随即废止了逐客令，重用李斯，最终在诸国人才辅佐下，一统天下，建立了秦帝国。

过秦论

——[汉]贾谊——

作者简介

贾谊(前200—前168),洛阳人。西汉初期著名的文学家、政论家。曾任博士、大中大夫,后被贬任长沙王太傅、梁怀王太傅。梁怀王坠马死,贾谊自惭失职,郁郁而终。政论文有《论积贮疏》《陈政事疏》《过秦论》等,辞赋有《鹏鸟赋》《吊屈原赋》等,著有《新书》十卷。

秦孝公据殽函之固,拥雍州之地,君臣固守以窥周室,有席卷天下、包举宇内、囊括四海之意,并吞八荒之心。[①]当是时,商君佐之,内立法度,务耕织,修守战之备;外连衡而斗诸侯,于是秦人拱手而取西河之外。[②]

孝公既没,惠王、武王蒙故业,因遗策,南兼汉中,西举巴、蜀,东割膏腴之地,北收要害之郡。[③]诸侯恐惧,会盟而谋弱秦,不爱珍器、重宝、肥美之地,以致天下之士,合从缔交,相与为一。[④]当是时,齐有孟尝,赵有平原,楚有春申,魏有信陵。此四君者,皆明知而忠信,宽厚而爱人,尊贤重士,约从离衡,并韩、魏、燕、楚、齐、赵、宋、卫、中山之众。[⑤]于是六国之士,有宁越、徐尚、苏秦、杜赫之属为之谋,齐明、周最、陈轸、昭滑、楼缓、翟景、苏厉、乐毅之徒通其意,吴起、孙膑、带佗、兒良、王廖、田忌、廉颇、赵奢之朋制其兵。常以十倍之地,百万之众,叩关而攻秦。[⑥]秦人开关延敌,九国之师逡巡遁逃而不敢进。秦无亡矢遗镞之费,而天下诸侯已困矣。于是从散约解,争割地而奉秦。[⑦]秦有余力而制其敝,追亡逐北,伏尸百万,流血漂卤。因利乘便,宰割天下,分裂河山,强国请服,弱国入朝。延及孝文王、庄襄王,享国日浅,国家无事。[⑧]

注释

①殽函:殽山、函谷关,均在今河南省。固:坚固。雍州:古代九州之一,包括今甘肃、陕西和青海部分地区。

②商君:商鞅。务:致力于。连衡:即连横,战国时张仪游说六国共同事奉秦国,称“连横”。拱手:两手相合以示敬意,这里指轻而易举。

③没:通“殁(mò)”,死。惠王、武王:一作“惠文、武、昭”。蒙、因:承接,延续。

④弱:削弱。爱:吝啬。致:招致。合从:即合纵。从:通“纵”。缔:结。

⑤“齐有孟尝”四句:指齐国孟尝君田文,赵国平原君赵胜,楚国春申君黄歇,魏国信陵君无忌,在当时均掌控所在国的大权,合称“战国四公子”。离:分开,离散。

⑥宁越:赵人。徐尚:宋人。苏秦:洛阳人。杜赫:周人。以上四人均为当时著名的游说之士。齐明:东周臣。周最:东周公子。陈轸:夏人。昭滑:楚人。楼缓:魏文侯的弟弟。翟景:未详。苏厉:苏秦的弟弟。乐毅:燕国亚卿。以上八人均为当时著名的外交谋士。吴起:魏将。孙膑:齐将。带佗:未详。兒(ní)良、王廖:均为豪士。田忌:齐将。廉颇:赵将。赵奢:赵将。以上八人均为当时著名的军事人才。属、徒、朋:类。叩:攻打。

⑦延敌:迎击敌人。逡(qūn)巡:犹豫,徘徊不前。亡、遗:丢失。矢:箭。镞:箭头。困:疲敝。

⑧敝:通“弊”。制其敝:利用各国的弱点而加以控制。追亡逐北:追杀败逃的敌人。流血漂卤:盾牌在血河中漂起来。卤:通“橹”,盾牌。因利乘便:凭借有利的形势和条件。

及至秦王,续六世之余烈,振长策而御宇内,吞二周而亡诸侯,履至尊而制六合,执棰拊以鞭笞天下,威震四海。①南取百越之地,以为桂林、象郡,百越之君,俯首系颈,委命下吏。②乃使蒙恬北筑长城而守藩篱,却匈奴七百余里,胡人不敢南下而牧马,士不敢弯弓而报怨。③于是废先王之道,焚百家之言,以愚黔首。隳名城,杀豪俊,收天下之兵,聚之咸阳,销锋铸鐻,以为金人十二,以弱黔首之民。④然后斩华为城,因河为津,据亿丈之城,临不测之溪以为固。良将劲弩,守要害之处;信臣精卒,陈利兵而谁何。天下已定,秦王之心,自以为关中之固,金城千里,子孙帝王万世之业也。⑤

注释

①秦王：指秦始皇嬴政。续：延续。烈：功业，业绩。振：挥动。策：马鞭。履：践，登上。至尊：指天子之位。六合：天地四方。棰拊（fǔ）：一作"敲扑"，木杖。笞（chī）：用竹棍打。

②百越：又称"百粤"，对当时南方越族的总称。俯：低头。系颈：将绳子系在脖子上，表示屈服。委命：寄托性命。下吏：低级官吏。

③蒙恬：秦国大将。藩篱：边界。却：击退，使退去。报怨：报仇。

④先王之道：指前代君王治理天下的方法。百家之言：指春秋战国以来诸子百家的学说、著述。黔首：百姓。隳：毁坏。兵：兵器。销：销毁。锋：指兵器。鐻（jù）：古代乐器名。金人：铜人。

⑤斩：占据；一作"践"，登。华：华山。河：黄河。津：护城河。亿丈：形容极高。不测之溪：指黄河。信臣：忠诚的大臣。何：通"呵"，问。金城：坚固的城墙。

秦王既没，余威震于殊俗。陈涉，瓮牖绳枢之子，甿隶之人，而迁徙之徒。①才能不及中人，非有仲尼、墨翟之贤，陶朱、猗顿之富。②蹑足行伍之间，而倔起什伯之中，率罢散之卒，将数百之众，而转攻秦。③斩木为兵，揭竿为旗，天下云集响应，赢粮而景从，山东豪俊遂并起而亡秦族矣。④

且夫天下非小弱也，雍州之地，殽函之固，自若也。陈涉之位，非尊于齐、楚、燕、赵、韩、魏、宋、卫、中山之君；鉏櫌棘矜，非铦于句戟长铩也；适戍之众，非抗于九国之师；深谋远虑，行军用兵之道，非及乡时之士也。⑤然而成败异变，功业相反也。试使山东之国与陈涉度长絜大，比权量力，则不可同年而语矣。⑥然秦以区区之地，千乘之权，招八州而朝同列，百有余年矣。然后以六合为家，殽函为宫。⑦一夫作难而七庙隳，身死人手，为天下笑者，何也？仁义不施，而攻守之势异也。⑧

注释

①殊俗：不同的风俗，借指边远的地区。陈涉：秦末农民起义军领袖。瓮牖（yǒu）

绳枢:用瓦瓮做窗户,用绳索系门户,形容穷困。甿:指百姓。隶:奴隶。迁徙之徒:被征戍的人。

②中人:中等人,即常人。仲尼:孔子。墨翟:墨子。陶朱:春秋晚期越国大夫范蠡在陶地经商,称陶朱公。猗顿:春秋时鲁人,在猗地从事畜牧致富。

③蹑足:置身,参与。行伍:指军队。倔:通“崛”。什伯:军队;一作“阡陌”,田野。罢散:疲乏。罢:通“疲”。将:率领。

④揭:高举。云集:像云一样聚集,形容极多。响应:如响之应声,形容极快。赢:担负。景从:像影子一样跟随。景:通“影”。山东:殽山以东诸国,即东方六国。

⑤自若:像以前一样。鉏(chú):锄草翻地的农具。櫌(yōu):碎土平田的农具。棘矜(qín):戟柄;一说是用棘木制作的矛柄。铦(tán):一作“铦(xiān)”,锋利。铩(shā):长矛。适戍:因罪被贬戍边。乡时:向时,以前。乡:通“向”。

⑥度(duó)、絜(xié):度量,比量。同年而语:相提并论。

⑦区区:形容极小,微不足道。千乘:战国时期的诸侯国,小者称千乘,大者称万乘。招:举。同列:指六国。

⑧一夫:指陈涉。七庙:帝王供奉祖先的宗庙,这里指秦王朝。

译文

秦孝公占据了殽山和函谷关那样险固的关隘,又拥有雍州的土地,君臣固守疆土,又窥伺周王室,怀有吞并天下的雄心壮志。在那个时候,商鞅辅佐秦孝公,在内建立法规制度,致力于耕田纺织,修造防守和进攻的器具;对外则推行连横政策,使东方诸侯内部互相争斗。这样,秦人轻而易举地夺取了西河之地。

秦孝公死后,秦惠文王、秦武王、秦昭王继承他的事业,遵循既定的政策,向南兼并了汉中,向西攻取了巴蜀,在东面割占了肥沃的土地,夺取了险要的州郡。诸侯们都很害怕,于是结盟来设法削弱秦国,他们不吝惜珍奇、贵重的宝物和肥沃的土地,用来招纳天下的才能之士,商议合纵的策略,缔结盟约,联结成为一体。在这个时候,齐国有孟尝君,赵国有平原君,楚国有春申君,魏国有信陵君。这四位公子都很聪明智慧,忠诚诚信,对人宽厚友爱,尊重贤士,相约以合纵来拆散秦国的连横,联合了韩国、魏国、燕国、楚国、齐国、赵国、宋国、卫国、中山国共九国的兵力。这个时候,东方六国的士人,有宁越、徐尚、苏秦、杜赫等人出谋献策,齐明、周最、陈轸、昭滑、楼缓、翟景、苏厉、乐毅等人互通消息,吴起、孙膑、带佗、兒良、王

廖、田忌、廉颇、赵奢等人统帅军队。凭借着十倍于秦的土地和百万大军，攻打函谷关，进击秦国。秦人打开关门迎击敌人，九国的将士却徘徊犹豫，最终不敢进击而溃逃。秦国没有消耗一箭一镞，而各国就已经陷入了困境。于是合纵的策略失败了，盟约也被解除，各国争相割让土地来讨好、侍奉秦国。秦国还有余力去利用各国的弱点来加以控制，追逐败亡的军队，被杀的人多达百万，流的血可以漂浮起大盾。秦国乘机宰割、分裂天下各国的土地，强国被迫请求投降，弱国入秦朝拜。延续到孝文王和庄襄王，他们在位的时间短，国家没有重大的事情。

等到了秦王嬴政，他继承了六世祖先积聚的功业，挥动着长鞭来统治天下，最终吞并了周王室，灭亡六国，登上了天子之位，统治天下四方，手执木杖来鞭挞天下百姓，威名震动四海。他向南攻取了百越的土地，在那里设置了桂林郡和象郡。百越的君王低着头，把绳索套在脖颈上，把性命委托给秦朝的下等官吏。又派遣大将蒙恬在北方修筑长城，以守卫边境，把匈奴击退了七百多里，匈奴人再不敢南下来放马，士兵也不敢挑起战事来报仇。于是，秦始皇完全废除了前代君王治国的原则，焚烧了诸子百家的著作，以使百姓愚昧无知。毁坏六国的名城，杀害六国的豪杰俊才，收集全国的兵器聚集到咸阳，销毁锋刃而铸成乐钟，又制作了十二个铜人，以削弱百姓的力量。在这以后，据守华山作为咸阳的城墙，凭借黄河作为护城河，据守着极高的城墙，下临深不可测的护城河，十分坚固。良将手持硬弓，驻守要害之处；忠实的大臣率领精锐的士兵，手执锐利的兵器盘问过往的行人。天下已经安定了，秦始皇的心中也认为关中的坚固，如同千里铜城，可以作为子孙后代延续万世帝位的基业。

秦始皇死后，他的余威还震慑着边远地区。陈涉，一个穷人家的子弟，卑贱的农夫，后来又被征戍守边，才能比不上普通人，又没有孔子、墨子那样的贤能，陶朱公、猗顿那样的财富，置身于军队之中，却在军队之中崛起，率领着疲惫散乱几百人的队伍，转身攻打秦朝。他们斩断树木当作兵器，举起竹竿充当旗帜，天下人像云一般会集，像回声一般迅速响应，背负着粮食，像影子一般追随陈涉。殽山以东六国的豪杰英俊也一齐兴起，最终推翻了秦王朝。

秦朝的天下并没有缩小削弱，雍州的土地，殽山和函谷关仍像以前一样坚固。陈涉的地位，也不比齐国、楚国、燕国、赵国、韩国、魏国、宋国、卫国、中山国的君王那样尊贵；用来平整土地的锄头和用棘木制作的矛柄，比不上钩戟和长矛锋利；被贬谪戍边的士卒，战斗力不如九国的精锐军队；深谋远虑，行军用兵的战略战术，也不如过去六国的谋士。然而,成功和失败却发生了变化,建立的功业也完全相反。如果让诸国与陈涉比较长短大小,比较二者的权势和实力,那决不可相提并论。但当初秦国凭借狭小的国土,小国的国力,却能吞并八州,迫使以前处于同一地位的诸侯入秦朝拜,长达一百多年,然后以天地四方作为自己的家,把殽山和函谷关当作宫墙。当陈涉一人起来发难,秦朝的社稷就毁灭了,国君死在别人手里,被天下人所嘲笑,这是什么道理呢?就是因为不施行仁义,而攻守的形势也就不同了。

导读

秦是中国历史上第一个统一的君主专制国家。秦王朝的建立,结束了战国诸侯争霸的混乱局面,而使中国走向统一。秦所建立的诸多制度、法令和采取的措施,诸如废除分封、实行郡县制、统一度量衡和文字、修建驰道等,都对后世产生了重要影响,为历朝历代所取法。但自秦始皇统一天下,至秦王子婴投降刘邦,前后不过三代十五年,后代对于秦亡的原因和教训有过诸多评论,最早的一篇即汉代贾谊的《过秦论》,载于《史记·秦始皇本纪》之后,本文所选录的第一部分,又见于《史记·陈涉世家》及《文选》。本书所选唐代杜牧的《阿房宫赋》,也有对秦亡的论述,可以参看。

秦统一天下并非偶然,李斯《谏逐客书》曾指出秦的强盛得益于诸国人才的帮助。贾谊的《过秦论》首先讲述从秦孝公商鞅变法到秦王嬴政之前秦国的创业史。正是因为六代君王和大臣的励精图治,才为秦始皇统一天下奠定了雄厚的物质基础。从秦孝公开始,秦即已有并吞天下的雄心,经过商鞅变法,秦开始实行法治,注重耕织,割占了西河之地。至秦惠王时,张仪采取连横策略,笼络诸侯,同时挑起六国内部斗争。秦昭王时,范雎采取"远交近攻"的策略,各个击破。在秦国日益强大的情形下,六国会盟,采取合纵的策略,以图一举击败秦国,但在秦国强大的实力面前,反而节节败退,最终屈服。到秦王嬴政时,终于消灭六国,统一天下。在贾谊的论述中,秦能一统,并非侥幸得来,而是因为其能够务农耕,重守战,策略得当,实力雄厚,故而六国会盟进攻也最终失败。

秦始皇统一天下、建立秦朝以后,采取了与前代君王不同的措施。政治上"废先王之道",而实行严刑峻法;文化上"焚百家之言",杜绝私学,以吏为师;军事上收集天下兵器,铸十二铜人,以防范民众造反;对待六国遗民,则"隳名城,杀豪俊”,以削弱六国遗民的力量。这些措施都引起了百姓的强烈不满,而秦始皇则凭借都城咸阳的险固,来鞭笞天下,最终引发了天下的叛乱,秦朝的覆亡。

在秦覆灭的论述中,贾谊尤其强调了陈涉。陈涉作为一个被贬谪戍边的普通人,却能够率领百姓起义,天下云集响应,最终使秦覆亡,这与前面提及的六国合谋攻秦而失败形成了鲜明的对比。陈涉的地位、才能、智谋均不能与六国相比,武器装备、军队实力也不如九国之师,但最终却是陈涉覆亡了秦国。针对这一现象,贾谊认为,其原因在于秦“仁义不施”,导致了“攻守之势”改变。正是因为秦始皇不能采取仁义的为政措施,而采用暴政,才使得秦的实力被严重削弱,而百姓同仇敌忾,最终能够覆亡秦朝。孟子曾言“天时不如地利,地利不如人和”,提出统治天下应当做到“域民不以封疆之界,固国不以山溪之险,威天下不以兵革之利”(《孟子·公孙丑下》)。事实上,秦以“封疆之界”“山溪之险”“兵革之利”来守天下,虽然占据了地利,但其暴政却失去了人和。“得道者多助,失道者寡助。”从这一点上来看,贾谊的观点是有一定现实价值的。事实上,贾谊写作此文,目的正在于促使汉文帝实施仁政。

从艺术角度而言,前后对照的手法,铺陈排比的运用,使得文章有纵横捭阖、一泻千里之势,鲁迅称之为“西汉鸿文”(《汉文学史纲要》)。在中国散文史上,《过秦论》首创了“史论”这一体裁,对汉以降的散文创作产生了重要影响。但由于作者偏重于文章气势的豪迈,其所列举的论据多有与史实相出入的地方,也需要读者注意。

又与吴质书

——[三国魏]曹丕——

作者简介

曹丕(187—226),字子桓,曹操次子。曾任五官中郎将,代汉称帝,建立魏王朝,谥“文帝”。曹丕一生热衷于文学活动,在促进建安文学的繁荣方面起了重要作用。他的《燕歌行》两首是现存文人作品中最早的完整的七言诗,《典论·论文》是一篇开文学批评风气的重要论文。

二月三日，丕白：岁月易得，别来行复四年。[①]三年不见，《东山》犹叹其远，况乃过之，思何可支？虽书疏往返，未足解其劳结。[②]

昔年疾疫，亲故多离其灾，徐、陈、应、刘，一时俱逝，痛可言邪！[③]昔日游处，行则连舆，止则接席，何曾须臾相失！每至觞酌流行，丝竹并奏，酒酣耳热，仰而赋诗。[④]当此之时，忽然不自知乐也。谓百年己分，可长共相保，何图数年之间，零落略尽，言之伤心。[⑤]顷撰其遗文，都为一集。观其姓名，已为鬼录，追思昔游，犹在心目，而此诸子，化为粪壤，可复道哉！[⑥]

注释

①吴质：字季重，博学多识，官至振威将军，封列侯，与曹丕友善。岁月易得：指时间过得很快。行复：将又。

②《东山》：指《诗·豳(bīn)风·东山》："自我不见，于今三年。"原写战士思乡之情，这里指对吴质的思念。支：支撑，支持。书疏：书信。劳结：指因忧思而生的郁结。

③疾疫：指建安二十二年(217)发生的疾疫，曹丕的许多亲人、朋友都死于这场疾疫。离：通"罹(lí)"，遭。徐、陈、应、刘：指徐幹、陈琳、应玚(yáng)、刘桢，与孔融、王粲、阮瑀并称为"建安七子"。

④连舆：车子相连。接席：座位相挨。相失：相离。觞酌：饮酒的器具。流行：传递。丝竹：管弦乐器，指音乐。

⑤忽然：一会儿，形容过得很快。不自知乐：不觉自己处于快乐之中。百年己分：以为享有百年欢愉是应有之事。零落：死亡。略：差不多。

⑥撰：编纂。都：凡，总。鬼录：死人名录。粪壤：粪土。

观古今文人，类不护细行，鲜能以名节自立。[①]而伟长独怀文抱质，恬淡寡欲，有箕山之志，可谓彬彬君子者矣。著《中论》二十余篇，成一家之言，辞义典雅，足传于后，此子为不朽矣。[②]德琏常斐然有述作之意，其才学足以著书，美志不遂，良可痛惜。间者历览诸子之文，对之抆泪，既痛逝者，行自念也[③]。孔璋章表殊健，微为繁富。公幹有逸气，但未遒耳，其五言诗之善者，妙绝时人。[④]元瑜书记翩翩，致足乐也。仲宣续自善于辞赋,惜其体弱,不足起其文,至于所善,古人无以远过。[5]昔伯牙绝弦于钟期,仲尼覆醢于子路,痛知音之难遇,伤门人之莫逮。[6]诸子但为未及古人,自一时之隽也,今之存者,已不逮矣。后生可畏,来者难诬,然恐吾与足下不及见也。[7]

注释

①类:大多。护:注意。细行:小节,指细小行为。

②伟长:即徐幹,字伟长。怀文抱质:文质兼备,《论语·雍也》:"文质彬彬,然后君子。"箕山:传为许由、巢父隐居之地,代指隐逸之人或隐逸之地。箕山之志:指隐居不仕的节操。辞义:辞采和文义,指文章的形式和内容两方面。

③德琏:即应玚,字德琏。斐然:发愤的样子。述:阐发前人著作。作:个人创作。抆(wěn)泪:拭泪。行:又。

④孔璋:即陈琳,字孔璋。章表:指奏章表疏等文体。殊健:文气刚健。繁富:指辞采繁多,不够简洁。公幹:即刘桢,字公幹。逸气:指超脱流俗的气概。遒:刚劲有力;一说为尽。

⑤元瑜:即阮瑀,字元瑜。书记:指书、记等文体。翩翩:形容文采飞扬,典雅优美。仲宣:即王粲,字仲宣。续:一作"独"。体弱:文章体气不足。起:支撑,振起。远过:远远超过。

⑥伯牙绝弦于钟期:春秋时俞伯牙善长弹琴,钟子期最能欣赏,钟子期死后,伯牙终身不再弹琴,事见《吕氏春秋》。仲尼覆醢(hǎi)于子路:孔子弟子子路在卫国被杀并被剁为肉酱,孔子命人将肉酱一类食物倒掉,见《礼记·檀弓》。莫逮:没有人能赶得上。

⑦隽:通"俊"。后生可畏,来者难诬:年轻人值得敬畏,后来者不能忽视,语出《论语·子罕》:"后生可畏,焉知来者之不如今也。"

年行已长大,所怀万端,时有所虑,至通夜不瞑。志意何时复类昔日?已成老翁,但未白头耳。光武言:"年三十余,在兵中十岁,所更非一。"吾德不及之,年与之齐矣。[1]以犬羊之质,服虎豹之文;无众星之明,假日月之光。动见瞻观,何时易乎?恐永不复得为昔日游也。[2]少壮真当努力,年一过往,何可攀援?古人思炳烛夜游,良有以也。顷何以自娱？颇复有所述造不？③

东望于邑，裁书叙心。丕白。④

注释

①年行：行年，年龄。"年三十"三句：李善《文选》注以为出自《东观汉记》载东汉光武帝刘秀赐隗嚣书。所更非一：所经历的事情不止一件。

②以犬羊之质，服虎豹之文：犬羊的身体上披着虎豹的皮毛，比喻外表强大而内心弱小，谦指自己德行不够，虚处其位。无众星之明，假日月之光：没有众星的光明，只不过是假借日月的光芒，谦指自己依仗父亲的声望而处于尊贵的地位。见：被。瞻观：瞻仰，观看。易：改变。

③攀援：挽留。炳烛夜游：点着烛火，夜以继日地游玩，出自《古诗十九首》："昼短苦夜长，何不秉烛游？"炳：燃；一作"秉"，持。良：确实。颇：稍微。述造：创作。不：通"否"。

④于邑：亦作"于悒（wū yì）"，忧郁烦闷。裁书：写信。

译文

二月三日，曹丕告语：时间过得很快，与你分别将近四年了。三年没有见面，《东山》的作者尚且要感叹长久，更何况我们分别已经超过了三年，思念又怎么能够承受得住？即使有书信来往，也不足以疏解我内心的忧愁。

去年发生的疾疫，亲朋好友大多遭遇不幸，徐幹、陈琳、应玚、刘桢等人，一时之间，都死去了，我的悲痛又岂是言语所能表达的！想当初我们一起游玩，出行时车驾相连，休息时座位相挨，哪里有过片刻的分离？每到大家举起酒杯传递着饮酒，音乐齐奏，喝得畅快之时，便扬起头来吟诗。那时候，时间飞逝，谁都没有觉察到自己的快乐。那时常说享有百年的愉悦是应有的事情，大家可以在一起永不分离，哪里想到才不过几年时间，大多数人就已经死去，再没剩下几个人了。一说起这件事就很伤心。最近我编次他们遗留下的文章，汇总为一册。看着他们的姓名，已经被纳入了死者的名录，追想以前的交游，还仿佛在眼前心间，但这几个人已经化为了尘埃，还有什么可说的呢！

我曾观察古今的文人，他们大多都不注意小节，很少有能够凭借名誉节操自立于世的。而唯独徐伟长文质兼备，不热衷于名利，有隐居的志行，可以说是彬彬君子了。他所著的《中论》二十多篇，很有自己独特的见解，辞采文义都很典雅，足以流传后世，可以说是能够不朽的了。应德琏常常自我激励，有阐述、创作的意愿，他的才能学识也足以著书，但是美好的愿望不能实现，确实值得痛惜。我闲暇的时候遍览这些人的文章，不禁对着擦泪，既伤痛死去的人，又想到自己也会像他们一样。陈孔璋的奏章表疏写得刚健有力，只是辞采过于繁丽，不够简洁。刘公幹的文章能够超出流俗，只是还不够刚劲有力，他的五言诗中写得好的，其高妙处超过同时的文人。阮元瑜的书札奏记文采飞扬，典雅优美，让人读了感觉十分快乐。唯独王仲宣擅长辞赋，可惜风格孱弱，体气不足以支撑起他的文章，至于其中的好文章，古人也没有能超过太多的。从前钟子期死后，俞伯牙不再弹琴；子路死后，孔子倒掉肉酱，这是在感痛钟子期这样的知音再难遇到，伤心门人中没有人能比得上子路。这几个人只是比不上古人罢了，但都是一时的俊杰，现在还活着的人，已经比不上他们了。年轻人值得敬畏，后来者不能忽视，但恐怕我和你已经来不及看到了。

我的年纪已经很大了，心里所想的事情千头万绪，时常担心，以至于整晚睡不着觉。我的思想什么时候能够再像以前那样呢？我已经成了老翁，只是头发还没有变白罢了。汉光武帝曾说："年纪三十多，在军队中十年，所经历的事情不止一件。"我的德行比不上他，而年纪已经跟他一样了。我犬羊一般的身体，却穿着虎豹那样的皮毛；没有星星的光明，只能假借日月的光亮。我的一举一动都被注视，这种情况什么时候才能改变呢？恐怕永远都不可能再有以前那种交游的盛况了。年轻的时候真应该努力，时光一旦逝去，哪里还可以再挽留？古人想着点上蜡烛，在夜晚游玩，确实是有道理的。最近你拿什么来娱乐自己？又写了点什么文章没有？

我向东望去，感觉心烦郁闷，写了这封信来表达心意。曹丕告语。

导读

魏文帝曹丕写给吴质的信共有三篇，此其第二篇。《文选》李善注引《典略》曰："初，徐幹、刘桢、应玚、阮瑀、陈琳、王粲等与(吴)质并见友于太子。二十二年，魏大疫，诸人多死，故太子与质书。"吴质与曹丕及建安七子等文人均有交往过从。在此信中曹丕回忆自己与建安诸子流连诗酒的欢乐情景并评述他们的文学成就，流露出对已经逝去的友人的怀念之情与对岁月流逝的悲伤。

第一段写自己与吴质远别的思念之情，并以《东山》为喻，表达自己对友人强烈的思念之情。其中“岁月易得”已经奠定了全文悲凉的基调，为下文写数年来的人事变化作一铺垫。第二段讲述建安二十二年发生的疾疫，诸多亲人、友人相继逝去。今日“零落略尽”“已为鬼录”，往日则“连舆接席”“乐不可言”，昔今盛衰对比，引发无限哀叹。昔日欢乐之时，自以为可以享受百年欢愉，而一旦遭逢灾难，所有的一切都化为乌有，理想与现实之间的巨大反差更容易引起心理上的共鸣。第三段则由上文引发，对建安七子进行评价。先言文人大多不注重细节，很少有人能够凭借名节自立，引入对徐幹的推崇。分论徐幹、应玚、陈琳、刘桢、阮瑀、王粲等“建安七子”在文学上的擅长之处和成就，又不遮掩其短处。曹丕为太子时，与这些人一同游乐，赋诗撰文，而今日诸子均已逝去，唯独自己与吴质尚存，更易引发感慨。当他整理朋友作品的时候，联想到自己也终有一天会死去，更增添了几重感伤。“伯牙绝弦于钟期，仲尼覆醢于子路”，曹丕以伯牙、子期知音相赏，孔子、子路师生相惜为喻，表达自己对于友人逝去的悲痛之情。往者已矣，友人均为一时俊杰，今人无法追步，后来者或有英杰，但自己却很可能无法见到。在对过去、现在、未来的思考之中，曹丕又重复岁月流逝的感伤。第四段写时光逝去，自己年岁渐长，心态已成老翁。尤其是自己身处太子之位，而自念德行不足以支持，举止又无自由，再不能恢复往日游宴的快乐，遂生发出“少壮真当努力，年一过往，何可攀援”的感慨，对古人“炳烛夜游”的及时行乐态度表示推崇。

本文情真意切，平易晓畅。曹丕虽是太子，地位尊贵，但此信却以朋友口吻写出。对过往交游的描写，辞采华丽；写朋友过世，又转悲痛。乐悲之间，显现真情实意。对建安诸子文学成就的高度评价，简单扼要，既扬其长，又不护其短，与曹丕在《典论·论文》中对建安七子文学成就的评价有相似之处。但评价朋友的文学创作并非曹丕目的，他是想通过这种评价来表达他对怀有高才的友人逝去的悲伤，及今人不能追步的哀痛。又由朋友写及自身，写岁月易逝，年华不再，过往的快乐不可再得，从而引发今日的感慨。文章情意真切，铺陈写来，感人肺腑。

前出师表

——[三国蜀]诸葛亮——

作者简介

诸葛亮(181—234),字孔明,号卧龙,琅邪阳都(今山东省沂南县)人。东汉末年避乱荆州,后辅助刘备,联吴抗曹,建立蜀汉政权,拜丞相,形成魏、蜀、吴三国鼎立的局面。曾五次出征北伐曹魏,后病死于军中,谥忠武。

先帝创业未半而中道崩殂,今天下三分,益州疲弊,此诚危急存亡之秋也。[①]然侍卫之臣不懈于内,忠志之士忘身于外者,盖追先帝之殊遇,欲报之于陛下也。诚宜开张圣听,以光先帝遗德,恢弘志士之气;不宜妄自菲薄,引喻失义,以塞忠谏之路也。[②]

宫中府中,俱为一体,陟罚臧否,不宜异同。若有作奸犯科及为忠善者,宜付有司,论其刑赏,以昭陛下平明之理;不宜偏私,使内外异法也。[③]侍中、侍郎郭攸之、费祎、董允等,此皆良实,志虑忠纯,是以先帝简拔以遗陛下。愚以为宫中之事,事无大小,悉以咨之,然后施行,必能裨补阙漏,有所广益。[④]将军向宠,性行淑均,晓畅军事,试用于昔日,先帝称之曰能,是以众议举宠为督。愚以为营中之事,悉以咨之,必能使行阵和睦,优劣得所也。[⑤]

亲贤臣,远小人,此先汉所以兴隆也;亲小人,远贤士,此后汉所以倾颓也。先帝在时,每与臣论此事,未尝不叹息痛恨于桓、灵也。[⑥]侍中、尚书、长史、参军,此悉贞良死节之臣,愿陛下亲之信之,则汉室之隆,可计日而待也。[⑦]

注释

①先帝:蜀昭烈帝刘备。创业未半:指统一大业尚未完成。崩殂(cú):帝王之死。

天下三分:当时魏蜀吴三分天下。益州:指蜀国,治所在成都。疲弊:贫弱。诚:确实。秋:时候,古人多以“秋”称关键的时刻。

②遇:恩遇。开张圣听:指应当广开言路,听取不同的意见。恢弘:发扬光大。妄自菲薄:毫无根据地看轻自己。引喻失义:称引比喻而不合规范。

③宫中:指皇宫中的侍臣。府中:指丞相府所属的官员。陟(zhì)罚臧否(pǐ):赏罚褒贬。作奸犯科:为非作歹,触犯律条。平明:平正明察。

④郭攸之:南阳人,任侍中。费祎(yī):江夏人,任侍中。董允:南郡枝江人,任黄门侍郎。良实:忠良信实。裨(bì):增加,补益。

⑤向宠:襄阳人,曾任中部督,掌管宿卫兵,后迁为中领军。淑均:和善公平。行阵:指军队。

⑥先汉:西汉。后汉:东汉。恨:遗憾。桓、灵:指东汉桓帝、灵帝,在位时宠用宦官,杀害忠臣。

⑦侍中:指郭攸之、费祎。尚书:指陈震。长(zhǎng)史:指张裔。参军:指蒋琬。贞良:忠贞正直。

臣本布衣,躬耕于南阳,苟全性命于乱世,不求闻达于诸侯。先帝不以臣卑鄙,猥自枉屈,三顾臣于草庐之中,咨臣以当世之事。①由是感激,遂许先帝以驱驰。后值倾覆,受任于败军之际,奉命于危难之间,尔来二十有一年矣。②先帝知臣谨慎,故临崩寄臣以大事也。受命以来,夙夜忧叹,恐托付不效,以伤先帝之明。故五月渡泸,深入不毛。③今南方已定,兵甲已足,当奖率三军,北定中原,庶竭驽钝,攘除奸凶,兴复汉室,还于旧都。此臣之所以报先帝而忠陛下之职分也。至于斟酌损益,进尽忠言,则攸之、祎、允之任也。④

愿陛下托臣以讨贼兴复之效;不效,则治臣之罪,以告先帝之灵。若无兴德之言,则责攸之、祎、允等之慢,以章其咎。⑤陛下亦宜自谋,以咨诹善道,察纳雅言,深追先帝遗诏,臣不胜受恩感激。今当远离,临表涕零,不知所云。⑥

注释

①躬:亲自、亲身。南阳:郡名,在今湖北襄阳一带。卑鄙:低微鄙陋。猥:谦词,

犹"辱""承"。枉屈:屈尊就卑。

②驱驰:指奔走效力。倾覆:指建安十三年(208)曹操在当阳大败刘备。有:通"又"。

③"临崩"句:刘备临死之时,将蜀国大小事务托付于诸葛亮。夙:早。不效:没有成效。伤:损害。"五月"二句:蜀汉建兴三年(225)诸葛亮南征、平定南方叛乱。

④奖:劝勉。驽钝:驽,劣马;钝,不锋利的兵器;比喻才能低下。攘除:铲除,消灭。奸凶:指曹魏政权。

⑤慢:怠慢、疏忽。章:彰显,显示。咎:过失。

⑥咨诹(zōu):征询,询问。雅言:正言,正确合理的言论。

译文

先帝的统一大业还未完成就中途死去,现在天下三分,蜀汉非常困乏贫弱,这确实是生死存亡的关键时刻。然而侍奉护卫陛下的大臣在内毫不懈怠,忠诚的将士在外奋不顾身,大概是在缅怀先帝对他们的知遇之恩,想要回报给陛下。陛下实在应该广开言路,听取不同的意见,以此来发扬光大先帝遗留下来的德行,发扬激励有志之士的气节,而不可随意看轻自己,言谈训谕之时称引比喻不合规矩,以致把尽忠规劝的言路都阻塞了。

宫内的侍臣和丞相府的官员,都一样是蜀汉的官员,对他们职位的升降和赏罚褒贬,不应当有所差异。如果有为非作歹、触犯律条或是尽忠心做善事的,都应该交付相关部门,审议他们应当接受什么处罚或是赏赐,来显示陛下处事的贤明公正,而不应有所偏袒,使宫中府中的法令不一致。侍中郭攸之、费祎和侍郎董允等人,都是忠良信实的人,心志都忠贞纯正,所以先帝把他们挑选出来留给陛下。臣以为朝廷中的事情,不论大小,都应当向他们咨询,然后再付诸施行,一定能够有益于补救疏漏,而增加好处。将军向宠,性格和善而公正,通晓军事,过去曾被任用,先帝称赞他是个能人,所以大家都商议要推举他做中部督。臣以为军营中的事务,不论大小,都应当向他请教,一定能使军队之内友好相处,处置合宜。

亲近贤臣,疏远佞臣,这是西汉兴旺强盛的原因;亲近佞臣,疏远贤臣,这是东汉衰败覆亡的原因。先帝在世的时候,每次和臣谈论到这件事情,没有一次不对桓、灵二帝的作为叹息而表达深切遗憾的。侍中郭攸之、费祎等,尚书陈震,长史张裔,参军蒋琬,这些都是坚贞忠良,能够以死报国的大臣,希望陛下能多多亲近他们,信任他们,那么汉家天下的兴旺,也就为期不远了。

臣本是平民百姓,在南阳以耕田为生,只求能够在乱世之中保全性命,没有想过在诸侯面前扬名显达。先帝不因为臣身份低贱,见识浅薄,而屈尊就卑,三次到臣的茅庐中,向臣咨询天下大事。臣因此深受感动,于是答应为先帝奔走效力。后来遭遇战事失败,臣在败亡危难之际,接受了挽救局势的重任,从那时到现在已经有二十一年了。先帝知道臣处事谨慎,所以临终之时把蜀国大事托付给臣。自从接受先帝遗命以来,臣日夜都在忧虑叹息,唯恐先帝所托付的事情没有成效,而有损先帝知人明鉴的声名。所以臣在五月率军渡过泸水,深入到南方不毛之地去平定叛乱。现在南方已经平定,军备充足,是时候勉励、率领三军北伐克复中原了。臣必当竭尽低下的才能,铲除曹魏政权,光复汉室江山,迁还故都洛阳。这是臣用来报答先帝而效忠于陛下的职责。至于权衡得失,向陛下进献忠言,那是郭攸之、费祎、董允他们的责任。

希望陛下能够把讨伐曹魏、兴复汉室的重任交付给臣,如果没有成效,就请陛下治臣的罪,来告慰先帝的在天之灵。如果没有劝勉陛下发扬圣德的忠言,那就要追究郭攸之、费祎、董允等人的怠慢之罪,公布他们的过失。陛下也应当自己尝试着谋划,咨询良善的道理,鉴察接纳正言,牢牢不忘先帝的遗诏,臣将不胜感激。而今即将远征,面对着表文,臣不禁落下泪来,真不知自己说了些什么。

导读

自蜀汉建兴六年开始北伐,至建兴十二年病死军中,诸葛亮总计五次北伐曹魏,本表写于建兴五年(227)诸葛亮第一次率军北伐之前。(《三国志·蜀书·诸葛亮传》)在此之前,魏黄初二年(221),刘备在成都称帝,建立蜀汉政权,随即进攻孙吴,次年兵败。蜀汉章武三年(223)刘备病死白帝城,将蜀国军政大事托付与诸葛亮。至蜀汉建兴三年(225),诸葛亮南下平定叛乱,又整治军备,于建兴五年上表后主刘禅,出师北伐。

诸葛亮首先强调蜀国所面临的困境——先帝崩殂,天下三分,益州疲弊——而以“危急存亡”作总结,不仅为自己出师北伐寻找理由,也引出了蜀国臣民在这种困境中仍能“不懈于内”“忘身于外”,其原因在于对先帝知遇之恩的报答,进而劝谏刘禅应当广开言路,听取劝谏,内外一体,不存偏废。又以西汉、东汉对待贤臣、小人的不同态度引发的不同结果,尤其是先帝的“叹息痛恨”,提出“亲贤臣远小人”的主张，并推荐自己认为忠纯的军、政大臣，以便于刘禅咨询、采纳他们的意见。

在劝谏之外，作者又回忆起自己与先主刘备的结交。诸葛亮本是隐居南阳的布衣，刘备三顾茅庐，邀请诸葛亮出山相助，既而“受任于败军之际，奉命于危难之间”，历经二十余年，已成为蜀汉的中流砥柱。而刘备一意孤行，伐吴兵败，于白帝城病死托孤，又将蜀国军政大权托付与诸葛亮。作为一系列重大事件的亲身经历和见证者，在重新谈及这些话题时，不仅有伤感，更加有重任的压迫。刘备将蜀国交付诸葛亮，这一副重担使得诸葛亮“夙夜忧叹”，唯恐不能达成先主兴复汉室的愿望。但天下的局势早已变化，形成了魏蜀吴三足鼎立的局面，而刘备伐吴的举动又使得蜀汉陷入了两面受敌的处境，南方也发生叛乱。正是在这种压力和困境之下，使得诸葛亮终于在南征平定叛乱、恢复后方稳定之后，举旗北伐。而在讲述这些往事与北伐理由的同时，作者也已“涕零”而“不知所云”。

这是一篇充满了真挚感情的表文。在讲述蜀国面临的危难时，可见作者的忧国之心；对刘禅的期望要求，可见作者的殷切期盼；对后汉衰亡的叹息，亲贤臣远小人的谆谆告诫，可见作者高瞻远瞩的历史观；回忆与先帝“创业”的过程及先帝临终时的托付，可见作者对感情和承诺的重视；最终的“临表涕零，不知所云”，更可见作者已在回忆中将真挚的感情完全抒发。在整篇表文中，作者的一言一行，举荐人才，对后主的期望告诫，都与先帝刘备息息相关。诸葛亮一再强调自己是为了报答先帝的知遇之恩和临终托付。他以“讨贼兴复”为己任，表现了他“鞠躬尽瘁，死而后已”(《后出师表》)的奉献精神，而他对后主采纳忠言、自我激励的劝勉，更是充满了忠诚。

本文最初写局势艰危，志士恢弘，慷慨激昂，中间写劝谏、进贤，平淡简练，最末写知遇之恩、报答之思，又转入悲凉。内容和情感衔接自然，丝毫不见斧凿痕迹。文章虽是写请求出师北伐，却包含了对局势的担忧、对后主的进谏、对先帝的追忆，而处处可见先帝的影子，更可见作者与先帝的深厚情感。诸葛亮为一代贤相，本文更是情感真挚，拳拳忠心，溢于言表，是古代散文中的杰出作品。

陈情表

——[晋]李密——

作者简介

李密(224—287),字令伯,犍为武阳(今四川省彭山县)人。先仕蜀汉为郎,蜀亡后,晋武帝司马炎征召为太子洗马。他上表陈情,以祖母年老无人供养,辞不从命。祖母死后,出任太子洗马,官至汉中太守。为人正直,颇有才干。后被谗免官,死于家中。

臣密言:臣以险衅,夙遭闵凶。生孩六月,慈父见背;行年四岁,舅夺母志。祖母刘愍臣孤弱,躬亲抚养。① 臣少多疾病,九岁不行,零丁孤苦,至于成立。既无伯叔,终鲜兄弟;门衰祚薄,晚有儿息。② 外无期功强近之亲,内无应门五尺之僮;茕茕孑立,形影相吊。而刘夙婴疾病,常在床蓐,臣侍汤药,未曾废离。③

逮奉圣朝,沐浴清化。前太守臣逵察臣孝廉,后刺史臣荣举臣秀才。臣以供养无主,辞不赴命。④ 诏书特下,拜臣郎中,寻蒙国恩,除臣洗马。猥以微贱,当侍东宫,非臣陨首所能上报。⑤ 臣具以表闻,辞不就职。诏书切峻,责臣逋慢;郡县逼迫,催臣上道;州司临门,急于星火。⑥ 臣欲奉诏奔驰,则刘病日笃;欲苟顺私情,则告诉不许。臣之进退,实为狼狈。⑦

注释

①险衅:厄运,命运坎坷。闵凶:不幸。闵:亦作“悯”,忧患。见背:被背弃,指死亡。夺:使用强力使改变。夺母志:指逼迫母亲改嫁。愍(mǐn):怜悯。

②不行:不能行走。零丁:孤独无依的样子。成立:长大成人。祚:福。

③期(jī):丧服名,服丧一年。功:丧服名,古代以亲属关系亲疏规定服丧时间长

短，大功九月，小功五月。强（qiǎng）近：较为亲近。茕（qióng）茕孑（jié）立：孤独无依。孑：一作“独”。吊：安慰。婴：缠绕。蓐（rù）：草蓐、草席。废：停止。

④逮：等到。清化：清明的教化。察、举：考察推荐、荐举。孝廉、秀才：古代中央选拔人才的科目名称，前者指孝顺父母、品行廉洁的人，后者指优秀的人才。

⑤特：特意。寻：不久。除：授官。洗（xiǎn）马：官名，太子的属官。东宫：指太子。陨首：杀身。

⑥逋（bū）：懈怠，逃避。慢：轻慢，怠慢。星火：流星，形容急速。

⑦奔驰：奔走效力。笃：指病重。告诉：申告，诉说。不许：不被允许。

伏惟圣朝以孝治天下，凡在故老，犹蒙矜育，况臣孤苦，特为尤甚。①且臣少仕伪朝，历职郎署；本图宦达，不矜名节。今臣亡国贱俘，至微至陋，过蒙拔擢，宠命优渥，岂敢盘桓，有所希冀？②但以刘日薄西山，气息奄奄，人命危浅，朝不虑夕。臣无祖母，无以至今日；祖母无臣，无以终余年。③母孙二人，更相为命，是以区区不能废远。臣密今年四十有四，祖母刘今年九十有六，是臣尽节于陛下之日长，报养刘之日短也。乌鸟私情，愿乞终养。④

臣之辛苦，非独蜀之人士及二州牧伯所见明知，皇天后土，实所共鉴。愿陛下矜愍愚诚，听臣微志，庶刘侥幸，保卒余年。⑤臣生当陨首，死当结草。臣不胜犬马怖惧之情，谨拜表以闻。⑥

注释

①伏惟：想到，下级对上级使用的敬辞。故老：旧臣。矜育：矜怜养育。

②伪朝：指蜀汉政权，李密曾任蜀国郎官。矜：自夸、夸耀。过：过分，过度。优渥：优厚。

③薄：靠近。日薄西山：形容临近死亡。奄奄：气息微弱的样子。危浅：垂危。

④废远：即废离。有：通“又”。乌鸟私情：乌鸦反哺，比喻人的孝道。

⑤二州牧伯：指上文提到的太守逵和刺史荣。皇天后土：天神地祇。鉴：明，明察。庶：希望。卒：终。

⑥结草：据《左传·宣公十五年》记载，春秋时晋国大夫魏武子生病时要求儿子魏颗将自己的爱妾改嫁，临死时又要求将其杀死殉葬，魏颗最终将父亲的爱妾改嫁。后

来魏颗与秦国的杜回作战，看见一个老人用草打结把杜回绊倒，杜回因此被擒。晚上魏颗梦见结草的老人，自称是魏武子爱妾的父亲，后来用“结草”比喻死后报恩。

译文

臣李密上言：臣命运坎坷，早年遭遇不幸。生下来只有六个月，父亲就去世了。长到四岁的时候，舅父强迫母亲改嫁。祖母刘氏怜悯臣孤单弱小，亲自抚养臣。臣小时候经常生病，到了九岁还不会走路，孤苦无依，直到长大成人。既没有叔伯，也没有兄弟，门庭衰微，福泽浅薄，很晚才得到儿子。在外面没有较为亲近的亲戚，在家里也没有守候门户的僮仆。孤单无依，只能和影子相互安慰。而祖母刘氏很早就沾染疾病，经常卧病在床，臣在旁边侍奉饮食医药，从来没有停止离开。

等到了晋朝建立，臣蒙受清明的教化。前些时候名叫逵的太守考察后推举臣为孝廉，后来名叫荣的刺史又荐举臣为秀才。臣因为没有人照料祖母，就辞谢而没有遵命。朝廷又特地颁下诏书，任命臣为郎中，不久又蒙受国家恩典，授予臣洗马的职位。以臣这样卑微低贱的人，被派遣去侍奉太子，这不是臣杀身所能够报答的。臣将自己的苦衷上表奏闻，辞谢而没有前往任职。但是朝廷的诏书急切严峻，责备臣回避怠慢；郡县的长官前来，催促臣上路；州官也登门监督，比流星还要急促。臣很想奉命为国家奔走效力，但祖母刘氏的病却一天重似一天；想要姑且迁就自己的私情，但是自己的诉说又不被允许。臣现在身处进退两难的境地，实在是狼狈不堪。

臣想到圣朝凭借孝道来治理天下，凡是旧臣，都能得到矜怜抚育，更何况臣孤独困苦的情况更加严重。况且，臣年轻的时候曾做过蜀汉的郎官，本就希望能够宦途显达，从不夸耀名誉节操。现今臣是卑贱的亡国俘虏，再卑微鄙陋不过，却被过分地提拔任命，待遇十分优厚，臣又岂敢徘徊观望，有什么别的企图呢？只是因为祖母刘氏就像即将落下的夕阳，气息微弱，生命垂危，已经朝不保夕了。如果没有祖母的抚养，臣就不可能活到今天；而祖母如果没有臣的照顾，也不能够安度晚年。臣与祖母二人相依为命，所以臣不能抛弃祖母而远离。臣今年四十四岁，祖母已经九十六岁，所以臣效忠于陛下的日子还长，而能够报答祖母的日子已经很短了。臣怀着乌鸦反哺一样的私情，希望陛下能够准许臣为祖母养老送终。

臣的苦衷，不仅仅是蜀地的人和太守、刺史亲眼目睹，连天地神明也都可以明鉴。希望陛下能够怜悯臣愚拙的诚心，接受臣这微小的愿望。希望祖母能够侥幸保全晚年。臣活着就当献出生命，死了也愿结草，来报答陛下的恩惠。臣怀着牛马一样不胜恐惧的心情，谨以此上表禀告。

导读

孝，是中国传统文化中延续至今的一个重要伦理命题，《论语·学而》中曾子就曾高倡"孝弟(悌)也者，其为仁之本欤?"儒家经典《孝经》也以孝为"天之经也，地之义也"。个体的生命来源于父母，对个体生命的追溯必然要涉及赐予生命的父母。对于父母的孝，成为个人立足于社会的前提条件。本着"其为人也孝弟，而好犯上者，鲜矣；不好犯上，而好作乱者，未之有也"(《论语·学而》)的逻辑，同时出于政治统治的需要，统治者对于孝道的提倡也不遗余力，促使孝不仅成为个人发自内心的主动行为，更成为一种社会公认的道德准则，譬如从汉代开始的推举孝廉政策，便是鼓励孝行的政治举措。

据《三国志》卷四十五裴松之注引《华阳国志》及《晋书·李密传》记载，李密父亲早亡，母亲再嫁，他系由祖母抚养长大。李密以孝行闻名天下，祖母生病时则"泣涕侧息，日夜不解带，膳饮汤药，必自口尝"。李密在蜀汉曾担任郎官，出使东吴。蜀亡后，征西将军邓艾聘其为主簿，不就。晋武帝征召其为太子洗马，多次下发诏书，郡县逼遣，所以李密写了这篇《陈情表》，来表明自己侍奉祖母的心意。

李密出使东吴时，"有才辨，吴人称之"(《晋书·李密传》)，可知他极具论辩之才，《陈情表》正是其论辩才能的体现。表文首先从自己的生平写起，重点写自己与祖母的相依为命。先写自己年幼时即失去父母，又无亲戚，只有祖母抚养，至于成人，而祖母又多有疾病，自己在其身边照料，片刻不得分离。由此而定下孝行的感情基调。再写太守逵、刺史荣对自己的举荐，而自己因为照料祖母，屡辞不就。这样便为自己对晋武帝征召担任太子洗马的推辞打下了牢固的事实基础。进而以"圣朝以孝治天下"，提出晋朝对孝的重视，而自己正是耽于孝道而不能就职，同时强调自己并非因为对官职的不满意而是纯粹因为祖母病况的严重和自己对祖母的孝道才拒绝做官，并恳请晋武帝可以让自己先尽孝道，再行为官。整篇表文紧紧围绕"孝"这一主题，从自己的孝行、晋朝对孝的推崇和自己的请求入手。在这种情况下，不论是太守、刺史的举荐，还是晋武帝的征召、郡县州官的逼迫，都与自己的孝行形成鲜明而强烈的对比，使得自己的孝行在这种对比中被无限放大,更加引起人的同情。他以晋朝推崇孝道,却又命地方官员逼迫他入仕,使他不能尽孝的矛盾场景,使得晋武帝陷入尴尬的两难境地。由此步步推进,令晋武帝览表而不能推辞。

在严谨的论辩之后,更加隐藏着李密对于祖母的爱和孝心。因为自幼的遭遇,使得自己与祖母相依为命,而成人之后祖母又疾病缠身,祖孙二人之间更加紧紧依靠,不能分离。正是因为感情的真挚可信,才使得表文在论辩的背后更加显得真切感人。晋武帝看过此文后感慨说“密不空有名也”,于是便停止征召,并下令让郡县奉养李密的祖母。(《三国志》裴松之注引《华阳国志》)而李密在祖母去世后为官,终因过于正直、得罪权臣而被罢免,由此也可见孝对于个人品行的重要影响。李密在后世一直被作为孝子的代表,而本文也成为彰显孝行的一篇重要文章。

兰亭集序

——[晋]王羲之——

作者简介

王羲之(321—379),字逸少,琅邪(今山东省临沂市)人。初为秘书郎,先后任征西参军、长史、宁远将军、江州刺史,授护国将军,迁右军将军、会稽内史。世称“王右军”。东晋著名书法家、文学家。被尊为“书圣”,《兰亭集序》被誉为“天下第一行书”。

永和九年,岁在癸丑,暮春之初,会于会稽山阴之兰亭,修禊事也。群贤毕至,少长咸集。①此地有崇山峻岭,茂林修竹;又有清流激湍,映带左右。引以为流觞曲水,列坐其次,虽无丝竹管弦之盛,一觞一咏,亦足以畅叙幽情。②是日也,天朗气清,惠风和畅。仰观宇宙之大,俯察品类之盛,所以游目骋怀,足以极视听之娱,信可乐也。③

夫人之相与,俯仰一世。或取诸怀抱,悟言一室之内;或因寄所托,放浪形骸之外。虽趣舍万殊,静躁不同,当其欣于所遇,暂得于己,快然自足，不知老之将至。[④]及其所之既倦，情随事迁，感慨系之矣。向之所欣，俯仰之间，已为陈迹，犹不能不以之兴怀。况修短随化，终期于尽。古人云："死生亦大矣！"岂不痛哉！[⑤]

每览昔人兴感之由，若合一契，未尝不临文嗟悼，不能喻之于怀。固知一死生为虚诞，齐彭殇为妄作。[⑥]后之视今，亦犹今之视昔，悲乎！故列叙时人，录其所述。虽世殊事异，所以兴怀，其致一也。后之览者，亦将有感于斯文。[⑦]

注释

①永和：晋穆帝年号，永和九年为353年。暮春：农历三月。会(kuài)稽山阴：今浙江省绍兴市。修禊(xì)：古代民俗于农历三月上旬巳日（三国魏以后开始固定为三月初三日）到水边嬉戏，以祓除不祥。毕、咸：都。

②映带：指景物相互衬托。流觞曲水：把酒杯放置在环曲的水的上游，任其顺流而下，酒杯停在谁的面前，谁就取饮，是修禊日的习俗活动。

③惠风：和风。品类：指万物。游：放、纵。骋：舒展。极：尽。

④相与：相处，交往。俯仰：低头抬头，比喻时间短暂。悟言：晤谈，对谈。悟：通"晤"。因寄所托：指有所寄托。放浪形骸：言行放纵不羁，不受礼法拘束。

⑤所之：所向往、追求的。兴怀：引发感触。化：自然，造化。期：限期。死生亦大矣：出自《庄子·德充符》。

⑥契：符契，剖而为二，合二为一。喻：开导，明白。一死生：把死和生看作一回事，《庄子·大宗师》："孰知生死存亡之一体者，吾与之为友矣。"彭：彭祖。殇：未成年而死。齐彭殇：把长寿和夭折看作一样，《庄子·齐物论》："莫寿于殇子，而彭祖为夭。"

⑦所述：所作。致：情致。

译文

晋穆帝永和九年，是癸丑年。三月初，我们在会稽郡山阴县的兰亭聚会，举办修禊活动。众多贤能之士，无分年长年幼，都前来此地聚集在一起。这里有高山峻岭，茂密的树林和挺拔的翠竹；又有清澈的溪水，急泻的湍流，与周围的景色交相辉映。把溪水引入用以漂流酒杯的弯曲水道，大家按照次序坐在水边，虽然没有音乐的欢盛，但我们一面饮酒一面吟诗，也足以畅快地抒发内心的感情。这一天天气晴朗，空气清新，和风拂面，温柔舒畅。抬头仰望宇宙空间的广大，低首俯看万物种类的繁多，极目纵览，舒展胸怀，也足以尽享所见所闻的乐趣，确实是很快乐。

人们互相交往，转眼间便度过一生。有的人在家中与朋友畅谈，抒发胸怀抱负；有的人不受礼法拘束，放纵不羁，将感情寄托于自然外物。虽然人们对生活的取舍千差万别，性情也有沉静和急躁的差异，但当他们遇到令人欢欣的事情，内心都会感到暂时的满足，喜悦高兴到忘记了暮年即将来临。等到对生平追求的事物感到了厌倦，心情也随之发生变化，感慨也就由此发生了。从前所感到欢欣的事情，顷刻之间便已成为往事。想到这些，我不能不生发感慨。更何况人的寿命长短依自然造化而定，但最终都有穷尽的一天。古人说：“死生也是一件大事”，岂不令人感到心痛！

每次看到前人生发感慨的原因，都像符契相合一样相同，没有一次不对着这些文章叹息悲伤，却不能使自己释怀。本来就知道把死和生，把长寿和短命看作一样是虚妄荒诞的。后来的人看现在的人，正如现在的人看以前的人一样，可悲啊！因此我一一记下这次集会者的名字，抄录下他们创作的篇章。即使时代不同，世事变化，但人们抒发情怀的原因却是一致的。后世的读者，也将会对这些文章产生一番感慨。

导读

历经“八王之乱”和“五胡乱华”，西晋灭亡，由士族拥护的司马睿南渡建立东晋政权。据《世说新语·言语》记载：“过江诸人，每至美日，辄相邀新亭，藉卉饮宴。周侯（周顗）中坐而叹曰：‘风景不殊，正自有山河之异！’皆相视流泪。唯王丞相（王导）愀然变色曰：‘当共戮力王室，克复神州，何至作楚囚相对？’”司马皇室与迁移江东的大族，一方面因北方陷入异族之手而被迫居于南方，另一方面却又偏安一隅不思北伐。此外，西晋之时，“学者以庄老为宗而黜六经，谈者以虚薄为辩而贱名检，行身者以放浊为通而狭节信，进仕者以苟得为贵而鄙居正，当官者以望空为高而笑勤恪”（干宝《晋纪总论》）。盛行于魏晋的清谈玄言之风也被东晋士人继承，以至于尚好虚言，而讥讽为官务实者。再一方面，佛教在东晋也开始盛行,加之原有的道教影响,以及玄言论辩,东晋人士普遍显现出一种消极隐世而耽于享受的风气。

晋穆帝永和九年,距离东晋建立尚不到四十年。三月三日是传统的修禊节日,王羲之与当时的名士谢安、孙绰以及本家子侄王凝之、王献之等四十一人宴集于会稽山阴县兰亭,饮酒赋诗,各抒怀抱。其中赋诗者二十六人,诗不成而罚酒者十六人。(葛立方《韵语阳秋》卷五)众人又推举王羲之写序以记录此事,是为《兰亭集序》。《兰亭集序》首先介绍修禊之事及宴会盛况,极尽欢乐之情状。继而描写对待人生的两种态度,或是静处或是放浪,但无论何种,在面对自己喜爱的事物时都将产生快乐,而快乐一旦过去,物是人非,原本能引起快乐的事物也已成为陈迹,遂将引发感慨。最为无奈的是人生终有一死,所有的快乐与不快乐都不能永远保有,这才引发了最大的痛苦。而这种痛苦又是万古为一,众生皆有。正是在历史长河的无垠之中,人生短暂的痛苦才被无限放大,而也正是在众人都能体悟到这种痛苦的前提下,这种痛苦才有了永恒的价值。

文章起始写宴游盛况,由人事写到自然,又由自然进至人事。景物山水与少长群贤交相辉映,大家一起饮酒赋诗欣赏美景,"信可乐也"。至此笔锋突转,由宴游转入人生探求,指出世人虽处世态度、人生选择各异,而于悲喜之间,情感并无不同。又由此种不同归结到生死,笔调转为悲凉,更用古人之语、自己体悟古人之心作为佐证,进一步凸显这种悲凉的境地。这种悲凉又是古往今来所有人都要遇到的,遂将对人生的思考无尽放大,造成一种千古同悲的效果。前文的欢乐与后文的悲凉形成鲜明的对比,前者的不可凭恃又更加印证了后者的现实存在。而在彼此的衬托之中,人生的悲乐已经包含于其中。这一写作手法,宋代的范仲淹在《岳阳楼记》中曾加以借用,但其主旨已与本文截然不同。

本文篇幅简短,但意蕴深长,钱钟书即称此文"真率萧闲,不事琢磨,寥寥短篇,词意重沓"(《管锥编》),清人林云铭也称"其笔意疏旷淡宕,渐近自然,如云气空濛,往来纸上。后来惟陶靖节文庶几近之,余不及也"(《增订古文析义合编》卷十)。

归去来兮辞

——[晋]陶渊明——

作者简介

陶渊明(365—427),字元亮,一说名潜,字渊明。浔阳柴桑(今江西省九江市)人。死后朋友私谥"靖节",故世称"靖节先生"。曾任江州祭酒、彭泽令等职,后辞官归隐。我国古代著名诗人、散文家,开创了田园诗的新领域;他提出的桃花源理想,也为历代所熟知。

归去来兮,田园将芜胡不归!既自以心为形役,奚惆怅而独悲?悟已往之不谏,知来者之可追。实迷途其未远,觉今是而昨非。①舟遥遥以轻飏,风飘飘而吹衣。问征夫以前路,恨晨光之熹微。乃瞻衡宇,载欣载奔。②僮仆欢迎,稚子候门。三径就荒,松菊犹存。携幼入室,有酒盈樽。③引壶觞以自酌,眄庭柯以怡颜。倚南窗以寄傲,审容膝之易安。园日涉以成趣,门虽设而长关。④策扶老以流憩,时矫首而遐观。云无心以出岫,鸟倦飞而知还。景翳翳以将入,抚孤松而盘桓。⑤

归去来兮,请息交以绝游。世与我而相遗,复驾言兮焉求!悦亲戚之情话,乐琴书以消忧。农人告余以春兮,将有事于西畴。⑥或命巾车,或棹孤舟。既窈窕以寻壑,亦崎岖而经丘。木欣欣以向荣,泉涓涓而始流。善万物之得时,感吾生之行休。⑦已矣乎!寓形宇内复几时,曷不委心任去留?胡为遑遑欲何之?富贵非吾愿,帝乡不可期。⑧怀良辰以孤往,或植杖而耘耔。登东皋以舒啸,临清流而赋诗。聊乘化以归尽,乐夫天命复奚疑!⑨

注释

①归去来:即归,去、来均为叹词。胡:为什么。役:役使。心为形役:指心志被形

骸所役使。奚:何。“悟已往”二句:出自《论语·微子》:“往者不可谏,来者犹可追。”谏:挽回。追:补救。

②遥遥:漂荡。轻飏(yáng):指船轻快地前进。征夫:行人。熹微:光线暗淡。衡宇:以横木为门的房屋,形容简陋。载:则,又。

③僮仆:奴仆;又《周易·旅卦》:“得童仆,贞。”形容旅途平安顺利。三径:据晋赵岐《三辅决录》记载,蒋诩家中有三条小路,只有求仲和羊仲与他交游,后以“三径”指归隐者的家园。

④引:取,持。眄(miǎn):斜视。柯:树枝。寄傲:寄托高傲的情怀。审:明白。容膝:仅能容纳双膝,形容居室狭小。

⑤策:持,拄着。扶老:指手杖。流憩(qì):游览或是休息。矫首:抬头。岫(xiù):山洞,指山。景:日光。翳(yì)翳:阴暗的样子。

⑥息:止。驾言:出游,出自《诗·邶风·泉水》:“驾言出游。”情话:知心话。畴:田地。

⑦巾车:有帷幕的车子。窈窕:深远的样子。善:感叹,羡慕。行休:即将终止,指死亡。

⑧已矣乎:犹言“算了吧”。寓形宇内:寄身于天地之间。委心:听随内心的意愿。去留:指生死。遑遑:慌乱,心神不定。帝乡:指仙境。

⑨植:拄,倚靠。耘耔:锄草培土,指从事田间劳动。皋:水边高地。舒啸:放声长啸。聊:暂且。乘化:顺应自然的运转变化。归尽:归向死亡。

译文

归去吧,田园就要荒芜了,为什么还不回去!既然让自己的心志被形骸所役使,又为何要伤感而独自悲伤?终于觉悟到过去的事情已经无法挽回,而未来的事情还可弥补。虽然陷入迷途但走得还不是很远,醒悟到现在做的是对的,而以前做的是错的。船在水中飘荡着,轻快地前进;微风吹来,吹拂着我的衣裳。向行人询问前面的路途,只恨天色尚早,光线还不十分明亮。一看到自己破旧的房屋,就高兴地奔跑过去。僮仆前来迎接,小孩子都在门口等候。庭院中的小路已经荒芜,只有松树和菊花还依然存在。带着孩子们进到屋里,酒杯已经被斟满。端起酒壶自斟自酌,斜视着院子里的树木,内心十分愉快。倚靠着南面的窗户来寄托自己高傲的情怀,深刻体悟到狭小的居室也能让人感觉非常舒适。每天到园子里散散步,自有趣味;虽然设有门扉,却经常关着。拄着手杖或是游览或是休息,不时抬起头来向远处眺望，欣赏景观。云朵自然地从山上飘出，鸟儿飞累了便知道返回。日光渐渐暗淡，太阳就要落山了，而我还抚摸着孤松在外面徘徊。

归去吧，让我断绝与世俗的联系。世俗与我相互遗失，又要出去追求些什么！跟亲戚们谈谈知心话，让我感觉到非常快乐。弹弹琴读读书，就可以让我消解忧愁。农人们告诉我春天到了，就要到西边的田地去耕种。我有时乘车，有时划一条小船，或是穿过深幽曲折的山沟，或是经过高低不平的山丘。树木欣欣向荣，泉水涓涓而流。我羡慕自然万物的生机勃勃，感叹自己的生命即将终止。算了吧！寄身于天地之间又能持续多久，何不听随自己的心意，任其自然？又何必心神不定，想要到哪里去？富贵荣华不是我的心愿，神仙境界也不可以期望。趁着好天气一个人出去游玩，有时拄着手杖做些田间劳作。登上东边的高岗放声长啸，又或在清澈的水边吟诵诗篇。姑且顺从自然的变化来了结此生，乐天安命，还有什么可疑虑的！

导读

据明人张溥所编《汉魏六朝百三家集·陶彭泽集》，在《归去来兮辞》之前，尚有一篇序文，讲述此文写作的缘由："余家贫，耕植不足以自给。幼稚盈室，瓶无储粟，生生所资，未见其术。亲故多劝余为长吏，脱然有怀，求之靡途。会有四方之事，诸侯以惠爱为德，家叔以余贫苦，遂见用于小邑。于时风波未静，心惮远役。彭泽去家百里，公田之利，足以为酒，故便求之。及少日，眷然有归欤之情。何则？质性自然，非矫厉所得；饥冻虽切，违己交病。尝从人事，皆口腹自役。于是怅然慷慨，深愧平生之志。犹望一稔，当敛裳宵逝。寻程氏妹丧于武昌，情在骏奔，自免去职。仲秋至冬，在官八十余日。因事顺心，命篇曰《归去来兮》。乙巳岁十一月也。"

陶潜的曾祖是东晋大司马陶侃，战功显赫，但因出身寒族，其家族最终未能被士家大族所接纳，至陶潜时家境已经开始衰落，故陶潜自称"家贫"。陶潜后被起用为州祭酒，因不堪吏职，辞职归家。又复为镇军、建威参军，后担任彭泽令。后郡官遣督邮至彭泽县，按照规定，陶潜应当前往迎接，但他自称"不能为五斗米折腰，拳拳事乡里小人"而自免去职(《晋书·陶渊明传》)。本文即作于去职之后，时为晋安帝义熙元年(405)，作者时年四十一岁。

事实上，从陶潜出仕至辞去彭泽令之职归隐，前后长达十年有余。在仕途之中，他所见及的腐败、丑恶，无不与自己内心的理想相违背冲突，而自己最初用世的志向也在其中被逐渐消磨。作者曾写诗自称“少无适俗韵，性本爱丘山。误落尘网中，一去三十年”（《归园田居》其一，“三十”或当作“十三”）。辞去彭泽令并不是一时的冲动，而是在十年思考之后做出的决断。在此之后，陶渊明虽又曾被征辟，但他已经不再执着于以往的抱负，而是安然归隐于田园。本文即是他辞去官职后所作，其心情之愉悦溢于言表。

文章起首用“归去来兮，田园将芜胡不归”的问句，来坚定自己归隐田园的决心，而过去十余年间“心为形役”的压抑生活，更加使他坚信归隐的必要。作者决定归隐以后，归心似箭。入门之后，感觉惬意畅快。入目之景，所见之人，都没有以往的乌烟瘴气，而是充满了自然的美感和清新，自己安身于此处，更觉欢欣。亲戚之间的对话，弹琴读书的逍遥，甚至于田地农事，一丘一壑，都能引起他的乐趣。这种任心自然、寄情山水的自在，便与过去遑遑汲汲求取功名富贵，以致不得自由形成了鲜明的对比。而在此处，作者也发出了“息交以绝游”的誓言，与过往的一切相隔绝，而沉醉在自然天地之中，与自然同化，了此余生。

本文多用四六句，对仗工整，对自然与人物的描写都极其生动自然，不见斧凿痕迹。作者在文中为自己规划了一个完美的归隐生活前景，在对过往的抛弃与对现在的享受之中，作者归隐之决绝展露无遗。而本文也成为归隐的一篇誓文，为后来的隐士选择归隐生活提供着精神动力。

桃花源记

——[晋]陶渊明——

晋太元中，武陵人捕鱼为业，缘溪行，忘路之远近。忽逢桃花林，夹岸数百步，中无杂树，芳草鲜美，落英缤纷。渔人甚异之。[①]复前行，欲穷其林。林尽水源，便得一山。山有小口，仿佛若有光，便舍船从口入。初极狭，才通人，复行数十步，豁然开朗。[②]土地平旷，屋舍俨然，有良田、美池、桑竹之属；阡陌交通，鸡犬相闻。其中往来种作，男女衣着，悉如外人；黄发垂髫，并怡然自乐。[③]

见渔人,乃大惊;问所从来,具答之。便要还家,设酒杀鸡作食。村中闻有此人,咸来问讯。自云先世避秦时乱,率妻子邑人来此绝境,不复出焉,遂与外人间隔。④问今是何世,乃不知有汉,无论魏晋。此人一一为具言所闻,皆叹惋。余人各复延至其家,皆出酒食。停数日,辞去。此中人语云:"不足为外人道也。"⑤

既出,得其船,便扶向路,处处志之。及郡下,诣太守说如此。太守即遣人随其往,寻向所志,遂迷不复得路。⑥南阳刘子骥,高尚士也。闻之,欣然规往。未果,寻病终。后遂无问津者。⑦

注释

①太元:东晋孝武帝的年号。武陵:郡名,治所在今湖南省常德市。缘:沿着。夹岸:两岸。落英:落花;一说是初开的花。

②穷:尽。才通人:仅能容一个人通过。豁然:开阔的样子。

③俨然:整齐的样子。阡陌:田间小路,南北为阡,东西为陌。交通:交错相通。外人:指桃花源外的人。黄发:指老人。垂髫(tiáo):指儿童。

④具:详细。要:通"邀",请。绝境:指与外界隔绝的地方。

⑤乃:竟。无论:不必说,更不用说。延:邀请。不足:不值得,不必。

⑥扶:沿着。向路:旧路,来时的路。志:做标记。郡下:指武陵郡治所。诣(yì):往见。向:以前。所志:所做的标记。

⑦刘子骥:名骥之,字子骥,南阳人,东晋隐士,好游山水,事见《晋书·隐逸传》。规:计划。未果:没有实现。寻:不久。津:渡口。问津:问路,指寻访。

译文

东晋太元年间,有一个以捕鱼为业的武陵人,有一天沿着溪流划船前行,忘记了行路的距离。忽然遇到一片桃花林,在溪水两岸足有数百步之远,没有其他的树木,地上的芳草新鲜美好,初开的花十分繁盛。渔人觉得十分惊奇,于是继续前进,想要走完这片桃花林。桃花林的尽头就是溪水的发源地,那里有一座山,山下有一个小小的洞口,隐约似有亮光。渔人便离开小船,从洞口进去。最初洞很狭窄,仅能容纳一个人通过,又走了几十步,便开阔明亮起来。里面土地平坦开阔,

房屋排列整齐，有肥沃的田地，美丽的池塘和桑树、翠竹一类的事物。田间道路交错相通，鸡鸣狗吠处处可闻。人们彼此往来，耕种劳作，所穿的衣服，都同外面的人一样。老人和幼童，都很悠闲快乐。

这些人看到了渔人，十分惊异，问他从哪里来，渔人详细地作了回答。他们便邀请渔人到自己家里做客，备酒杀鸡来热情款待。村子里的人听说来了这样一个人，都来打听消息。他们说自己的祖先为了躲避秦时的战乱，带着妻子儿女和同乡人来到这个与外界隔绝的地方，再也没有出去过，于是便跟外界隔绝了。他们问渔人现在是什么朝代，这些人竟然不知道有汉朝，更不要说魏朝和晋朝了。渔人就十分详尽地讲述了自己所知道的事情，他们都十分叹息感慨。其他人也纷纷邀请渔人到自己家里做客，拿出酒食来款待。住了几天，渔人便要告辞回去。这里的人嘱咐他说："这里的事不必对外面的人说。"

渔人出来以后，找到了他的船，便沿着来时的路回去，路上到处做好标记。到了武陵郡的治所，就去拜见太守，讲述自己的经历。太守立即派人跟他回去，寻找先前所做的标记，结果迷失了方向，没有能够找到道路。南阳的刘子骥，是个高尚的隐士，听说了这件事情，很高兴地计划前去探访，但没有能够实现，不久就生病去世了。自此以后就再也没有去寻访的人了。

导读

中国文人历来不缺乏理想，但一般都是以前代的某位圣贤作为理想的代表。对于隐逸而言，上古时代的许由、伯夷，春秋战国时代的楚狂、庄周，以及本文作者陶潜，都已经成为后世隐士追溯的理想代表。但这些理想代表，都只能成为个体的象征，而不具有社会性的普遍意义。《老子》第八十章中所提到的"邻国相望，鸡犬之声相闻，民至老死不相往来"的"小国寡民"的理想社会形态，是出于政治的考虑，也并不符合隐逸的要求。隐士选择隐逸只是要与世俗社会相隔绝，而非与世人相隔绝，他们更加需要与自然和会心之人的交流，以此获取精神上的慰藉。在此情况下，陶潜《桃花源记》所提出的"桃花源"理想，便成为为社会大众所普遍认可的具有社会普遍价值的隐逸理想。

《桃花源记》是一篇虚构的文章，但却有着深刻的社会根源。在作者特意构建的桃花源中，土地肥沃，物产丰盈，百姓和乐，不受战乱、苛政的纷扰，自给自足，更无外力的约束。而这一世外桃源，却存在于一个极为隐蔽的处所，由一个渔人偶然发现,而当渔人回转再去寻找之时,却失去了桃花源的踪迹。桃花源便如同渔人的一场梦,如同庄周梦蝶一般,使人分不清究竟是现实还是梦境。事实上,渔父也曾经是隐士的代表(见屈原《渔父》),以隐逸的渔父发现既而失去一个桃花源理想,是作者的巧妙构造。毫无疑问,桃花源理想已经超出了渔父所代表的个体隐逸性质。

据逯钦立先生考证,《桃花源记》大概作于东晋义熙十四年。(《陶渊明事迹诗文系年》)是年十一月,大将刘裕杀晋安帝,立晋恭帝,次年刘裕篡位建宋。此时社会处于急剧动乱之中,隐居十多年的陶潜也能感受到社会的动荡不安。《桃花源记》中的隐居者自称是为了逃避秦末的战乱而迁移到桃花源,自然也不希望再被战乱波及,因此当渔人再去寻找桃花源时便已寻不到踪迹,而后人也不再关心此事。这其中隐藏的固然是作者对于桃花源理想不被侵犯的守护,但在更深层面上,则可看出作者对于这一理想不能实现的遗憾。

桃花源理想,不仅成为隐士的向往,更加代表了身处动乱之中的平民百姓的愿望和心声。东晋道、佛两教都极为兴盛,从帝王将相到平民百姓普遍信教,但建立在问道求仙和来世信仰上的宗教,终究不能为现世提供一种良好的精神慰藉。《礼记·礼运》所记载的"老有所终,壮有所用,幼有所长,矜寡孤独废疾者皆有所养,男有分,女有归……谋闭而不兴,盗窃乱贼而不作,故外户而不闭"的"大同"社会,虽是出于儒家的设想,却成为历代士人试图实现的共同目标。桃花源理想可以说是《老子》"小国寡民"与儒家"大同"理想的一种糅合与延伸。这种理想的社会形态不是出于政治统治的目的,而是出于百姓对自身安全生存的渴求。因此,桃花源更加代表了百姓的自身愿望,也因此具有了最普遍的社会价值。自此以后,桃花源和桃花也成为隐逸的象征,频繁地出现在文学作品之中。

别　赋

——[南朝梁]江淹——

作者简介

江淹(444—505),字文通,济阳考城(今河南省民权县东北)人。历仕宋、齐、梁三朝,先后任参军、中书侍郎、吏部尚书、金紫光禄大夫等,封醴陵侯。南朝著名文学家，诗、文、赋均有成就，尤以辞赋著称，《别赋》《恨赋》为其代表作。

黯然销魂者，唯别而已矣。况秦吴兮绝国，复燕宋兮千里。或春苔兮始生，乍秋风兮暂起。[①]是以行子肠断，百感凄恻。风萧萧而异响，云漫漫而奇色。舟凝滞于水滨，车逶迟于山侧，棹容与而讵前，马寒鸣而不息。掩金觞而谁御，横玉柱而沾轼。[②]居人愁卧，恍若有亡。日下壁而沉彩，月上轩而飞光。见红兰之受露，望青楸之离霜。巡曾楹而空掩，抚锦幕而虚凉。知离梦之踯躅，意别魂之飞扬。[③]

故别虽一绪，事乃万族：

至若龙马银鞍，朱轩绣轴，帐饮东都，送客金谷。[④]琴羽张兮箫鼓陈，燕赵歌兮伤美人；珠与玉兮艳暮秋，罗与绮兮娇上春。惊驷马之仰秣，耸渊鱼之赤鳞。造分手而衔涕，感寂漠而伤神。[⑤]

乃有剑客惭恩，少年报士，韩国赵厕，吴宫燕市。[⑥]割慈忍爱，离邦去里，沥泣共诀，抆血相视。驱征马而不顾，见行尘之时起。方衔感于一剑，非买价于泉里。金石震而色变，骨肉悲而心死。[⑦]

注释

①黯然：神情黯淡，感伤沮丧的样子。销魂：形容极度哀愁。绝国：相距极其辽远的国家。暂：才。

②逶迟：徘徊，缓慢前行。棹：船桨。容与：徘徊犹豫。讵：岂。掩：覆。御：进。玉柱：玉制的弦柱，代指琴瑟一类乐器。

③居人：家居的人。恍：心神不定的样子。沉：隐没。离：通“罹”，遭。巡：看。曾：通“层”。意：同“臆”，料想。飞扬：飞散而无着落。

④族：类。龙：马高八尺为“龙”。龙马：指骏马。轩：车。帐饮：在郊外设置帷帐以宴饮送别。东都：长安东都门，指饯别的地方。金谷：晋石崇所造的金谷园，后用以代指游宴饯别的地方。

⑤羽：五音中的最高音。张：弹奏。燕赵：古时燕赵以多出歌女著称。珠、玉、罗、绮：均写服饰的华贵。秣(mò)：吃草。耸：因惊动而跃起。造：等到。衔涕：含泪。寂

漠:即“寂寞”,凄凉。

⑥惭恩:因未能报恩而感到羞愧。报士:心怀报恩之念的侠士。韩国:战国时韩国大夫严遂派遣聂政刺杀仇人韩国国相侠累。赵厕:战国初期豫让为主人智氏报仇,趁赵襄子如厕时欲行刺杀。吴宫:春秋时吴国公子光指派专诸刺杀吴王僚。燕市:荆轲与高渐离在燕国街市饮酒,为燕太子丹所知,受到礼遇,后荆轲赴秦刺杀秦王嬴政。

⑦割慈忍爱:指与父母家人离别。沥泣:流泪。抆:擦拭。衔感:心怀感激。买价:求取金钱、声价。泉里:黄泉之下。“金石震”句:荆轲与秦舞阳前去刺杀秦王,钟鼓齐奏,秦舞阳大为惊惧,面如死灰。“骨肉”句:聂政刺杀韩相侠累后,毁容自杀,他的姐姐聂荽为了使他留名,伏尸而哭,自杀其旁。

或乃边郡未和,负羽从军。辽水无极,雁山参云。闺中风暖,陌上草薰。[①]日出天而耀景,露下地而腾文。镜朱尘之照烂,袭青气之烟煴。攀桃李兮不忍别,送爱子兮沾罗裙。[②]

至如一赴绝国,讵相见期。视乔木兮故里,决北梁兮永辞。左右兮魂动,亲宾兮泪滋。[③]可班荆兮赠恨,惟樽酒兮叙悲。值秋雁兮飞日,当白露兮下时。怨复怨兮远山曲,去复去兮长河湄。[④]

又若君居淄右,妾家河阳。同琼珮之晨照,共金炉之夕香,君结绶兮千里,惜瑶草之徒芳。惭幽闺之琴瑟,晦高台之流黄。[⑤]春宫閟此青苔色,秋帐含兹明月光,夏簟清兮昼不暮,冬釭凝兮夜何长!织锦曲兮泣已尽,回文诗兮影独伤。[⑥]

注释

①负羽:挟带弓箭。辽水:辽河,在今辽宁省。雁山:雁门山,在今山西省。

②景:日光。腾文:呈现文采。镜:照。照烂:灿烂。烟煴:即“氤氲(yīn yūn)”,云气笼罩弥漫。

③乔木:代指故国或故里。决:通“诀”,诀别。北梁:代指送别的地方。

④班荆:铺设树枝,指朋友相遇,共坐谈心。赠恨:向人诉说别离的遗憾。樽(zūn):盛酒的器具。湄:水边。

⑤淄右:淄水西面,在今山东省。河阳:黄河北岸。结绶:佩戴印绶,指做官。瑶草:仙山中的芳草,这里代指闺中少妇。徒芳:比喻虚度青春。

⑥春宫:指闺房。闷(bì):掩盖,隐藏。簟(diàn):竹席。釭(gāng):灯。"织锦曲"二句:用彩锦制成的回文诗。前秦苻坚时,窦滔镇守襄阳,携带宠姬赵阳台上任而断绝妻子苏蕙消息。苏蕙因织锦为回文诗,"五彩相宣,纵横八寸,题诗二百余首,计八百余言,纵横反复,皆成章句,名曰《璇玑图》以寄滔"。一说窦滔被徙流沙,苏蕙织锦为回文诗寄赠。事见《晋书·列女传》。

傥有华阴上士,服食还山。术既妙而犹学,道已寂而未传。守丹灶而不顾,炼金鼎而方坚。[①]驾鹤上汉,骖鸾腾天。暂游万里,少别千年。惟世间兮重别,谢主人兮依然。[②]

下有芍药之诗,佳人之歌。桑中卫女,上宫陈娥。[③]春草碧色,春水渌波,送君南浦,伤如之何!至乃秋露如珠,秋月如珪,明月白露,光阴往来,与子之别,思心徘徊。[④]

是以别方不定,别理千名,有别必怨,有怨必盈,使人意夺神骇,心折骨惊。[⑤]虽渊、云之墨妙,严、乐之笔精,金闺之诸彦,兰台之群英,[⑥]赋有凌云之称,辩有雕龙之声,谁能摹暂离之状,写永诀之情者乎?[⑦]

注释

①傥:通"倘"。上士:得道之士。服食:服食丹药以求长生不老。还山:指成仙;一作"还仙"。寂:进入微妙之境。传:至,最高境界。丹灶:炼丹炉。不顾:不理会尘俗事务。炼金鼎:在金鼎里炼丹。

②汉:天汉,即银河。骖(cān):乘。少别:小别。谢:辞别。依然:依恋的样子。

③芍药之诗:《诗·郑风·溱洧》:"维士与女,伊其相谑,赠之以芍药。"佳人之歌:指李延年歌:"北方有佳人,绝世而独立。"桑中、上宫:均指男女约会之地,《诗·鄘风·桑中》:"期我乎桑中,要我乎上宫。"卫女、陈娥:均指恋爱中的少女。

④渌(lù):清澈。南浦:《楚辞·九歌·河伯》:"子交手兮东行,送美人兮南浦。"后以"南浦"指送别之地。

⑤方:类别,具体情形。理:原因。心折骨惊:即"心惊骨折",极言创痛之深。

⑥渊、云:汉代著名辞赋家王褒和扬雄,王褒字子渊,扬雄字子云。严、乐:汉代严安和徐乐,均上疏议论时政,被封为郎中。金闺:汉代长安金马门,是当时聚集优异人才以备皇帝诏询的地方。彦:俊才。兰台:汉代朝廷藏书和讨论学术的地方。英:德

才超群之人。

⑦凌云：指司马相如《大人赋》，汉武帝称读之“飘飘有凌云之气”。雕龙：雕镂龙纹，比喻善于修饰文辞或刻意雕琢文字，战国时齐人驺奭擅长辩论，时人称其为“雕龙奭”。

译文

最让人心神沮丧、失魂落魄的，莫过于别离了。何况秦国吴国相去甚远，燕国宋国隔绝千里。有时春天的苔痕刚刚长出，蓦然间秋风又开始吹起。因此游子离肠寸断，各种感触凄凉悱恻。风声萧萧发出不同的声音，云朵漫漫呈现奇异的色彩。船在水边滞留不动，车在山前徘徊不前，船桨迟缓如何前进，马儿悲鸣良久不息。盖住金杯谁又有心思喝酒，搁置琴瑟泪水沾湿了车前轼木。家居之人也满怀愁绪卧眠，心神不定又若有所失。阳光在墙壁上下移，色彩渐渐消失；月亮升上了轩宇，清辉洒满长廊。看到红兰承受着露水，远望青楸蒙上了寒霜。看着层层的房楹空掩房门，抚弄着锦帐枉生悲凉。想必游子别离后梦中也徘徊不前，料想离别的魂魄正飞散而无着落。

所以离别虽是同一种意绪，但具体情况却不尽相同：

骏马配戴着镶银的雕鞍，朱红的车驾有着彩饰的轮轴，在东都门外搭起帐篷饯行，在金谷园内送别客人。琴弦发出了羽声，箫鼓又相杂乱，燕赵的悲歌徒令美人哀伤。佩戴着明珠美玉比晚秋还要艳丽，穿戴着绫罗纨绮比初春更加娇媚。歌声让驷马仰头嚼草，深渊中的鱼也被惊动跃出水面聆听。等到分手之时眼含泪水，深感孤寂而黯然伤神。

有自惭尚未报恩的剑客，和志在报恩的少年侠士，就像聂政击杀韩相、豫让刺杀赵襄，专诸刺杀吴王、荆轲刺杀秦王。他们与父母家人离别，离开了自己的故乡，和亲人流泪告别，互相凝视，擦拭血泪。驾着征马不再回头，只能看见路上尘土不断扬起。怀着感恩之情而以一剑相报，并非是为了在黄泉之下换取声价。钟磬震响懦夫色变，亲人悲恸心死神伤。

又或是边境发生了战争，挟带着弓箭前去从军。辽河一望无际，雁门山高耸入云。闺房中风吹温暖，小路上绿草芬芳。太阳升起阳光明媚，露珠降下色彩闪耀。照着绚烂的红色尘土，春天草木上的雾气弥漫扑来。手攀着桃李的枝条不忍离别，为心爱的丈夫送行，泪水已沾湿了衣裙。

至于一旦要奔赴绝远的国度,哪里还有再见的时候。仔细地看看故乡高大的树木,在北梁一带告辞诀别。送行的仆人魂魄牵动,亲戚宾客也都落泪伤心。可以在地上铺设树枝坐着倾诉离别的遗憾,却只能凭借杯酒才能叙述心中的伤悲。正当秋日,大雁南飞,白色的霜露也已落下。远山弯曲,哀怨倍增;长河水边,愈行愈远。

又如郎君住在淄水西面,妾家住在黄河北岸。想当初曾一起佩带琼玉沐浴晨光,晚上坐在香烟缭绕的金炉之旁。现在郎君前往千里之外做官,可怜妾家独守空闺,虚度青春。深闺里的琴瑟很久未弹,心怀愧疚;高阁上的流黄未再编织,已布满尘灰。春天时闺房遮蔽了青苔的颜色;秋天帷帐里笼罩着明月的光芒;夏天的竹席清凉,白日变长而夜晚迟迟不来;冬天的灯光昏暗,黑夜却又那么漫长!编织锦缎,写就了回文诗,流尽眼泪,顾影悲伤。

或许有在华山修行的道士,服食丹药以求升仙。道术已经很高妙,达到了"寂"的境界,但仍在勤加修炼,还未到达最高境界。一心一意守着炼丹炉,在金鼎中炼丹,丝毫不理会尘世的俗事,意志更加坚定。终有一日会骑着黄鹤、驾着鸾鸟,直上霄汉,飞升青天。瞬间游览万里,天上小别,而人间已是千年。只是世间看重别离,辞别世人仍旧依依不舍。

至于下界,男女吟咏着"芍药"的情诗,唱着"佳人"的恋歌。多情的少女在桑中、上宫约会。春日到来,青草碧绿,清波荡漾。在南浦送别郎君,又是何其悲伤!至于深秋时节,露水仿佛珍珠,明月又似玉珪。明月照耀着白露,时光飞逝,与你分别之后,思念之心往复徘徊。

所以,尽管别离的情形没有相似,别离的原因也各个不同,但有别离就必有哀怨,有哀怨就必然充满内心,使人神情沮丧,失魂落魄,身心都被打击摧折。即使有王褒、扬雄笔下那般高妙的文辞,严安、徐乐那样精湛的文笔,金马门前、兰台之上饱含才学的俊杰、卓异特出的秀士,司马相如"凌云之气"般的辞赋,驺奭"雕龙"一般的辩驳之才,又有谁能描摹出离别时的情状,抒写永诀时的感情呢!

导读

"悲莫悲兮生别离"(《楚辞·九歌·少司命》),生离死别一直是让人倍感伤痛的事情。在古代交通并不发达的情况下,一次离别往往意味着数月甚至数年、数十年不能相见。相对于死别,生离更加能够引起人们的悲伤:死别已然是阴阳两隔不能再见的现实境地,而生离则是同处一个世界却不能相见的悲痛。别离之痛已然令人神伤不已,而将别离写出,更加会引起读者的悲痛。江淹的《别赋》便是摹写离别情状的名篇。

“黯然销魂者,唯别而已矣!”《别赋》之首句,便先为离别定下了感伤的基调,离别给人带来的感觉是心神黯淡,失魂落魄。继而先摹写离别的几个片断:地理上秦、吴、燕、宋千里隔绝,气候上则春发秋谢;游子出行,家人独卧,相互思念,倍觉伤感。似是分写,实则可将时(四季)空(四方)男(游子)女(居人)看作一体。分写已让人无限感伤,更何况是处处离别?进而分别论述,以“故别虽一绪,事乃万族”为引,写尽离别的种种情状。第一写富贵饯别,先写宴会场面之盛大,音乐之动听,歌女舞姿之美妙,又突然以分手流泪、寂寞伤神结束,前文盛况的铺陈便与末尾两句简约而惨淡的记述形成鲜明的对比,以此来凸显离别的伤感和对离人的情感冲击。第二写侠客,“士为知己者死”,却不能兼顾妻子父母。当其离别之时,饮泪话别,不再回头;当其身亡之际,家人又要承受死别的痛苦。第三写从军出征者。当烽火燃起之时,他毅然从军,辞别心爱之人,离开家乡,远赴边关。异域的殊景,引起了他对故乡恋人的思念。恋人为征人送行,正值春日情浓之时,她依依不舍,不忍别去。这样两相对比,令人更觉悲痛,又使读者生发“可怜无定河边骨,犹是春闺梦里人”(陈陶《陇西行》)的感慨。第四写远赴绝国者,以地理空间的隔绝,侧面写出时间的隔绝,并引发再无相见之期的悲痛。时当秋日,远行之人独自行走在山间水边,愈行愈远,离别更添愁绪。第五写思妇,先写离别前琴瑟和谐的欢愉景象,接着又转入离别。丈夫前往外地做官,而思妇独守空闺,每日无心做事,忧愁郁闷,一年四季,尽皆如此。最末又以回文锦的典故点出自己的哀怨和对丈夫归来的盼望。第六写方士,先点出方士志在飞升仙界,故求道不辍,意志坚定,而能割舍人间一切,但临至飞升之时,也不免为人情所感,对于离别有所感触而依依惜别。第七写恋人,原本两情互好,春日情浓,却又遭逢离别,以至秋日悲思,徘徊反侧。

离别虽然情形不一,但其感情却有相通之处。文末遂以“别方不定,别理千名”来打破时空和情感界限,加以总结。离别则有怨恨,怨恨充盈则让人心神震荡,黯然销魂,又是前后呼应,突出主题。作者在以悲为美的艺术境界中,概括出人类别离的共有感情。在总述离别之外,又指出离别之情难以摹写,作者所描述的也不过是众多离别中的点滴,如此而更加让人感受到离别所带来的沉重感和悲痛感。

谏太宗十思疏

——[唐]魏徵——

作者简介

魏徵(580—643),字玄成,巨鹿曲城(在今河北省)人。隋末参加瓦岗起义军,后归唐。唐太宗时拜谏议大夫、侍中、特进等,封郑国公,卒赠司空,谥"文贞"。唐代著名政治家。主编《群书治要》,总领周、隋、梁、陈、齐诸史的撰修,作序论、总论。以能犯颜直谏而著称。

臣闻求木之长者,必固其根本;欲流之远者,必浚其泉源;思国之安者,必积其德义。源不深而望流之远,根不固而求木之长,德不厚而思国之理,臣虽下愚,知其不可,而况于明哲乎![1]人君当神器之重,居域中之大,将崇极天之峻,永保无疆之休。不念居安思危,戒奢以俭,德不处其厚,情不胜其欲,斯亦伐根以求木茂,塞源而欲流长者也。[2]

凡百元首,承天景命,莫不殷忧而道著,功成而德衰。有善始者实繁,能克终者盖寡,岂取之易而守之难乎?昔取之而有余,今守之而不足,何也?[3]夫在殷忧,必竭诚以待下;既得志,则纵情以傲物。竭诚则胡越为一体,傲物则骨肉为行路。虽董之以严刑,振之以威怒,终苟免而不怀仁,貌恭而不心服。怨不在大,可畏惟人。载舟覆舟,所宜深慎。奔车朽索,其可忽乎?[4]

君人者,诚能见可欲则思知足以自戒,将有作则思知止以安人,念高危则思谦冲而自牧,惧满溢则思江海下百川,乐盘游则思三驱以为度,忧懈怠则思慎始而敬终,虑壅蔽则思虚心以纳下,想谗邪则思正身以黜恶,恩所加则思无因喜以谬赏,罚所及则思无因怒而滥刑。[5]总此十思,弘兹九德,简能而任之,择善而从之。则智者尽其谋,勇者竭其力,仁者播其惠,信者效其忠。文武争驰,君臣无事。[6]可以尽豫游之乐,可以养松、乔之寿，鸣琴垂拱，不言而化。何必劳神苦思，代下司职，役聪明之耳目，亏无为之大道哉！⑦

注释

①下愚：愚笨之人，谦称。

②神器：指帝位。域中：天地间。居域中之大：占据天地间的一大，《老子》第二十五章："道大，天大，地大，王亦大。域中有四大，而王居其一焉。"崇极：崇高的敬意。休：美。

③元首：指君王。景：大。殷：深。

④傲物：高傲自负，轻视他人。胡越：胡地在北，越在南，比喻隔绝甚远。行路：路人。董：监督。振：震，震慑。索：绳索。

⑤作：兴建，建造。谦冲：谦虚。自牧：自我约束。盘游：田猎游乐。三驱：古王者田猎之制，田猎时须让开一面，三面驱赶，以示好生之德；一说田猎一年以三次为度。壅蔽：堵塞。黜：摒弃。

⑥九德：古代贤人所具备的九种优良品格，具体内容说法不一。简：选拔。

⑦豫：古代帝王秋天出巡。游：古代帝王春天巡行。《孟子·梁惠王下》："一游一豫，为诸侯度。"松、乔：传说中的仙人赤松子和王子乔。鸣琴：《吕氏春秋·察贤》："宓子贱治单父，弹鸣琴，身不下堂而单父治。"后以"鸣琴"指地方官简政轻刑，无为而治。垂拱：垂衣拱手，无为而治。役：役使。亏：违背。

译文

臣曾听说，如果想要树木长得高大，就一定要加固它的根；想要河水流得长远，就一定要疏通它的源头；想使国家安定，就一定要积累自己的道德仁义。水源不深却奢望水流得长远，根不牢固却想要树木长得高大，德行不厚重却想使国家安定，臣虽然愚笨，也知道那是不可能的，更何况聪明睿智的人呢？国君身处王位，是域中四大之一，应当对上天保持崇高的敬意，保有无穷的美善福佑。如果不能在安逸的环境中想到危难，戒除奢侈的行为而厉行节俭，德行不能积累深厚，性情不能克服欲望，那也就像是砍断树根却想要树木长得茂盛，堵塞源头却希望水流长远一样。

凡是古代的君王，承接上天的大命，无不是在深切的忧患中治理得成效显著，成功之后德行就开始衰落。一开始做得好的有很多,但能够坚持到底的却很少,难道是因为取得天下容易,而保有天下困难吗?当年取天下的时候很容易,现在保有天下却力有所不足,为什么呢?当他们身处忧患的境遇中时,必定会竭尽诚意对待下属;一旦实现了目标,便放纵情欲,傲视他人。竭尽诚意,那么即使像胡、越那样相隔甚远的国家也能成为一个整体;傲视他人,则即使是骨肉至亲也会像路人一样疏远。即使用严酷的刑罚和震怒来督责、震慑百姓,最终也只能使百姓图求苟且免于刑罚却不感念国君的仁德,表面上态度恭敬而内心并不服气。怨恨不在于大小,可怕的是百姓自身。百姓像水一样,可以拥护君王,也可以推翻君王,这是应当特别谨慎注意的。用腐朽的绳索来驾驭奔行的马车,又怎么可以忽视呢!

为人君王者,如果真的能够做到看见想得到的东西,就想到应当知足来警诫自己;将要大兴土木,就想到要适可而止以使百姓安宁;想到位高势危,就考虑言行谦虚来加强自我约束;害怕骄傲自满,就想到江海居于百川的下游;喜欢田猎游乐,就想到要以每年三次为限度;担心松懈懒散,就想到做事要始终谨慎恭敬;担心言路被堵塞,就想到要虚心接纳下属的意见;害怕朝中有谗佞奸邪之人,就想到要端正自身以斥退邪恶小人;施加恩惠于人时,就想到不能因为一时高兴而赏赐不当;施行惩罚时,就想到不能因为正好在发怒而滥施刑罚。如果能完全做到这十个方面,扩大自身九德的修养,选拔任用有才能的人,选择听取正确的意见,那么聪明的人就会竭尽他们的智谋,勇敢的人就会竭尽他们的气力,仁爱的人就会广施他们的恩惠,信实的人就会奉献他们的忠诚。文臣武将都能施展才华,君臣之间没有龃龉。可以享受春秋巡视的乐趣,像赤松子、王子乔那样颐养身体,获得长寿,简政轻刑,垂衣拱手而治,百姓不教而自化。又何必劳烦心神思虑,去代行百官的职务,役使自己聪明的耳目,违背无为而治的大道呢!

导读

据《新唐书·魏徵传》和《贞观政要》记载,贞观十年,魏徵担任侍中,又进左光禄大夫、郑国公。魏徵曾多次以目疾求退,唐太宗不许,又拜魏徵为特进,参议得失。贞观十一年,魏徵连上二疏,前疏论述隋亡的原因,提出要借鉴教训,避免步隋的后尘,后疏即本文,继续前疏的基调,进而提出了"十思"的具体主张。

魏徵首先提出一切行为的目的都在于稳固根本,只有根本立定,才能求其长远发展。对于国家来说，根本在于君王的德行。君王德行积累，才能使国家稳定发展，反之则有覆亡的危险。因此，身处最根本地位的君王应当居安思危，戒奢以俭，以厚养其德，从而使根本稳固，进而安定国家。继而，又以历史上的君王前后的不同行为为例证加以说明。在历史上，开辟建立国家的君王，大多能够在前期励精图治，从而取得显著的成果，而一旦有了成果，社会安定，则德行衰减，开始贪图安逸，注重享乐，最终覆亡。所以“善始者实繁，克终者盖寡”。究其原因，在于身处忧患之中，有强烈的危机感，则会注重团结一切力量，能够推心置腹，从而达成目标，而一旦获得成功，进入安逸状态，丧失了危机感，就会耽于享乐，疏远贤臣，最终酿成恶果。孟子所谓“生于忧患，而死于安乐”（《孟子·告子下》），即是对此说的最好注解。一旦贪图享乐，即便强加以严刑酷法，百姓也不会服从，最终怨气积聚，百姓们会群起而推翻暴政统治。这种现象在中国历史上并不少见。（可参看本书《邵公谏厉王弭谤》及《〈五代史·伶官传〉序》）

在对历史经验总结的基础上，魏徵进一步提出了自己总结的“十思”。“十思”均是针对君王而发，要求君王在有逸豫享乐的想法之时便告诫自己，从而使自己能够始终保持警惕，不因为自己的私欲而损害百姓、国家的利益，最终实现长久的国治民安。“十思”所针对的，都是君王最容易出现的情况，如贪欲膨胀、大兴土木、游猎享乐、肆意赏罚等。“十思”就是针对这些条目而发，使君王能够进行自我约束，从而戒除最容易被忽略而最有可能出现的不良行为和想法。最后，魏徵指出，如果能够做到这十条，并不断弘扬积累德行，选贤任能，则会使天下杰出人士都为己所用，达到垂拱而治的效果。

在中国历史上，最为出名的君臣便是唐太宗与魏徵。魏徵善于进谏，事无大小，都能指出值得借鉴和自诫的地方，而唐太宗则从谏如流，把魏徵的进谏当作检查自己得失的一面镜子。魏徵上本疏之时，正值唐太宗中期，而太宗“志意盈满，事异厥初。高谈疾邪，而喜闻顺旨之说；空论忠说，而不悦逆耳之言。私嬖之径渐开，至公之道日塞。”“取舍在于爱憎，轻重由乎喜怒。”（《贞观政要》卷五，魏徵于贞观十一年所上疏）“纵情傲物”已经初见端倪。本疏既上，太宗手诏回复说“公之所陈，朕闻过矣，当置之几案”（《贞观政要》卷一）云云，也足见此疏的作用。本疏所提出的“十思”，也为后世君王所借鉴，成为自诫所崇奉的准则。清人林云铭称“非魏公不敢为此言，非太宗亦不能纳而用之。千古君臣，令人神往。文虽平实，当与三代谟训并垂，原不待以奇幻见长也”（《增订古文析义合编》卷十）。

滕王阁序

——[唐]王勃——

作者简介

王勃(650—676),字子安,绛州龙门(今山西省河津市)人。隋末大儒文中子王通之孙。历任朝散郎、沛王府修撰、虢州参军,因匿杀官奴获死罪,遇赦除名。随父上任交趾途中路过南昌,作《滕王阁序》,归途溺水死。"初唐四杰"之一,擅长五言律诗,开初唐新风。

豫章故郡,洪都新府。星分翼、轸,地接衡、庐。①襟三江而带五湖,控蛮荆而引瓯越。②物华天宝,龙光射牛斗之墟;人杰地灵,徐孺下陈蕃之榻。③雄州雾列,俊采星驰。台隍枕夷夏之交,宾主尽东南之美。④都督阎公之雅望,棨戟遥临;宇文新州之懿范,襜帷暂驻。⑤十旬休假,胜友如云;千里逢迎,高朋满座。⑥腾蛟起凤,孟学士之词宗;紫电青霜,王将军之武库。⑦家君作宰,路出名区;童子何知,躬逢胜饯。⑧

注释

①豫章:一作"南昌",汉高祖所设,郡治在今江西省南昌市。洪都:唐代改豫章为洪州,设都督府。星分:星宿分野,古人以天上星宿与地上区域对应,称"分野"。翼、轸(zhěn):星宿名。衡、庐:衡山和庐山,代指衡州(治所在今湖南省衡阳市)和江州(治所在今江西省九江市)。

②三江、五湖:说法不一,指长江中下游的江河湖泊。蛮荆:古楚地,在今湖北、湖南一带。瓯越:古越地,在今浙江地区。

③"物华"二句:据《晋书·张华传》,晋初牛、斗二星之间常有紫气照射,张华命豫章人雷焕寻找,在豫章丰城掘出龙泉、太阿二剑。"徐孺"句:徐孺即徐稺,据《后汉书·徐稺传》,东汉名士陈蕃任豫章太守,不接宾客,惟徐稺来访时,才设一睡榻,徐稺去后又悬置起来。

④雾列:形容极多。采:官吏。隍:护城的沟壑。夷夏:指少数民族地区与内地。

⑤雅望:清高的名望。棨(qǐ)戟:古代官员出行时所用的仪仗。新州:治所在今广东省新兴县。懿范:美好的典范。襜(chān)帷:车上的帷幕,代指车驾。

⑥十旬休假:唐制,十日为一旬,遇旬日则官员休假,称“旬休”。胜友:良友。高朋:贵宾。

⑦腾蛟起凤:比喻才华优异,据《西京杂记》卷二,董仲舒梦蛟龙入怀,乃作《春秋繁露》词;扬雄著《太玄经》,梦吐凤凰,集《玄》之上。紫电:古代宝剑名。青霜:剑光青凛若霜,代指宝剑。武库:储存兵器的仓库,代指胸中富于谋略。

⑧家君:父亲,谦称。宰:县令。

时维九月,序属三秋。潦水尽而寒潭清,烟光凝而暮山紫。[①]俨骖騑于上路,访风景于崇阿。临帝子之长洲,得天人之旧馆。[②]层台耸翠,上出重霄;飞阁翔丹,下临无地。鹤汀凫渚,穷岛屿之萦回;桂殿兰宫,即冈峦之体势。[③]披绣闼,俯雕甍。山原旷其盈视,川泽纡其骇瞩。[④]闾阎扑地,钟鸣鼎食之家;舸舰迷津,青雀黄龙之轴。[⑤]云销雨霁,彩彻区明。落霞与孤鹜齐飞,秋水共长天一色。渔舟唱晚,响穷彭蠡之滨;雁阵惊寒,声断衡阳之浦。[⑥]

注释

①三秋:九月。潦(lǎo)水:雨后的积水。

②俨:使整齐。骖騑(cān fēi):驾在服马两侧的马。上路:大路。崇阿:高山。帝子、天人:均指唐太宗之弟滕王李元婴,曾在南昌建滕王阁。

③翔丹:指阁道上的红色装饰物如在飞翔。汀(tīng):水边的平地。凫:野鸭。渚(zhǔ):水中的小块陆地。穷:穷尽。萦回:盘桓往复。即:一作“列”。

④披:打开。闼(tà):门。甍(méng):屋脊。旷:广阔。盈:满。纡(yū):曲折。

⑤闾阎:里门,代指里巷。扑地:满地。钟鸣鼎食:击钟列鼎而食,形容富贵豪华。迷津:迷失津渡,形容船只拥堵。迷:一作“弥”,布满。青雀黄龙:指船上的装饰图案。轴:通“舳(zhú)”,船只。

⑥霁(jì):雨止天晴。彻:通贯。区:区域,指天空。鹜(wù):野鸭。彭蠡:古大泽名,即今鄱阳湖。衡阳:在今湖南省,境内有回雁峰,相传秋雁至此就不再南飞。

遥襟甫畅，逸兴遄飞。爽籁发而清风生，纤歌凝而白云遏。[①]睢园绿竹，气凌彭泽之樽；邺水朱华，光照临川之笔。[②]四美具，二难并。穷睇眄于中天，极娱游于暇日。天高地迥，觉宇宙之无穷；兴尽悲来，识盈虚之有数。[③]望长安于日下，目吴会于云间。[④]地势极而南溟深，天柱高而北辰远。[⑤]关山难越，谁悲失路之人；沟水相逢，尽是他乡之客。[⑥]怀帝阍而不见，奉宣室以何年？[⑦]

嗟乎！时运不齐，命途多舛；冯唐易老，李广难封。屈贾谊于长沙，非无圣主；窜梁鸿于海曲，岂乏明时？[⑧]所赖君子见幾，达人知命。老当益壮，宁移白首之心；穷且益坚，不坠青云之志。[⑨]酌贪泉而觉爽，处涸辙而相欢。[⑩]北海虽赊，扶摇可接；东隅已逝，桑榆非晚。[⑪]孟尝高洁，空余报国之情；阮籍猖狂，岂效穷途之哭！[⑫]

注释

①襟：胸怀；一作“吟”。甫：方才；一作“俯”。遄(chuán)飞：极速飞扬。爽籁：参差不齐的箫管。白云遏：白云为之驻足，形容音乐优美，《列子·汤问》：“抚节悲歌，声振林木，响遏行云。”

②睢(suī)园：汉梁孝王菟园。彭泽：指陶渊明。樽：酒器。邺水：在今河北省临漳县，曹操在此地建有园池。朱华：荷花。临川：指谢灵运，曾任临川内史。

③四美：指良辰、美景、赏心、乐事。二难：指贤主、嘉宾。睇眄(dì miǎn)：斜视，顾盼。迥：远。盈虚：盈亏，增减。

④“望长安”句：《世说新语·夙惠》：“举目见日，不见长安。”吴会：吴郡和会稽郡的合称。日下、云间：《世说新语·排调》：“荀鸣鹤、陆士龙二人未相识，俱会张茂先坐。张令共语。以其并有大才，可勿作常语。陆举手曰：‘云间陆士龙。’荀答曰：‘日下荀鸣鹤。’”聊备一说。

⑤南溟：南方大海。天柱：古代神话中的支天之柱，据《神异经》：“昆仑之山，有铜柱焉。其高入天，所谓天柱也。”北辰：北极星。

⑥失路：迷失道路，指不得志。沟水相逢：指偶然相聚，随即各奔东西，《白头吟》：“今日斗酒会，明日沟水头。躞蹀御沟上，沟水东西流。”沟水：一作“萍水”。

⑦帝阍(hūn):天帝的守门人,见《离骚》。“奉宣室”句:汉贾谊迁谪长沙四年后,汉文帝复召他回长安,于宣室中向他询问鬼神之事。

⑧舛(chuǎn):不顺利。冯唐易老:冯唐在汉武帝时被举荐,时年九十余,不能为官。李广难封:汉武帝时名将李广军功卓著,却始终未获封爵。“屈贾谊”句:贾谊在汉文帝时被贬为长沙王太傅。“窜梁鸿”句:梁鸿因作《五噫之歌》得罪汉章帝,避居齐鲁。

⑨见幾:从事物细微的变化中预见先兆。知命:懂得事物变化由天命决定的道理。移:动摇。

⑩“酌贪泉”句:据《晋书·吴隐之传》,吴隐之赴任广州刺史,饮贪泉之水,并作诗说:“古人云此水,一歃怀千金。试使夷齐饮,终当不易心。”贪泉:在广州石门,传说饮此水会贪得无厌。涸辙:干涸的车辙,比喻困厄的处境,《庄子·外物》载有涸辙之鲋的故事。

⑪赊:辽远。扶摇:盘旋而上,见本书《逍遥游》。“东隅”二句:《后汉书·冯异传》:“失之东隅,收之桑榆。”东隅:日出处,指早晨。桑榆:日落处,指傍晚。

⑫“孟尝”二句:孟尝字伯周,曾任合浦太守,以廉洁奉公著称,后因病隐居,汉桓帝时屡次有人荐举,终不见用,事见《后汉书·孟尝传》。“阮籍”二句:阮籍字嗣宗,西晋名士,“竹林七贤”之一,任性不羁,曾驾车出游,“不由径路,车迹所穷,辄恸哭而反”,事见《晋书·阮籍传》。

勃,三尺微命,一介书生。无路请缨,等终军之弱冠;有怀投笔,爱宗悫之长风。①舍簪笏于百龄,奉晨昏于万里。②非谢家之宝树,接孟氏之芳邻。③他日趋庭,叨陪鲤对;今兹捧袂,喜托龙门。④杨意不逢,抚凌云而自惜;钟期既遇,奏流水以何惭。⑤呜呼!胜地不常,盛筵难再;兰亭已矣,梓泽丘墟。临别赠言,幸承恩于伟饯;登高作赋,是所望于群公。⑥敢竭鄙怀,恭疏短引;一言均赋,四韵俱成。请洒潘江,各倾陆海云尔。⑦

注释

①“无路”二句:据《汉书·终军传》,终军在汉武帝时出使南越,自请“愿受长缨,必羁南越王而致之阙下”。等:相同。弱冠:二十岁。投笔:汉班超投笔从戎,事见《后汉书·班超传》。“爱宗悫(què)”句:宗悫年少时向叔父自述志向,云“愿乘长风破万

里浪”，事见《宋书·宗悫传》。爱：一作“慕”。

②簪笏：冠簪和手版，仕宦所用，指官职。百龄：百年，指一生。奉晨昏：指早晚侍奉父母，《礼记·曲礼上》：“凡为人子之礼……昏定而晨省。”

③“非谢家”句：据《世说新语·言语》：谢安曾问诸子侄“子弟亦何预人事，而正欲使其佳？”谢玄回答说：“譬如芝兰玉树，欲使其生于庭阶耳。”后以芝兰玉树比喻佳子弟。“接孟氏”句：据说孟轲的母亲为教育儿子而三迁择邻，最后定居在学宫附近，事见刘向《列女传·母仪篇》。

④“他日”二句：《论语·季氏》：“（孔子）尝独立，（孔）鲤趋而过庭。曰：‘学诗乎？’对曰：‘未也。’‘不学诗，无以言。’鲤退而学诗。他日，又独立，鲤趋而过庭。曰：‘学礼乎？’对曰：‘未也。’‘不学礼，无以立。’鲤退而学礼。”鲤：孔鲤，孔子之子。捧袂：举起双袖，表示恭敬的姿势。喜托龙门：东汉李膺以声名自高，“士有被其容接者，名为登龙门”，事见《后汉书·李膺传》。

⑤“杨意”二句：据《史记·司马相如列传》，司马相如经蜀人杨得意引荐，方能入朝拜见汉武帝。杨意：即杨得意。“钟期”二句：《列子·汤问》：“伯牙善鼓琴，钟子期善听。伯牙鼓琴……志在流水，钟子期曰：‘善哉！洋洋兮若江河。’”钟期：即钟子期。

⑥兰亭：见本书《兰亭集序》。梓泽：即晋石崇的金谷园。

⑦疏：写，记录。引：引言，即本文。四韵：四韵八句诗，王勃另作有《滕王阁诗》一首，诗云：“滕王高阁临江渚，珮玉鸣鸾罢歌舞。画栋朝飞南浦云，珠帘暮卷西山雨。闲云潭影日悠悠，物换星移几度秋。阁中帝子今何在？槛外长江空自流。”潘江、陆海：指潘岳、陆机一样的才华，钟嵘《诗品》：“陆（机）才如海，潘（岳）才如江。”

译文

这里是以前的豫章郡，新设的洪州都督府。星宿分野在翼、轸之间，与衡州、庐州相连接。以三江为襟，以五湖为带，向西控制着荆楚，向东牵引着瓯越。这里物产精华，天生宝物，宝剑的光芒直射牛、斗二星的区域；人才杰出，地蕴灵气，徐孺子曾使陈蕃专门为他设置床榻。雄伟的州城像雾一般繁多罗列，有才能的官吏像流星一样四处奔驰。城池处于蛮夷和中原的交界处，宾客和主人都是东南地区的名流。洪州的都督阎公有着清高的声望，摆着仪仗从远方光临；新州的宇文刺史有着美好的风范，车驾在这里暂时停留。正赶上十天一次的休假，喜迎从千里之外前来的宾客，良友贵宾像云一般聚集在一起，坐满了宴席。孟学士文采飞扬，是词章的宗师，堪与董仲舒、扬雄媲美；王将军谋略出众，佩戴着紫电、青霜宝剑。

家父前往外地出任县令，我途中路过这名胜之地。一介少年又懂得些什么，居然能够亲逢这次难得的盛宴。

这时正是九月，节序已是深秋。大雨过后，积水退尽，寒冷的潭水格外清澈；烟霭凝聚，傍晚的山峦呈现出紫色。整顿车马驶上大路，登上高山寻访美景。来到滕王李元婴建阁的沙洲，得见昔日的亭台楼阁。楼台层层叠叠，仿佛高耸的青山，向上直插云霄；楼阁和复道上红色的装饰似在飞舞，向下望去却看不见地面。栖息着白鹤和野鸭的河洲沙滩，极尽岛屿循环往复之能事；美丽的宫殿，随着冈峦的山势而起伏排列。推开雕有花饰的阁门，俯瞰装饰华美的屋脊。山原辽阔，尽收眼底；川流曲回，触目惊心。里巷到处都是，住着鸣钟列鼎而食的富贵人家；船只挤满了渡口，都有青雀黄龙的雕饰。云气消散，雨过天晴，彩虹贯彻天地，一片明朗。落霞伴着孤鸭一齐飞舞，秋水与天空融为同一种颜色。傍晚的渔船上响起悠扬的歌声，一直飘到了鄱阳湖的岸边；寒秋的天空中传来雁群的惊叫，叫声一直延续到回雁峰的水边。

远望的胸怀才刚刚舒畅，超逸的兴致又急剧飞扬。箫管吹奏，引起阵阵清风；歌声纤柔，白云也为之驻足。这里的绿竹可比睢园之竹，宾主宴饮的豪气超过了善长饮酒的陶渊明；这里的荷花胜过邺水中的，众人的文笔辉映着擅长作诗的谢灵运。良辰、美景、赏心、乐事四美俱全，贤主、嘉宾难得在一起聚会。向着天空极目远望，在这闲暇假日中尽情畅游。天高地远，令人感觉到宇宙的无穷无尽；兴尽悲来，又认识到盈亏皆有定数。遥望太阳映照下的长安，看着云雾飘渺中的吴郡、会稽。大地极远而南海最深，天柱虽高而北极星更远。关山难以逾越，又有谁能同情失意之人？像沟水一般偶然相逢，人人都是他乡来客。怀念天子而不得朝见，何时才能被征召回到宣室？

唉！命运不好，遭遇更加坎坷。冯唐到了老年才被征召，但已不能任职；李广战功卓越，却始终未能封侯。贾谊被贬谪而屈居在长沙，并非没有圣明的君主；梁鸿隐居在海滨，难道不是在清明的时代？幸好君子能从细微变化中看到征兆，而通达之人知晓天命。年纪老了更当豪壮，哪能在白头时改变初衷？境遇不好时更应坚定，决不能抛弃凌云的壮志。畅饮贪泉的水更觉得清爽，处在干涸的车辙内却依然愉快。北海虽然遥远，乘着旋风便可到达；早晨虽然已经逝去，傍晚却还为时未晚。孟尝品行高洁，却空留下报国的热情；阮籍行为狂放，又怎能学他没有道路就放声痛哭？

我曾遭受刑罚，身份低微，只是一个微不足道的读书人。尽管已经和终军一样到了二十岁加冠的年龄，却没有门路，可以像他一样请求赐予长缨，建功立业；一心想要弃笔从戎，羡慕宗悫乘风破浪的豪情壮志。我舍弃了一生的前程，不远万里前去侍奉父母。我不是谢家的佳子弟，却有幸能够结交孟母芳邻般的诸君。不久我就要到父亲身边，像孔鲤一样应答庭对，接受父亲的教育；今天我恭敬地与诸君相见，很高兴能够托身龙门。遇不到杨得意，司马相如也只能手抚《大人赋》而空自叹惜；见到了钟子期，俞伯牙奏出《高山流水》的乐曲又有什么可以羞愧！唉！名胜之地不能长存，盛大的宴会难以再逢。兰亭集会早已逝去，金谷名园也变成了废墟。承蒙主人盛情招待，临别之时要赠以良言；登上高处作诗，也只有期望于在座诸公。我冒昧地尽情倾吐自己的心意，恭敬地写下这篇短序。现在以一字为韵，请大家写作四韵八句之诗。就恭请诸位展露潘岳、陆机一般的文采才华。

导读

王勃是隋末大儒文中子王通之孙，自幼聪颖，六岁即善文辞，未及冠而授朝散郎，后入沛王府，因作文而触怒唐高宗，被逐。后漫游蜀中，补虢州参军，又以杀官奴而被除名，他的父亲王福畤也受连累被贬为交趾令。上元二年(675)，王勃前往交趾探望父亲(或说是随父就任)，路过南昌，正值都督阎公于滕王阁大宴宾客，王勃前往谒见，遂于宴会中写作此序。

据《唐摭言》记载，都督阎公本已嘱咐自己的女婿孟学士提前作好序文，以便夸耀。在邀请宾客写作时，众宾客心知其意，均推辞不作，唯独王勃没有辞让。阎公于是大怒，拂袖而去，但又派人将其所作传递入内。“第一报云：‘南昌故郡，洪都新府。’公曰：‘亦是老生常谈。’又报云：‘星分翼轸，地接衡庐。’公闻之，沉吟不言。又云：‘落霞与孤鹜齐飞，秋水共长天一色。’公矍然而起曰：‘此真天才，当垂不朽矣！’遂亟请宴所，极欢而罢。”(《唐摭言》卷五)事虽未必真，但也可见《滕王阁序》的魅力和王勃的才华。

序文先写滕王阁所在地南昌的地理优势与重要性，继而引出盛会，赞叹盛会高朋满座、胜友如云，又提及自己参与其中的偶然性，均是铺垫，以引出下文的描绘。写高朋胜友，其实也是为写自己而作铺垫，“童子何知”看似谦逊，其实已将自己视为高朋胜友之一。紧接着便开始铺陈辞赋，极力描写风景之优美、壮丽，写秋日之开阔，楼阁之美轮美奂，音乐之动听，堪与金谷、兰亭盛会相媲美，写尽赏心乐事。又突然兴尽悲来，天高地远，而自己失意落魄，命途多舛，因罪被贬，难以再面见天子，一股黯淡悲伤显现于字里行间。但文章并未结束于此，虽然情调悲壮，但却又从悲壮之中引出雄心壮志。历举冯唐、李广、贾谊、梁鸿的遭遇，又收束以“君子见幾，达人知命”，勉励自己老当益壮、穷且益坚，要以终军、宗悫乘风破浪的勇气来面对现实，力图再为国家效力，而不是像孟尝、阮籍一般空留余恨，报国无门。情感至此又转入高昂。最后以“恭疏短引”为结束，复又转入平淡。文章一波而三折，先是写尚未登阁前宴会之盛大，登临楼阁后所见风景之美丽，既而转入悲凉，抒发人生无常的哀叹，进而又自我振作，表达人生抱负。作者不是单纯地描写宴会，而是在对盛况的描写之中夹杂着自我情感，在失望与希望，痛苦与振作之中，显现了文章最动人之处。

唐初文章延续了六朝骈文的绮靡风气。六朝时期，“俪采百字之偶，争价一字之奇。情必极貌以写物，辞必穷力而追新”（《文心雕龙·明诗》）。这种文学风气到初唐四杰时开始有了变化，不再是空洞无物的堆砌铺陈，而是带有了个人的真情实感。因此，虽然本文仍旧以骈文的笔法写出，但已经与六朝的绮靡之文有了本质的区别。在写作技巧上，作者运用对偶、用典等多种艺术手段，由天及地，由地及人，由人及景，由景及我，由我又转回宴会盛况，“步步衔接，步步脱卸，皆有开阖相因之妙”（林云铭《增订古文析义合编》卷十）。其中不乏经典名句，如“落霞与孤鹜齐飞，秋水共长天一色”一联，动静相映，意境浑融，成为千古传诵的名句。

与韩荆州书

————［唐］李白————

作者简介

李白（701—762），字太白，号青莲居士，绵州昌隆（今四川省江油市）人。天宝间待诏翰林院，不久遭谗去京。安史之乱中，因参加永王幕府，被流放夜郎，途中遇赦。晚年漂泊江南，病逝于当涂（今属安徽省）。唐代著名诗人，诗风豪放，想象奇伟，有“诗仙”之称。

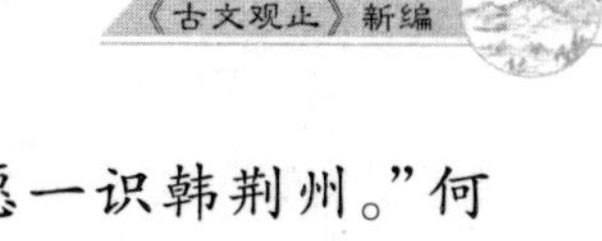

白闻天下谈士相聚而言曰:“生不用万户侯,但愿一识韩荆州。”何令人之景慕,一至于此耶![1]岂不以有周公之风,躬吐握之事,使海内豪俊,奔走而归之,一登龙门,则声誉十倍,所以龙盘凤逸之士,皆欲收名定价于君侯。[2]愿君侯不以富贵而骄之,寒贱而忽之,则三千宾中有毛遂,使白得颖脱而出,即其人焉。[3]

白,陇西布衣,流落楚汉。十五好剑术,遍干诸侯;三十成文章,历抵卿相。[4]虽长不满七尺,而心雄万夫。王公大人,许与气义。此畴曩心迹,安敢不尽于君侯哉?[5]

君侯制作侔神明,德行动天地,笔参造化,学究天人。幸愿开张心颜,不以长揖见拒。[6]必若接之以高宴,纵之以清谈,请日试万言,倚马可待。[7]今天下以君侯为文章之司命,人物之权衡,一经品题,便作佳士。而君侯何惜阶前盈尺之地,不使白扬眉吐气,激昂青云耶?[8]

注释

①谈士:言谈之士。韩荆州:名朝宗,唐玄宗时为荆州长史,后为京兆尹,因推举贤士,受到士人敬仰。景慕:景仰爱慕。

②周公:即周公姬旦。吐握:吐哺(口中食物)、握发(头发),形容礼贤下士,《韩诗外传》:“(周公)一沐三握发,一饭三吐哺,犹恐失天下之士。”龙盘凤逸之士:指隐居待时的贤士。收名定价:得到名声和评价。

③毛遂:战国时平原君的食客,曾自荐出使楚国救赵,事见《史记·平原君虞卿列传》。颖:锥芒。颖脱而出:锥芒露出,比喻才士若能获得机会,必将充分显示其才能。

④陇西:古郡名,陇山(即六盘山)以西,李白祖籍陇西。楚汉:楚地与汉水,指荆州。干:干谒,拜见。诸侯:指各州郡地方长官。历抵:一一登门拜访。卿相:指朝中执政大臣。

⑤许与:赞赏。气义:气概和道义。畴曩:往日。

⑥制作:这里指功绩。侔(móu):相等。参:参与。造化:自然的创造化育。笔参造化:凭借一支笔参与了自然的创造,形容文笔高妙。开张心颜:指坦诚相待。长揖:相见时拱手高举自上而下以为礼,比跪拜礼要简慢。

⑦日试万言:以每天试写万言为考校,极言才气横溢。倚马可待:比喻文思敏捷,

《世说新语·文学》:"桓宣武(温)北征,袁虎(宏)时从,被责免官。会须露布文,唤袁倚马前令作。手不辍笔,俄得七纸,殊可观。"

⑧司命:文昌第四星,指主宰。权衡:指品评的标准、权威。青云:指远大的志向抱负。

昔王子师为豫州,未下车即辟荀慈明,既下车又辟孔文举;山涛作冀州,甄拔三十余人,或为侍中、尚书,先代所美。①而君侯亦荐一严协律,入为秘书郎;中间崔宗之、房习祖、黎昕、许莹之徒,或以才名见知,或以清白见赏。②白每观其衔恩抚躬,忠义奋发,以此感激,知君侯推赤心于诸贤腹中,所以不归他人,而愿委身国士。傥急难有用,敢效微躯。③

且人非尧舜,谁能尽善?白谟猷筹画,安能自矜?至于制作,积成卷轴,则欲尘秽视听,恐雕虫小技,不合大人。④若赐观刍荛,请给纸墨,兼之书人,然后退扫闲轩,缮写呈上。⑤庶青萍、结绿,长价于薛、卞之门。幸惟下流,大开奖饰,惟君侯图之。⑥

注释

①王子师:王允,字子师,东汉灵帝时为豫州刺史。下车:官员初到任。荀慈明:荀爽,字慈明,汉末大儒。孔文举:孔融,字文举,汉末名士。山涛:字巨源,西晋名士,"竹林七贤"之一,曾任冀州刺史,"甄拔隐屈,搜访贤才,旌命三十余人,皆显名当时",事见《晋书·山涛传》。美:称赞。

②协律:属太常寺,掌和律吕。崔宗之:李白好友,开元中入仕,为"饮中八仙"之一。房习祖、黎昕、许莹:不详。

③抚躬:反躬自问。推赤心于诸贤腹中:即"推心置腹"。国士:指韩朝宗。傥:假如。

④谟猷:谋略。矜:夸耀。制作:指文章、作品。尘秽视听:谦辞,请对方观看自己的作品。雕虫小技:微不足道的技艺,代指文章辞赋,扬雄《法言·吾子》:"或问:'吾子少而好赋?'曰:'然。童子雕虫篆刻。'俄而曰:'壮夫不为也。'"虫:虫书,秦代八种字体之一,为学童必须学习的一种。

⑤刍荛(chú ráo):草野之人,这里谦指自己的作品。书人:抄写之人。闲轩:

静室。

⑥青萍:宝剑名。结绿:美玉名。长(zhǎng)价:提高声价。薛:薛烛,古代善相剑者。卞:卞和,古代善识玉者。惟:念;一作"推",推进,奖掖。下流:指地位低的人。奖饰:奖励称誉。

译文

我曾听天下的言谈之士聚集在一起的时候议论说:"人生不用被封为万户侯,只要能结识一下韩荆州就足够了。"为何韩荆州使人景仰爱慕竟到了这样的程度!难道不是因为您有周公那样的风范,有躬行吐哺握发、举荐贤才的事迹,从而使天下的豪杰俊士都竞相奔走,想要归到您的门下吗?士人一经过您的接待点评,声名便立即增长十倍以上。所以那些隐居等待时机的贤士,都想要在您这儿获得名声和评价。希望您不要因为自己富贵而对他们傲慢,也不要因为他们地位低下、家境贫寒而轻视他们,那么在您众多的宾客之中,自然会有像毛遂那样的奇才出现,假使能够让我获得这样的机会来施展才华,那么我就是这样的人。

我是陇西的一介平民,流落在楚地汉水。我十五岁时便喜好练习剑术,干谒拜见了许多州郡的地方长官;三十岁时文章有所成就,一一登门拜访了很多朝中显贵官员。虽然我身高不足七尺,但志向雄壮,胜过万人。王公大臣们都赞许我有气概,讲道义。这是我以前的心事和行迹,怎敢不尽情向您表露呢?

您的功绩可与神明相比,德行感动天地,凭借手中之笔而参与天地造化,学问已经穷极自然与社会。我真诚地希望您能坦诚相待,和颜悦色,不因为我只作长揖拜见您而拒绝我。倘若一定要以盛宴来接待我,任凭我高谈阔论,那么就请您用日书万言来考察我,我将手不停挥,文章顷刻可成。现在天下人都把您当作决定文章命运、衡量人物高下的主宰,士子一经您的品评,便被认为是上等人才。而现在您又何必吝啬庭阶前的一尺之地,而不让我扬眉吐气,舒展我远大的抱负呢?

从前王允担任豫州刺史,还未到任就征召了荀爽,到任以后又征召了孔融;山涛担任冀州刺史时,甄别选拔了三十多人,有的后来担任了侍中、尚书等官职,被前代人所称赞。而您也曾举荐过一位严协律,后来担任了秘书郎,还有崔宗之、房习祖、黎昕、许莹等人,有的因为才华名望而被知晓,有的因为品行高洁而被赏识。我每每看到他们感恩戴德,力图回报,奋发忠义的言行,都很激动,知道您对这些贤士推心置腹,赤诚相见,所以我不归向他人,而愿意托身于您。如果在危难之时有能用到我的地方，我敬请献身效命。

况且并不是所有人都是尧、舜那样的圣人，谁又能完美无缺？我的谋略谋划，又岂能用来自我夸耀？至于我的作品，已经积累成为卷轴，想要请您过目一阅，只是担心这些雕虫小技，不能符合大人的心意。倘若蒙您垂青，愿意看看拙作，那就请赐给我纸墨和抄写的人手。我将回去打扫静室，誊写呈上。希望青萍宝剑和结绿美玉，能够在薛烛、卞和这样的名家门下提高价值。希望您能够顾念身居下位的人，大开奖掖赞誉之门，希望您能加以考虑。

导读

唐代科举取士和荐举制度渐渐完善，与此相对应而兴起的便是干谒现象。钱穆先生指出："隋唐以降，科举进士之制新兴，穷阎白屋之徒，皆得奋而上达。其先既许之以怀牒自列，试前又有公卷之预拔，采声誉，观素学，若不自炫耀，将坐致湮沉。"（《中国文学论丛·记唐文人干谒之风》）风气开放的唐朝，允许举子在科举之前将自己的诗文作品交付主考官，以获取更高评价，由此引起干谒现象的兴盛。干谒风气在唐代的盛行，导致干谒文学也兴盛起来。唐代很多著名诗人、文学家都曾有过干谒行为，如王维、李白、杜甫、韩愈等。事实上，干谒早在先秦即已出现端倪，战国时期的纵横家向各国君王自我举荐、献纳计策，开创干谒之先声。至唐代科举取士，尤其是唐高宗永隆二年开始以诗赋取士，给予了文学之士更多选择的机会，也使干谒风气日趋流行。

李白是唐代著名诗人，他年少时即才华横溢，自称"五岁诵六甲，十岁观百家，轩辕以来，颇得闻矣"（《上安州裴长史书》），颇为自负，又好游侠，轻财好施。他自称自己的志向是"申管晏之谈，谋帝王之术。奋其智能，愿为辅弼，使寰区大定，海县清一"（《代寿山答孟少府移文书》），在此之后则"事了拂衣去，深藏身与名"（《侠客行》）。李白胸怀远大抱负，但又不愿经由常规科举途径进入仕途，而是希望凭借自己的才华"声闻于天"，直接得到帝王赏识，获取重用，真正实现"白衣卿相"的理想。但是作为一介布衣，这一条道路显然是很难实现的。所以他退而求其次，"遍干诸侯""历抵卿相"，试图借助干谒来实现目标。在写作《与韩荆州书》之前，李白已多次上书和谒见地方长官，又曾入京谋求出路，但均没有成果。韩朝宗是当时的荆州长史，因举荐人才而被士子景仰，因此李白上书给他，希望能获得他的接见和称誉。

《与韩荆州书》首先提出自己对韩荆州的敬仰之情，以“生不用万户侯，但愿一识韩荆州”的听闻之语对韩荆州进行最大程度的赞美，又以周公、李膺相比拟，极尽奉承之能事。但李白上书的目的并不是奉承韩荆州，而是表现自己的才干以引起注意，因此，文章在称赞韩荆州之后，转而描写自己的志向与以前干谒的作为，并以王公大人“许与气义”作为对自我的总体评价。又写韩荆州的德行才华，引出自己“日试万言，倚马可待”的才能，进而以历史上被赞赏的王允、山涛举荐人才的故事来称引韩荆州，期望韩荆州能够观览自己的文章，点评自己的才行。本文虽是干谒文，但处处显露的是对自己才能的自信和宣扬。文章极富慷慨激昂的盛气，读来令人倍觉酣畅淋漓。

虽然《与韩荆州书》一文极富文采，但韩荆州并未有所回应。事实上，李白文如其人，其人高傲狂放，其诗文亦然。干谒的目的在于进仕，干谒文最重要的是从实际出发，不发空言，条分缕析，文情并茂，显现自己在政治上的才能。而《与韩荆州书》则对韩荆州和自己都过于吹捧，尽显辞藻之华美、夸张，却无一句能真正体现自己的为政能力，给人以虚浮夸张、不切实际的感觉。因此，这篇在文学上极负盛名的干谒文，却并未能实现干谒的目的，便也在情理之中了。但本文对后世干谒文章产生了极大影响，尤其是“生不用万户侯，但愿一识韩荆州”一句，更成为千古绝唱。（可参看本书《上枢密韩太尉书》）

山中与裴秀才迪书

——[唐]王维——

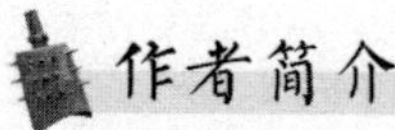

作者简介

王维（701—761），字摩诘，祖籍太原祁（今山西省祁县），其父迁居蒲（今山西省永济市）。开元九年进士，任太乐丞，历任右拾遗、监察御史、给事中。安史之乱中被迫出任伪职，乱平后因此获罪，后被赦免，任至尚书右丞，世称“王右丞”。唐代著名画家、诗人，精通音乐与佛学，有“诗佛”之称。

近腊月下，景气和畅，故山殊可过。足下方温经，猥不敢相烦，辄便往山中,憩感配寺,与山僧饭讫而去。[1]北涉玄灞,清月映郭。夜登华子冈,辋水沦涟,与月上下。[2]寒山远火,明灭林外。深巷寒犬,吠声如豹。村墟夜舂,复与疏钟相间。此时独坐,僮仆静默,多思曩昔,携手赋诗,步仄径,临清流也。[3]当待春中,草木蔓发,春山可望,轻鲦出水,白鸥矫翼,露湿青皋,麦陇朝雊,斯之不远,傥能从我游乎?[4]非子天机清妙者,岂能以此不急之务相邀?然是中有深趣矣。无忽。因驮黄蘖人往,不一。山中人王维白。[5]

注释

①腊月:农历十二月。景气:景色,气象。殊:很。过:过访。温经:温习经书。讫:毕,完。

②北:一作"比"。玄:黑色。灞:水名,又称灞水,在今陕西省中部,渭河支流,源出自蓝田县。郭:城郭。辋水:即辋川,又称辋谷水,在今陕西省蓝田县南,源出秦岭北麓,北流入灞水。沦涟:水波荡漾。

③吠(fèi):狗叫。舂:舂米。疏钟:稀疏的钟声。间:间杂。仄:狭窄。

④轻:轻巧灵便。鲦(tiáo):鱼名。矫:举。雊(gòu):雉(野鸡)鸣叫。傥:或许,可能。

⑤天机:天赋灵机,指天性。清妙:清高美好。无忽:不要忽视。黄蘖(bò):也称黄柏,树皮可入药。不一:书信结尾套语,不一一详说。

译文

快到十二月的下旬了,景色气象晴和舒畅,旧居蓝田山很值得再去游览。足下正在温习经书,我不敢去打扰,所以就直接去了山上,在感配寺休息,与寺中的僧人吃过饭后离开。向北方经过黑色的灞水,清朗的明月照映着城郭。在夜晚登上华子冈,辋川水面涟漪,与月影相映,上下起伏。远方凄冷的山上有灯光闪耀,在树林外忽明忽暗。幽深的巷子中有狗在叫,叫声仿若豹子。村中有人家在夜晚舂米,舂米声又与稀疏的钟声交错。在这个时候,一个人独自坐着,僮仆也不说话,便想起了以前,跟你一起手拉着手,走在狭窄的小径上,面对着清澈的流水吟诵诗作。等到春天来临之时,草木都开始萌芽生长,可以观赏春天的山景,轻巧的

鲦鱼跃出水面，白色的鸥鸟振动着翅膀，露水沾湿了青色的高地，野鸡在清晨的麦苗中鸣叫。这个时候也不是很远了，到那时你能跟我一起出游吗？如果不是像你这样天性清高美好之人，我又怎会拿这种无关紧要的事情来邀请呢？这其中确实有很多乐趣。不要忘记。我让运送黄蘗的人替我送这封信，就不一一细说了。山中人王维告语。

导读

唐玄宗天宝三年左右，王维"得宋之问蓝田别墅"，即辋川别业，"与道友裴迪浮舟往来，弹琴赋诗，啸咏终日"(《旧唐书·王维传》)。其间往来唱和，多有佳作，后即汇总为《辋川集》。《山中与裴秀才迪书》大概写于天宝三年至安禄山叛乱之前。(陈铁民《王维集校注》)文章简短，而韵味深长。

本文的写作时间是十二月，起初即交代时间，写天气晴朗，风景尚佳，以"故山殊可过"为转折，已经有了出游的表示。而此时裴迪正在温习经书，不便打扰，于是便一人独往，到了感配寺，至晚方归。又继续写夜归时所见的景物。月光明亮，清辉遍洒，水面涟漪，使照映在水面上的月影也随之上下波动。一静一动之间，已写出了无限的静谧与悠然。既而写民间村落的景象，先是远处灯光明灭，似有似无，近处则有狗叫声，有人家夜间舂米声，而钟声又响起，与一切的声音交杂，融为一体。此景写来，细致入微，空灵而又充实，如在眼前。在这种清幽的环境中，王维想起了以前与裴迪一起出游、携手赋诗的场景，而此时唯有僮仆陪在身边，孤独寂寞虽然未写，却已表露于其中。接着，王维又提出等到明年春天，万物复苏，景色更加美好的时候，请裴迪与自己一起出游。进而提出"非子天机清妙者，岂能以此不急之务相邀"，一方面指出自己的邀请是"不急之务"，另一方面又指出非"天机清妙者"不能领悟其中的乐趣。而末尾"山中人"的落款，更加点出了作者此时寄情山水的意趣。

王维精通绘画，"画思入神，至山水平远，云势石色，绘工以为天机所到，学者不及也"(《新唐书·王维传》)。苏轼曾评价王维称"味摩诘之诗，诗中有画；观摩诘之画，画中有诗"(《东坡题跋》卷五)。其诗文创作，也常常蕴含着绘画的神韵，从其诗文中，往往可以窥见一幅幅美妙的画作。即如《山中与裴秀才迪书》，其中写夜归之景，不到五十字，而由景及物，由物及人，由远及近，由视觉及听觉，灞水之色，月之光辉，城郭的轮廓，水面波纹的起伏，寒山之上或明或暗的灯火，声如豹叫的狗吠，村人夜起舂米的声音，山寺的钟声，随着视角和听觉的转移，仿佛都在同一幅画卷之中，远近高低，明暗显隐，视听言动，尽皆齐全。而写来年春日游览的想象，又以二十四字，写出草木生长的勃勃态势，鱼、鸥的自由形态，露水的闪亮，野鸡的鸣叫，直如扑面飞来，生动形象。视觉、听觉、嗅觉各种感官都被运用，而夹杂在文中画中的，又是作者。看似无我，实则处处有我在。而正是因为有我，才超脱了简单的画作的比拟，而能打动人心。

王维笃信佛教，其作品中充满了禅机哲理，故其又被称为"诗佛"。在《山中与裴秀才迪书》中，也可察见其清雅的哲理。正是因为有一颗静谧而体悟天地之心，才能有所感触而细致地写出万物的形态，也正是因为这样一颗心，才能为之倾倒，邀人共赏。作者虽自谓"不急之务"，但这种非天机清妙者不能告知与欣赏的不急之务，恰恰是作者一颗禅心的完美体现。

马说

——[唐]韩愈——

作者简介

韩愈(768—824)，字退之，河南河阳(今河南省孟州市)人。唐德宗贞元八年进士，历任监察御史、潮州刺史、国子祭酒等，后转兵部侍郎、吏部侍郎，后世称"韩吏部"。谥号"文"，又称"韩文公"。唐代杰出的文学家，"唐宋八大家"之一。与柳宗元倡导古文运动。

世有伯乐，然后有千里马。千里马常有，而伯乐不常有。故虽有名马，只辱于奴隶人之手，骈死于槽枥之间，不以千里称也。[①]马之千里者，一食或尽粟一石。食马者，不知其能千里而食也。是马也，虽有千里之能，食不饱，力不足，才美不外见，且欲与常马等不可得，安求其能千里也？[②]策之不以其道，食之不能尽其材，鸣之而不能通其意，执策而临之曰："天下无马！"呜呼！其真无马邪？其真不知马也！[③]

注释

①伯乐:春秋秦穆公时人,以善于相马著称,后用以指称善于发现选拔人才者。奴隶人:指马夫。骈:接连。槽枥:指马厩。

②一食:一顿。或:时常。食(sì):喂养,下同。才美:指外在表现。见:同“现”,显露。等:一样。

③策之:鞭策、驾驭马。尽其材:充分满足千里马的食量。执策:拿着马鞭。

译文

世上有了伯乐,然后才有千里马被发现。千里马经常有,但伯乐却不常有。因此即使有好马,却只能在马夫手中被侮辱,接连不断地死在马厩之中,却不能以千里马之名著称。千里马一顿往往要吃尽一石谷子,喂马的人不知道它能日行千里,而像对待普通的马一样饲养它。这些马,虽然有日行千里的本领,可是吃不饱,力气不足,它们的才能和长处不能显露,即使想和普通的马享受同等待遇也不可能,哪里还能要求它日行千里呢?驾驭的时候不能按照对待千里马的方法,喂养的时候又不能充分满足千里马的食量,听到它的嘶鸣却不能了解它的意思,还拿着马鞭对着千里马说:“天下没有千里马!”唉!难道真的没有千里马吗?是他们确实不能辨识千里马!

导读

唐德宗贞元十一年(795),韩愈接连三次上书宰相请求入仕,未果。此时距韩愈中进士(贞元八年)已经三年,此三年间,韩愈参加吏选失败,未被授予官职。(唐代中取进士后须参加吏选方能被授予官职)而此次求仕未果,又增加了韩愈心中的不满。韩愈作《杂说》四篇,以表述自己的意见。

《杂说》分别写龙、医、鹤、马,宋人黄震总结四篇要旨谓:“龙喻言君不可以无臣,医喻言治不可以恃安,鹤喻言人不可以貌取,马喻言世未尝无逸俗之贤。”(《黄氏日抄》卷五十九)其中《马说》一篇,写伯乐与千里马的关系,实则是在暗示、表达自己不能被伯乐欣赏发现,而屈居于朝廷之外不被重用的抑郁心情。

文章先以“世有伯乐,然后有千里马”点题,指出千里马需要伯乐来发现,也只能由伯乐来发现。继而笔锋一转，又写“千里马常有，而伯乐不常有”，指出导致千里马不能被发现的悲剧的原因，在于伯乐不能常有。所以即使有千里马，却没有伯乐来发现，也只能像普通的马一样，被马夫污辱，老死在马厩之中，而不能享有千里马的美名。作者进而指出千里马的特性，“一食或尽粟一石”，但喂养马的人不能辨识千里马，最终仍以对待寻常的马的方式来对待它，结果喂养不足，千里马的才能便不能展现出来，它展示千里马特性的机会也就更小了。在这种情况下，那些不能辨识千里马的人非但不因为自己不能识得千里马而愧疚，反而还洋洋得意地站在千里马面前大言“天下无马”。作者对这类人表达了无情的辛辣嘲讽，指出并不是天下没有千里马，而是这些人根本不识得千里马。

伯乐与千里马的关系，在很大程度上是不能对等的。千里马需要等待伯乐的发现，而在很多情况下，并没有足够的伯乐来发现千里马。在人才选拔上也是如此。事实上，人才还可以自我或经由他人举荐，但在这种情况下，完全依赖于对方是否具有伯乐发现人才、任用人才的能力和魄力。在中国历史上，有过很多“伯乐”与“千里马”的故事，比如姜太公垂钓而被周文王知用，秦穆公任用百里奚，鲍叔牙举荐管仲于齐桓公，萧何发现韩信而举荐于汉王刘邦，唐太宗任用魏徵等，或是“伯乐”发现“千里马”，或是“千里马”自荐、被举荐于“伯乐”而被任用。但也存在更多的“千里马”不能被发现任用的事实，比如战国时的屈原、汉代的贾谊等，被史书记载的不在少数，而未能被历史所记载的更加众多。

唐代是中国历朝历代中非常开明的朝代，科举取士与举荐制度，使得天下的士人能够在相对公平的环境中被赏识任用。但历经“安史之乱”，唐代开始走向衰落，人才任用之路也不如以前畅通。韩愈自身颇有抱负，但在中举之前曾三次落举，之后三次参加吏选，又均失败。至此时三次上宰相书，又未有回应。郁积心中的愤懑便借着伯乐与千里马而宣泄出来，表达了人才不能被发现、任用的愤慨，这同时也是对知识分子被压抑而不能被任用以施展抱负的感叹。文章虽短，却在伯乐、千里马与马夫之间游刃有余，将千里马不被发现而遭受污辱、死于槽枥之间的悲惨境遇写得生动形象，而马夫无耻自得的丑态也入木三分。将本文与其他三文一起阅读，将更能体会作者写作此文之时愤世嫉俗的心情。

师说

———[唐]韩愈———

古之学者必有师。师者,所以传道、受业、解惑也。人非生而知之者,孰能无惑?惑而不从师,其为惑也,终不解矣。[①]生乎吾前,其闻道也固先乎吾,吾从而师之;生乎吾后,其闻道也亦先乎吾,吾从而师之。[②]吾师道也,夫庸知其年之先后生于吾乎?是故无贵无贱,无长无少,道之所存,师之所存也。[③]

嗟乎!师道之不传也久矣,欲人之无惑也难矣。古之圣人,其出人也远矣,犹且从师而问焉;今之众人,其下圣人也亦远矣,而耻学于师。是故圣益圣,愚益愚。圣人之所以为圣,愚人之所以为愚,其皆出于此乎?[④]

注释

①学者:求学之人。道:指儒家之道。受:通“授”。业:学业。孰:谁。

②闻道:领会大道,《论语·里仁》:“朝闻道,夕死可矣。”固:本来。

③庸:岂,哪里。无:无论。

④师道:从师学道的风尚传统。出人:超出常人。众人:普通人。益:更加。

爱其子,择师而教之;于其身也,则耻师焉。惑矣。彼童子之师,授之书而习其句读者也,非吾所谓传其道、解其惑者也。句读之不知,惑之不解,或师焉,或不焉,小学而大遗,吾未见其明也。[①]巫医、乐师、百工之人,不耻相师。士大夫之族,曰师曰弟子云者,则群聚而笑之。[②]问之,则曰:“彼与彼年相若也,道相似也。位卑则足羞,官盛则近谀。”呜呼!师道之不复可知矣。巫医、乐师、百工之人,君子不齿,今其智乃反不能及,其可怪也欤![③]

注释

①惑:糊涂。句读(dòu):断句,指文辞休止和停顿处。不:通“否”。小学而大遗:即“学小而遗大”。

②巫医:古代以用祝祷、占卜等迷信方法或兼用药物医治疾病为业的人,合称“巫医”。百工:各种工匠艺人。族:类。

③相若:相似,差不多。谀:奉承,谄媚。齿:并列。乃:竟。

圣人无常师。孔子师郯子、苌弘、师襄、老聃。郯子之徒,其贤不及孔子。①孔子曰:“三人行,则必有我师。”是故弟子不必不如师,师不必贤于弟子,闻道有先后,术业有专攻,如是而已。②

李氏子蟠,年十七,好古文,六艺经传皆通习之,不拘于时,学于余。余嘉其能行古道,作《师说》以贻之。③

注释

①常师:固定的老师。郯(tán)子:春秋时郯国国君,孔子曾向他请教过少皞时代的官职名称。苌(cháng)弘:周敬王时的大夫,孔子曾向他请教古乐。师襄:春秋时鲁国的乐官,孔子曾向他学习弹琴。老聃(dān):即老子,孔子曾向他请教周礼。

②“三人行”句:出自《论语·述而》:“三人行,必有我师焉。择其善者而从之,其不善者而改之。”不必:不一定。术业:学术,技艺。攻:研究。

③李氏子蟠(pán):即李蟠,唐德宗贞元十九年进士。六艺:六经,即《诗》《书》《礼》《易》《乐》《春秋》六部儒家经典。经:六经原文。传:对经进行解说的著作。通习:贯通熟悉,普遍地研习。时:世俗观念。贻:赠。

译文

古代求学之人一定要有老师。老师,就是传授大道、教授学业、解答疑惑的人。人不是一生下来就有知识的,谁又能够没有疑惑呢?有疑惑却不向老师请教,那些疑惑便永远不能获得解释。在我之前出生的人,他领悟大道本来就比我早,我跟从他学习;在我之后出生的人,他懂得大道如果也比我早,我也跟从他学习。我学习的是大道,哪里会管他出生在我之前还是之后呢?因此,不论身份高贵或是低贱,年龄大或是小,只要是大道所在的地方,也就是老师所在的地方。

唉!从师学道的传统中断流传已经很久了,想要人们没有疑惑也很困难。古代的圣人,超出一般人已经很远了,尚且还跟从老师请教学习;现在的一般人,他们不如圣人也很远,却以从师学习为羞耻。因此,圣人就更加圣明,愚人就更加愚蠢。圣人之所以圣明,愚人之所以愚蠢,大概就是出于这个原因吧?

人们疼爱自己的孩子,就选择老师来教育他们;至于自己,却耻于从师学习。这真是糊涂。那些儿童们的老师,教导他们读书,学习断句的方法,这并非是我所说的传授大道、解答疑惑。读书时不知道如何断句尚且知道向老师请教,而现在有无法理解的疑惑却不知道向老师请教,学习小的方面而丢弃了重要的事情,我看不出他们哪里明智。像巫医、乐师和手工业者这些人,从不把相互当作老师、请教学习当作是羞耻的事情。那些读书做官的人,一听到他们称呼"老师""学生",就聚集在一起嘲讽他们。问他们嘲讽的原因,他们就说:"他们之间,年龄和学问都差不多,如果以地位低于他们的人为师就感到十分羞耻,以地位高于他们的人为师就近于阿谀奉承。"唉!从师学道的传统不能恢复,从这里也就可以知道了。巫医、乐师和手工业者,是那些上层人士所不屑于与之并列的,但现在他们的明智程度反而赶不上这些人,难道不是很奇怪的事情吗?

圣人没有固定的老师。孔子曾向郯子、苌弘、师襄、老聃请教学习过。郯子这些人,他们的品德才能并不如孔子。孔子曾说:"三个人在一起行走,其中一定有我可以学习效仿的人。"所以,学生不一定就比不上老师,老师也不一定比学生高明。领悟大道有先有后,学术技艺各有专门研究,不过是这样罢了。

李家名叫蟠的儿子,十七岁,爱好古文,六经的经文和注释全都普遍学习,他能够不被世俗观念所拘束,跟从我学习。我赞许他能遵行古人从师求学之道,写了这篇《师说》来赠给他。

导读

本文大约作于唐德宗贞元十八年(据清人方成珪《昌黎先生诗文年谱》),该年韩愈担任国子四门博士。柳宗元曾专门记载当时人对于从师学习的态度:"孟子称'人之患在好为人师',自魏晋氏以下,人益不事师。今之世,不闻有师,有辄哗笑之,以为狂人。"(《答韦中立论师道书》)又谓"今之世,为人师者众笑之,举世不师，故道益离”(《师友箴》序)，可知当时社会上普遍流行着鄙视、嘲讽为人师者的风气。在这种情况下，“独韩愈奋不顾流俗，犯笑侮，收召后学，作《师说》，因抗颜而为师。世果群怪聚骂，指目牵引，而增与为言辞”(柳宗元《答韦中立论师道书》)。针对社会上存在的蔑视师道的问题，韩愈勇敢地进行了反击，并以《师说》一文作为理论依据，来表达自己对于师道的见解。

文章首先指出，古代学习的人都要有老师，而老师的作用在于“传道、受业、解惑”。进而在理论上加以论证：人并不是生下来就知晓万事万物各种道理，那么就必然会有疑惑，有了疑惑则需要学习，而学习就必须经由老师的解惑。如果拒绝向老师请教，那么疑惑将会一直存在。既而，作者又提出择师的标准，即以“道”为标准，年龄大小和身份贵贱并不重要。只要别人身上有值得自己学习的地方，那么他就可以成为自己的老师，即“道之所存，师之所存也”。这样，就从理论上树立了老师不可或缺的地位和选择老师的标准，为下一步回击讽刺师道者奠定了基础。其次，又提出师道的中断，指出古代的圣人犹且从师学习，而现在的一般人却耻于从师问道，以至于圣人愈加圣明，而愚人愈加愚拙。接着又指出社会上所存在的矛盾现象：成人为自己的孩子选择老师，而自己却耻于从师；老师只是解释文字、点画句读，并没有起到师者传道的作用；学生只关心如何点画句读而并不求解疑惑。这些问题都是舍大求小。另外，中下层从事技术之人往往能够相互求教学习，然而这一行为却招致“士大夫”的嘲讽，正是这种态度才导致了师道的中断。在陈述了社会上所存在的不尊师道、耻于从师的现象之后，作者又举孔子之例，说明“圣人无常师”的道理，指出一切人都有值得学习借鉴的地方，最后得出“弟子不必不如师，师不必贤于弟子，闻道有先后，术业有专攻”的结论，重新归结到文章开始所阐述的“道之所存，师之所存”的观点。

本文的主旨在于论述师道存在的必要性及择师标准，一方面针对师者提出了“传道、受业、解惑”的要求，另一方面又针对学者提出了从师求道、不耻相师的要求。文章开宗明义，点出主题，进而从理论上加以阐发，以“圣人无常师”的事实加以证明，中间穿插社会上所存在的不尊师道而耻于从师的现象并指出他们的错误，如此反复论证，层层辩驳，来证明自己的观点。

本文是作者写给学生李蟠的文章，李蟠能“行古道”，事实上是能够遵行师道的。李蟠于次年(贞元十九年)中进士，大概也是其能“行古道”的结果。本文直到今天对于为师与求学者仍有很重要的借鉴意义，可与荀子《劝学》共同研读。

祭十二郎文

——[唐]韩愈——

年月日，季父愈闻汝丧之七日，乃能衔哀致诚，使建中远具时羞之奠，告汝十二郎之灵：①

呜呼！吾少孤，及长，不省所怙，惟兄嫂是依。②中年，兄殁南方，吾与汝俱幼，从嫂归葬河阳，既又与汝就食江南，零丁孤苦，未尝一日相离也。③吾上有三兄，皆不幸早世。承先人后者，在孙惟汝，在子惟吾，两世一身，形单影只。嫂尝抚汝指吾而言曰："韩氏两世，惟此而已。"汝时尤小，当不复记忆；吾时虽能记忆，亦未知其言之悲也。④

吾年十九，始来京城。其后四年，而归视汝。又四年，吾往河阳省坟墓，遇汝从嫂丧来葬。⑤又二年，吾佐董丞相于汴州，汝来省吾；止一岁，请归取其孥。明年，丞相薨，吾去汴州，汝不果来。⑥是年，吾佐戎徐州，使取汝者始行，吾又罢去，汝又不果来。吾念汝从于东，东亦客也，不可以久；图久远者，莫如西归，将成家而致汝。呜呼！孰谓汝遽去吾而殁乎！⑦吾与汝俱少年，以为虽暂相别，终当久相与处，故舍汝而旅食京师，以求斗斛之禄；诚知其如此，虽万乘之公相，吾不以一日辍汝而就也！⑧

注释

①年月日：此为拟稿时原样，省略日期；一作"贞元十九年五月二十六日"。季父：父辈中排行最小的叔父。衔哀致诚：心怀哀痛之情，表达诚挚的情意。建中：当为韩愈家中仆人。时羞：应时的鲜美佳肴。羞：同"馐"。奠：祭品。十二郎：韩愈的侄子韩老成。

②孤：幼年丧父，韩愈三岁时父亲去世。不省（xǐng）：不记得。怙（hù）：依靠。所怙：指父亲。

③兄殁南方:唐代宗大历十二年(777),韩愈的哥哥韩会被贬为韶州刺史,卒于任所,年四十二岁。河阳:韩氏祖宗坟墓所在地。就食:外出谋生。就食江南:唐德宗建中二年(781),韩愈随嫂迁家避居于宣州(今安徽省宣城市)韩氏别业。

④三兄:指韩愈的哥哥韩会、韩介和十二郎的哥哥韩百川;一说是韩愈的三个哥哥,除韩会、韩介外,另一人不知何指。早世:过早去世,夭折。两世一身:子辈和孙辈都只剩一个男丁。

⑤视:探望。省(xǐng):探望,这里指凭吊。

⑥董丞相:指董晋,时以宰相名义兼任汴州刺史、宣武军节度使,贞元十二年,韩愈在董晋幕中任节度推官。汴州:治所在今河南省开封市。止:住。孥(nú):妻子和儿女。薨(hōng):唐代二品以上官员之死称"薨"。不果:没能够。

⑦佐戎徐州:贞元十五年秋,韩愈入宁武军节度使张建封幕任节度推官。取:迎接。东:指汴州和徐州。西:指河阳老家。致:招。孰谓:谁料到。遽:骤然。殁:去世。

⑧旅食:客居。斗斛(hú)之禄:指微薄的俸禄。万乘之公相:指高官厚禄。辍:舍弃。

去年孟东野往,吾书与汝曰:"吾年未四十,而视茫茫,而发苍苍,而齿牙动摇。念诸父与诸兄,皆康强而早世,如吾之衰者,其能久存乎!吾不可去,汝不肯来,恐旦暮死,而汝抱无涯之戚也。"孰谓少者殁而长者存,强者夭而病者全乎![1]呜呼!其信然邪?其梦邪?其传之非其真邪?信也,吾兄之盛德而夭其嗣乎?汝之纯明而不克蒙其泽乎?少者强者而夭殁,长者衰者而存全乎?未可以为信也。梦也,传之非其真也?东野之书,耿兰之报,何为而在吾侧也?呜呼!其信然矣!吾兄之盛德而夭其嗣矣!汝之纯明宜业其家者,不克蒙其泽矣!所谓天者诚难测,而神者诚难明矣!所谓理者不可推,而寿者不可知矣![2]

虽然,吾自今年来,苍苍者或化而为白矣,动摇者或脱而落矣。毛血日益衰,志气日益微,几何不从汝而死也![3]死而有知,其几何离;其无知,悲不几时,而不悲者无穷期矣。汝之子始十岁,吾之子始五岁,少而强者不可保,如此孩提者,又可冀其成立耶?呜呼哀哉!呜呼哀哉![4]

注释

①孟东野：即孟郊，字东野，唐代著名诗人，其诗为韩愈所推重。诸父：指叔伯。旦暮：早晚，喻指时间之短。无涯之戚：无穷的悲伤。

②信然：确实如此。嗣：后代。纯明：纯朴贤明。不克：不能。蒙：承受。耿兰：当是宣州韩氏别业的家人。业：继承。推：推论，推断。

③苍苍者：指灰白的头发。动摇者：指晃动的牙齿。毛血：毛发和气血，代指身体。志气：意志和精神。几何：多少，指不久。

④汝之子：十二郎有二子，长子韩湘，次子韩滂。始十岁：指韩湘；一本作"一岁"，则当指韩滂。吾之子：指韩愈长子韩昶。孩提：幼儿，幼童。

汝去年书云："比得软脚病，往往而剧。"吾曰："是疾也，江南之人，常常有之。"未始以为忧也。呜呼！其竟以此而殒其生乎？抑别有疾而至斯乎？汝之书，六月十七日也。东野云汝殁以六月二日，耿兰之报无月日。盖东野之使者，不知问家人以月日；如耿兰之报，不知当言月日。东野与吾书，乃问使者，使者妄称以应之耳。其然乎？其不然乎？[①]

今吾使建中祭汝，吊汝之孤与汝之乳母。彼有食可守以待终丧，则待终丧而取以来；如不能守以终丧，则遂取以来。其余奴婢，并令守汝丧。[②]吾力能改葬，终葬汝于先人之兆，然后惟其所愿。[③]呜呼！汝病吾不知时，汝殁吾不知日。生不能相养以共居，殁不得抚汝以尽哀。敛不凭其棺，窆不临其穴。吾行负神明，而使汝夭，不孝不慈，而不得与汝相养以生，相守以死。[④]一在天之涯，一在地之角，生而影不与吾形相依，死而魂不与吾梦相接。吾实为之，其又何尤？彼苍者天，曷其有极！[⑤]

自今已往，吾其无意于人世矣。当求数顷之田，于伊、颍之上，以待余年。[⑥]教吾子与汝子，幸其成；长吾女与汝女，待其嫁，如此而已。呜呼！言有穷而情不可终，汝其知也邪？其不知也邪？呜呼哀哉！尚飨。[⑦]

注释

①比：近来。剧：猛烈，严重。殒：死亡。抑：或。

②吊：慰问。孤：指十二郎的后代。终丧：守满三年丧期。取以来：指把十二郎的后代和乳母接来。

③“力能”二句：指先暂时就地埋葬，倘有能力再迁葬故乡。兆：墓地。惟其所愿：听从十二郎家中守丧的奴婢的意愿。

④抚汝以尽哀：指抚尸恸哭。敛：通“殓”，给死者更衣入棺。窆（biǎn）：将棺木埋入墓穴。慈：爱，上对下称“慈”。

⑤尤：怨。彼苍者天，曷其有极：悲愤无奈之时呼叫苍天，表达极度的悲伤，出自《诗·唐风·鸨羽》：“悠悠苍天，曷其有极。”

⑥已往：以后。伊、颍：伊水和颍水，均在今河南省。

⑦长（zhǎng）：抚育，养育。尚飨：古代祭文结语用辞，意为希望死者享用祭品。

译文

那一年某月的一天，也就是叔父韩愈在听到你去世消息后的第七天，才能饱含哀痛来表达我诚挚的情意。我派遣建中从远方备办了应时的佳肴作为祭品，来告慰你十二郎的英灵：

唉！我幼年时丧父，等到长大，已不记得父亲的模样，只能依靠哥哥和嫂子。哥哥中年时在南方去世，我和你年纪都还小，跟随嫂子送哥哥的灵柩回河阳安葬。不久又和你到江南去谋生。我们两个孤苦伶仃，没有一天曾分离过。我的两个哥哥和你的一个哥哥，都不幸在早年去世。能够继承祖先后代的，在孙子辈里只有你，在儿子辈里只有我，两代都只剩下了一个人，十分孤单。嫂子曾经一边抚摸着你一边指着我说：“韩家的两代，就只有你们两个了。”你那时还小，恐怕已经不记得了。我当时虽然记得，但也不能懂得她言语中的悲伤。

我十九岁时，才初次来到京城。过了四年，才回家看望你。又过了四年，我去河阳祭拜祖坟，正碰上你送嫂子的灵柩来河阳安葬。又过了两年，我在汴州辅佐董丞相，你来看望我，只住了一年，你便要求回家接取家眷。第二年，董丞相去世，我离开了汴州，你没有能够来。那一年，我又在徐州辅助军事，派去接你的人刚刚启程，我又罢职离开了徐州，你又没有能够来。我曾想过让你跟随我到东边，但到东边也是在异乡做客，不能长久。如果作长远打算的话，不如回到西边老家，等我安顿好后再接你来。唉！谁能料到你竟突然去世而离开了我！我和你都还年轻，我以为虽然暂时分别，终究会长久地与你在一起，所以才离开你到京师谋职，求取微薄的俸禄。早知如此，纵然是要我做王公宰相，我也不愿意离开你一天而去就职。

去年，孟东野前往江南，我托他带给你的信中说："我还没有到四十岁，但视力已经模糊，头发也变得花白，牙齿开始松动。想到我的叔伯父和兄长，都是在健康壮盛的时候便过早去世，像我这样身体衰弱之人，难道还能够活得长久吗？我不能离开职守去看你，你又不肯过来看我。只怕哪一天我突然死了，而你将会抱有无穷无尽的悲伤。"谁能想到年少的死了而年长的却活着，身体强壮的夭折了而身体病弱的却反而保全了性命？唉！难道这是真的吗？是做梦吗？还是传送的消息不是真的呢？如果是真的，为什么我的哥哥有那么美好的德行却丧失了后代？你那么纯朴贤明却不能继承他的遗泽？为什么年少身强的早早死去，而年长体衰的却活着？我不敢相信这是真的。做梦吗？还是传送的消息不真实？那为何孟东野的来信和耿兰的丧报，却就在我的身边呢？唉！这是真的了！我的哥哥有那么美好的德行竟丧失了后代！你那么纯朴贤明，本当继承家业，竟不能继承他的遗泽！天意实在让人难以预测，神明也实在让人难以明白！这就是所谓的天理不可推究，寿命不可预知啊！

即使如此，从今年以来，我花白的头发有的已全部变白，松动的牙齿有的已经脱落。我的身体一天比一天衰弱，精神也一天不如一天，用不了多久，也就会跟着你死去了。倘若死后能有知觉，那么你我分离的日子也不会太久；倘若死后没有知觉，那我也悲伤不了多久，而没有悲伤的日子反倒是无穷无尽的。现在你的儿子才十岁，我的儿子刚五岁。年少身强的都不能保全性命，像这样的小孩子，又怎么可能长大成人？唉，悲恸啊！唉，悲恸啊！

你去年来信说："近来得了软脚病，时常发作得很厉害。"我回信说："这种病，在江南人是常有的。"而没有为你这病担忧。唉！难道你竟是因为这种病而丧失了性命吗？又或者是因为别的疾病？你的信，写在六月十七日。孟东野告诉我说，你是在六月二日去世的。耿兰的丧报没有写明时间。大概东野派来的差使不知道向家里人询问清楚时间，而耿兰的丧报又不知道应当写明你去世的日期。又或是东野给我写信的时候才去询问差使，而差使信口胡说来应付他？是这样吗？不是这样吗？

现在我让建中来祭奠你，慰问你的子女和奶妈。如果他们家中的粮食足以守丧到丧期结束，那么就等到丧期结束时再把他们接来。如果不能，就立即接他们过来。其余的奴婢，都让他们为你守丧。如果我有能力，最终一定把你迁葬到祖先的墓地里，然后听凭那些守丧的奴婢的意愿，任其去留。唉！你生病的时候我不知道详情，你去世的时候我又不知道时间。你活着时我不能和你生活在一起互相照顾，你去世了我又不能抚摸你的遗体恸哭。你入敛时我不能靠在你的棺木旁，你下葬时我又不能亲临你的墓穴。我的行为背负了神明，而使你夭折。我对上不孝，对下不慈，既不能和你互相照顾共同生活，又不能和你相互陪伴一同死去。如今一个在天涯，一个在地角，活着时不能形影相依，死后你的灵魂也不和我梦中相聚。这实在是我造成的，又能怨恨谁呢！那遥远的上天啊，我的痛苦什么时候才能有尽头！

从今以后，我再没有心思奔忙于世上了。我会在伊水和颍水之畔置办几顷田地，来度过我的晚年。我会教育我的儿子和你的儿子，期望他们长大成人；抚养我的女儿和你的女儿，等到她们出嫁。就这样吧。唉！言语有穷尽之时，而哀痛之情却不可终止，你是知道呢，还是不知道呢？唉，悲恸啊！希望你能享用这些祭品。

导读

唐德宗贞元十九年(803)，韩愈的侄子韩老成病逝，韩愈当时任职长安，在得知消息后写成此祭文。

根据《新唐书·韩愈传》和《祭十二郎文》中的自述可知，韩愈三岁时父亲去世，遂依靠于哥哥韩会，不久韩会死于任上。韩老成原为韩愈之兄韩介的次子，因韩会无子，遂出嗣为韩会的儿子。韩愈与韩老成从小生活在一起，年龄也相仿佛，所以虽为叔侄，而实同兄弟，感情非常深厚。其后又屡遭兵乱，颠沛流离，更加深了二人间的感情。而韩氏多遭厄难，男丁相继离世，至于“韩氏两世，惟此而已”。而作为家族两代的唯一继承者，韩愈与韩老成身上也背负着重振家族的重任。韩愈于贞元二年入京考进士，连考四次，直至贞元八年方才得中，之后三年考吏选，又三次失败。其后至汴州任观察推官，三年后又至徐州任节度推官，次年辞归。在此之间，二人曾有过几次见面，而韩愈在汴州、徐州都曾想过要接韩老成一家至自己任所一同居住，但因社会动荡，而韩愈屡次失官，自己也无法安定，因此二人未能再见。韩愈本打算返还老家后安稳下来再与侄儿联系，未料数年后韩老成即去世。自韩愈十九岁入京至韩老成去世，二人之间见面不过三次。

祭文先写自己从小失去父亲，而仰仗兄嫂抚育，与韩老成一起长大，而二人又背负家族重任，孤苦伶仃之感，写来令人心酸不已。既而写自己入京求职经过及和韩老成的几次见面，以及自己对于安家的打算。作者想方设法与韩老成团聚，却没有料到韩老成突然去世。写自己仕途奔波，其实也就写出了自己与韩老成不易见面的无奈，而一见之后，竟成永诀，更加令人唏嘘而感伤。紧接着，作者又提到去年托付孟郊寄与韩老成的信，其中提到自己可能早逝，以及对二人不能见面会留下遗憾的推测，不料一语成谶，但结果却是韩老成早逝，二人果然不得见面，留下无尽哀痛。考究自己家族的历史，父兄辈都是身体健康强壮而很早去世，本来猜想将近四十岁而已经衰老的自己会先死去，然而先行者却是侄儿。这其中又包含了一种无可奈何的宿命感。面对侄儿去世的消息，悲痛至极的作者不由得怀疑是梦是误传，反复推问，在看似呓语般的诘问与自我辩驳中，让人感受到作者无尽的伤痛与无奈。又推及自己和韩老成的后代，推测他们也将"康强而早世"，强烈而无奈的宿命感遂充盈其中，更加引人心痛。接下来作者又猜测韩老成病亡的原因，以及去世的具体时间，并对未能得知具体时间的原因进行了推敲。这些细节看似与祭文毫不相关，却更加真实地表现出叔侄间深厚诚挚的感情。最后，作者指出自己身在长安，未能前往祭拜，饱含了强烈的愧疚。又写从此以后，当专心教养后代，庶使韩门有继，悲悼之情历历可见。

祭文多以四言骈体韵文写成，而此篇不拘常格，随意写去，却情真意切，感人至深。明人茅坤称此文"通篇情意刺骨，无限凄切，祭文中千年绝调"(《唐宋八大家文钞·昌黎文钞》卷十六)，清人林云铭也称"祭文中出以情至之语，以兹为最。……总见自生至死，无不一体关情，悱恻无极，所以为绝世奇文"(《增订古文析义合编》卷十二)。

陋室铭

——[唐]刘禹锡——

作者简介

刘禹锡(772—842)，字梦得，洛阳人。唐德宗贞元九年(793)进士，任监察御史，王叔文革新运动失败，受牵连贬为朗州司马。后被召还京，历任连州、夔州、和州刺史,晚年任太子宾客。死后赠兵部尚书。唐代著名文学家,与柳宗元、白居易等并称“刘柳”“刘白”,白居易推许其为“诗豪”。

山不在高,有仙则名;水不在深,有龙则灵。斯是陋室,惟吾德馨。[①]苔痕上阶绿,草色入帘青。谈笑有鸿儒,往来无白丁。可以调素琴,阅金经。[②]无丝竹之乱耳,无案牍之劳形。南阳诸葛庐,西蜀子云亭。孔子云:“何陋之有?”[③]

注释

①陋室:简陋的房屋。馨:能散布到远方的香气。

②鸿儒:博学之士。白丁:没有功名的平民,这里指不学无术的人。素:质朴而没有装饰。金经:用泥金书写的佛经,借指佛教典籍;或说即《金刚经》。

③案牍:官府文书。诸葛:指诸葛亮。子云:即扬雄,字子云,成都人。何陋之有:即“有何陋”,出自《论语·子罕》:“子欲居九夷,或曰:‘陋,如之何?’子曰:‘君子居之,何陋之有?’”

译文

山不在于其高峻,有仙人居留便会出名;水不在于其深幽,有蛟龙潜藏便会显得有灵气。这虽然只是一间简陋的居室,但却因为我高尚的道德而高雅芬芳,闻名远方。苔痕布满了阶石,一片碧绿;草色探入了帘帷,满室葱青。往来谈笑的都是博学之士,没有一个浅薄无识之人。可以随心抚弄素琴,潜心阅读佛经。没有嘈杂的音乐扰乱听觉,没有繁忙的公务劳形伤神。这间陋室就如同南阳的诸葛庐,又像西蜀的子云亭。正如孔子所说:“有什么简陋的呢?”

导读

有关《陋室铭》的真伪问题,前人多有考证,兹不赘述。其实,如果抛开作者和创作背景,仅就文本进行分析,也可从中得出不少乐趣。铭是一种文体,最初刻在器物之上,有盘铭、镜铭、石铭等。铭文最初用以宣扬祖先美德,或自我鉴戒,故刘勰称“铭者,名也”(《文心雕龙·铭箴》),指示的便是铭这两方面的功用。事实

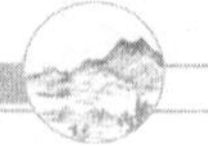

上,宣扬美德的目的除了赞颂外,也是为了引起自我的鉴戒,二者是相通的。《陋室铭》是刻于陋室之上的铭文,也同时具有称颂和鉴戒的双重含义。

文章先以山水起兴,以山水的出名有灵性,并不依赖其自身的高峻或是幽深,而只要有仙人、飞龙曾停留盘踞,即可获取名声,指出了对于外物的依靠,进而引出自己所居的陋室虽然简陋,但却能够凭借主人的德行而自有芬香,散布久远。如此即由陋室直接引入居住陋室之人。既而写陋室环境:石阶之上布满苔藓,而厅堂之内已有青草生长,既写出居室的简陋,又写出人与自然的和谐共存状态,更从侧面写出主人不拘于小节的性格。又由室外的自然景色转入室内的人文活动:与主人来往谈笑之人都是博学鸿儒,而非浅薄俗陋之人,烘托出主人的才识高深,不与世俗同流的操行。三写主人自身活动:主人闲暇之时则弹琴阅经,不被世俗乐曲和官府公文所干扰。从素琴、金经与丝竹、案牍的对比,既可看出居室之简陋,又写出主人淡雅的情趣,与世俗相脱离的独立意志。旋即以南阳诸葛亮所居的草庐和成都扬雄所居的宅堂为喻,借用孔子"何陋之有"的反问,点出陋室非陋,因主人而知名。如此又由居住陋室之人转回陋室。以诸葛亮和扬雄自比,既与前文山水的比兴相呼应,又显示了主人建立功业与著述的志向。而"何陋之有"的反问又与"惟吾德馨"形成设问句式,反复强调自己的"德"所带来的"馨"的结果,而达成消解陋室之陋的目的。

从称颂方面来看,本文主要称颂自我的德馨,而其德馨又是经由立论、论证得出的。先以山、水因仙、龙得名为引,后以诸葛庐、子云亭为喻,指出陋室因自己而出名。又通过描写陋室的环境、往来谈笑的对象、自身高雅的举动、远离世俗的性格,来论证自己的德。从鉴戒方面来看,则通过诸葛庐、子云亭和孔子的典故来对自我进行警诫:一是自己所坚守的德也是古人所曾坚守的,二是自己也将像诸葛亮、扬雄一样隐居之后扬名天下。因此,本文在称颂和鉴戒中,达成了对自己德行的宣扬和推崇。

据《论语·子罕》记载,孔子曾想前往东方少数民族聚居之地居住,在当时少数民族被视为蛮夷,为严防华夷之变的华夏诸国所鄙夷,故而有人质疑其地简陋(或可指民风粗鄙俗陋)而无法居住,孔子答曰:"君子居之,何陋之有?"孔子强调的是自己对于环境的影响,而不是环境对自身的影响。在孔子看来,只要自身守道行道,便可以改变环境,因此"君子忧道不忧贫"(《论语·卫灵公》),其所赞颂的颜回正是此中代表。(《论语·雍也》)自孔子以来,安贫乐道的士人风气已经有了极大发展，而《陋室铭》正是以居室（外在环境）的“陋”与自身的“德”相对比，而完成对“惟吾德馨”的论证，以此对自我形成激励。此篇在后世也成为士人诵读的经典作品，不断激励着士人奉守安贫乐道的风尚。

种树郭橐驼传

——[唐]柳宗元——

作者简介

柳宗元（773—819），字子厚，祖籍河东（在今山西省）。唐德宗贞元九年进士，历任集贤殿书院正字、蓝田尉、监察御史里行、礼部员外郎等，因参加王叔文政治改革，被贬为永州司马，十年后出为柳州刺史，卒于任所。与韩愈共同倡导“古文运动”，“唐宋八大家”之一。

郭橐驼，不知始何名。病偻，隆然伏行，有类橐驼者，故乡人号之“驼”。驼闻之曰：“甚善，名我固当。”因舍其名，亦自谓“橐驼”云。其乡曰丰乐乡，在长安西。[①]驼业种树，凡长安豪富人为观游及卖果者，皆争迎取养。视驼所种树，或移徙，无不活，且硕茂、早实以蕃。他植者虽窥伺效慕，莫能如也。[②]

有问之，对曰：“橐驼非能使木寿且孳也，能顺木之天，以致其性焉尔。凡植木之性，其本欲舒，其培欲平，其土欲故，其筑欲密。既然已，勿动勿虑，去不复顾。[③]其莳也若子，其置也若弃，则其天者全而其性得矣。故吾不害其长而已，非有能硕茂之也；不抑耗其实而已，非有能早而蕃之也。[④]他植者则不然。根拳而土易，其培之也，若不过焉则不及。苟有能反是者，则又爱之太恩，忧之太勤，旦视而暮抚，已去而复顾。[⑤]甚者爪其肤以验其生枯，摇其本以观其疏密，而木之性日以离矣。虽曰爱之，其实害之；虽曰忧之，其实仇之。故不我若也。吾又何能为哉！”[⑥]

注释

①橐(tuó)驼:骆驼。偻(lóu):驼背。隆然:高高突起的样子。

②业:以……为业。观游:观赏游览。硕茂:大而茂盛。实:结果实。以:且。蕃:多。效慕:效法,模仿。

③孳(zī):指生长得快。天:指自然本性。致:尽,达到。本:根。培:培土。筑:封土,砸土。

④莳(shì):移栽,种植。置:指栽种完毕。害:妨碍。抑耗:抑制,损耗。

⑤拳:拳曲,弯曲。易:更换。恩:关切;一作"殷",殷勤。

⑥爪:用指甲抓。仇:仇恨。不我若:指比不上我。

问者曰:"以子之道,移之官理可乎?"驼曰:"我知种树而已,理,非吾业也。然吾居乡,见长人者好烦其令,若甚怜焉,而卒以祸。[①]旦暮吏来而呼曰:'官命促尔耕,勖尔植,督尔获,早缫而绪,早织而缕,字而幼孩,遂而鸡豚。'鸣鼓而聚之,击木而召之。[②]吾小人辍飧饔以劳吏者,且不得暇,又何以蕃吾生而安吾性耶?故病且怠。若是,则与吾业者,其亦有类乎?"[③]

问者曰:"嘻,不亦善夫!吾问养树,得养人术。"传其事以为官戒也。[④]

注释

①官理:即官治,为官治民。长(zhǎng)人者:指治理人民的官员。烦:烦杂,繁复。怜:爱。卒:最后,最终。

②促:督促。勖(xù):勉励。缫(sāo):煮茧抽丝。而:通"尔",你的,下三句同。绪:丝。缕:线。字:养育。遂:长,喂养,使长大。豚:猪。

③辍:停止。飧(sūn):晚饭。饔(yōng):早饭。劳:慰劳。暇:空闲。病:困苦。怠:疲惫。

④嘻:感叹词。养人术:治理百姓的方法。传(zhuàn):记载。

译文

郭橐驼，不知道他原先叫什么，因为他有佝偻病，背部高耸，弯着腰走路，好像橐驼一样，所以乡里人称呼他为“驼”。他听到这个外号说：“很好，用这个来称呼我确实很恰当。”于是便舍弃了他的本名，也自称“橐驼”了。他的家乡叫丰乐乡，在长安城西面。郭橐驼以种树为业，凡是长安城的有钱人要修建观赏游览的园林，或是卖水果的商人，都争相迎请他，选用他所植的树。郭橐驼所种植或移栽的树木，没有不成活的，而且高大茂盛，果实结得又早又多。其他种树的人虽然偷偷地效法模仿，却都比不上他。

有人向他询问原因，他回答说：“我并不能让树木活得长久，生长得快，只不过是顺应树木生长的自然规律，使它能够按照天性成长罢了。一般来说，顺应天性种植树木的方法是：树根要舒展，培土要平匀，移栽时要保留根部的旧土，砸土要砸得结实。这样做了以后，就不要再去动它，也不要担心，离开后就不要再管它了。种植的时候要像对待子女一样小心，栽好后就可以弃之不理了，那么树木的天性就能够得以保全，可以按照本性自然地生长了。所以我只是不去妨碍它生长罢了，并不是能够使它长得高大茂盛；我只不过是不抑制损耗它结果实罢了，并不是能够使它的果实结得又早又多。其他种树的人却不这样，他们种树的时候，树根弯曲而不能伸展，又更换了新土，培土的时候不是太多就是太少。也有与此做法相反的人，却又对树木爱护担心过度，过于殷勤，早晚都来查看抚摸，离开了以后又回过头来再看。更有甚者，用手指抓破树皮来检验树的死活，摇动树根来察看树植得是牢固还是松动，这样，树木的本性就一天天地丧失。虽说是爱护树，实际上却害了树；虽然说是担心树，实际上却是在仇视树。所以都比不上我，其实我又能做些什么呢？”

询问的人说：“把你种树的道理，转用到为官治民上，可以吗？”郭橐驼说：“我只知道种树罢了，治理百姓，那不是我的职业。但是我住在乡里，看到那些官吏喜欢烦琐地发布命令，看上去是很爱惜百姓，但最后却造成了祸患。每天早晚，差吏都过来喊叫说：‘官长命令我催促你们耕田，勉励你们种植，督促你们收割。要早点缫好你们的丝，纺好你们的线，抚育好你们的子女，喂养大你们的鸡猪。’敲着鼓、打着木梆把人们召集在一起。我们这些小百姓都顾不上吃饭，来应酬慰劳差吏，完全没有空闲，又怎么能够让我们蕃衍生息，生活安定呢？所以都非常困苦疲乏。像这样,应该跟我这个行业有点相似之处吧?"

询问的人说:"啊,这不是说得很好吗?我是来问种树的,结果却得到了治理百姓的办法。"因此记下这件事,把它作为官吏的鉴戒。

导读

本文大概作于柳宗元在长安为官时期,是一篇写郭橐驼的传记。古代的传记对象一般是王侯贵族、官吏文人,再加上隐士、列女、忠义、孝友等,而很少为普通人作传。中国第一部正史《史记》中虽描写了游侠、商人,但那些人都是相对出众的人物,有一定的社会影响力,而对于平凡人,则未曾专门作传。柳宗元在蓝田、长安时期所写的《梓人传》《种树郭橐驼传》《宋清传》等,其描写的对象却是一般的市井人物。他们拥有一技之长,能够在自己的行业之内享有一定的声名和荣誉,但还远远达不到可以使史官为之立传、纳入正史的地步。柳宗元描写这些"小人物",实际上是希望通过对他们的描写,总结出为政经验,为统治者的施政提供借鉴。

文章首先写"橐驼"之名的来历,因为他驼背佝偻,形似橐驼,故而被人称为"郭橐驼",而他也认同此名,这已经初步显现出主人公对待外物的淡然态度。既而写郭橐驼以种树为业,而其所种之树倍受欢迎,为同行业的其他人所不能及。从而为读者留下疑问,并在下文中通过郭橐驼的回答来解答。有人前去询问原因,郭橐驼能够坦然回答,并不隐藏,充分显示出郭橐驼直率的性格。郭橐驼首先指出并不是自己能够让树木长寿、多结果实,他所做的事情,不过是顺应树木的本性使其能够自然生长。进而讲述了树木的本性和对种树的要求,以及自己顺应树木本性的做法,来证明自己不过是未曾阻碍妨害树木的自然生长,从而使树木能够自然而然地长寿,多结果实。郭橐驼又以其他种树者的不同行为来作为反证,他们或是过度,或是不及,或是爱之过甚,都违背了树木生长的本性,阻碍了树木的自然发育。针对问者"移之官理"的问题,郭橐驼从自己的观察中解说自己的见解,指出官员不断更改命令,随时督促农业生产,虽是出于好心,但实际上却违背了农民农业生产的自然规律,最终使百姓困顿。由此将种树与治理百姓结合起来,并为统治者提供借鉴。

有关为政举措,历朝历代都有学者写作相关的文章来解说、发表意见。为政的目的在于保民以稳定政权,而保民则需要顺从百姓的需求,轻刑简政,而不是依据官员的自以为是来操作。很多时候,官员都有看似爱之、实则害之的行为,更遑论那些并不爱护百姓的官员。中国很早便有“无为而治”“垂拱而治”的政治理念,要求的便是统治者顺应人民的本性,不去过度干涉百姓的生产生活,则百姓自然会努力耕织,安居乐业,国家自然会安康富饶,君王、官员完全不需忙于政事。这虽然是一种理想状态下的施政理念,但却代表着一种和谐的官民关系,以及顺应自然、天人合一的哲学理念,而这也成为后世有识之士进谏君王为政的主题之一。(可参看本书《谏太宗十思疏》)

唐代中期以后,藩镇割据局面形成,而天下纷扰,地方官吏也多有扰民、伤民之事。本文则通过对种树的郭橐驼的描写,由种树的道理引申说明治理百姓的道理,从而为统治者提供借鉴。其内涵大概也有讽刺官员尚不如种树者的意味。

捕蛇者说

——[唐]柳宗元——

永州之野产异蛇,黑质而白章,触草木尽死;以啮人,无御之者。然得而腊之以为饵,可以已大风、挛踠、瘘、疠,去死肌,杀三虫。①其始,太医以王命聚之,岁赋其二,募有能捕之者,当其租入。永之人争奔走焉。②

有蒋氏者,专其利三世矣。问之,则曰:“吾祖死于是,吾父死于是,今吾嗣为之十二年,几死者数矣。”③言之,貌若甚戚者。余悲之,且曰:“若毒之乎?余将告于莅事者,更若役,复若赋,则何如?”④

注释

①章:花纹。啮:咬。御:抵抗。腊(xī):风干,制成干肉。饵:药引。已:止,治愈。大风:麻风。挛踠(luán wǎn):手脚拳曲不能伸直。瘘(lòu):颈部肿大。疠:恶疮。虫:寄生虫。三虫:三种寄生虫;一说是三尸虫。

②赋:征收。当:抵,充当。租:租税。

③专:独享,独占。嗣:继承。几死:差点死掉。数(shuò):多次。

④戚:忧伤。毒:恨。莅(lì)事者:掌管此事的地方官。

蒋氏大戚，汪然出涕曰："君将哀而生之乎？则吾斯役之不幸，未若复吾赋不幸之甚也。向吾不为斯役，则久已病矣。[①]自吾氏三世居是乡，积于今六十岁矣，而乡邻之生日蹙。殚其地之出，竭其庐之入；号呼而转徙，饥渴而顿踣；触风雨，犯寒暑，呼嘘毒疠，往往而死者相藉也。[②]曩与吾祖居者，今其室十无一焉；与吾父居者，今其室十无二三焉；与吾居十二年者，今其室十无四五焉：非死而徙尔。而吾以捕蛇独存。悍吏之来吾乡，叫嚣乎东西，隳突乎南北，哗然而骇者，虽鸡狗不得宁焉。[③]吾恂恂而起，视其缶，而吾蛇尚存，则弛然而卧。谨食之，时而献焉。退而甘食其土之有，以尽吾齿。盖一岁之犯死者二焉，其余则熙熙而乐，岂若吾乡邻之旦旦有是哉！今虽死乎此，比吾乡邻之死则已后矣，又安敢毒耶？"[④]

余闻而愈悲。孔子曰："苛政猛于虎也。"吾尝疑乎是。今以蒋氏观之，犹信。呜呼！孰知赋敛之毒，有甚是蛇者乎！故为之说，以俟夫观人风者得焉。[⑤]

注释

①汪然：泪水盈眶的样子。向：假使。病：贫困、困苦。

②蹙：窘迫。殚(dān)：竭尽。庐：房屋，代指全家。转徙：辗转迁移。顿踣(bó)：仆倒，倒毙。触：顶着。犯：冒。呼嘘：呼吸。疠：疫气。藉：枕，垫。

③悍吏：凶暴的官吏。叫嚣：大声呼喊吵闹。隳(huī)突：骚扰，毁坏。

④恂恂(xún)：小心谨慎的样子。弛然：放松的样子。食(sì)：喂养。时：按照规定的时间。齿：年龄。犯死：冒死亡的危险。熙熙：和乐无忧的样子。

⑤"孔子曰"二句：事见《礼记·檀弓下》。犹信：庶几可信。甚：超过。俟：等待。人风：民风，民情。

译文

永州的野外出产一种怪蛇，这种蛇有着黑色的底子和白色的花纹，接触到草木，草木全部都会枯死；咬到人，没有人能够抵抗得住。但是如果捉到它，把它风干了制成药引，却可以治愈麻风、手脚蜷曲、颈部肿大和恶疮等病，除去坏死的肌肉，杀死寄生虫。最初，太医用皇帝的命令收集这种蛇，每年征收两次，招募能够捕蛇的人捉捕，可以用来充抵应交纳的赋税。永州的百姓都争着去做这件差事。

有个姓蒋的人，享有捕蛇免租的好处已经有三代了。我问他时，他回答说："我祖父死于捕蛇，我父亲死于捕蛇，如今我继承祖业做这差事已经有十二年了，也有很多次差点死掉。"他说话的时候脸上神情很悲伤。我为他感到难过，就说："你怨恨这差事吗？我会告诉掌管这件事情的官员，让他更换你的差事，恢复你的赋税，你看怎么样？"

姓蒋的一听更加伤心，眼泪汪汪地说："您是想可怜我，让我活下去吗？那么我做这件差事的不幸，还比不上令我恢复纳税那样痛苦。如果当初我不干这件差事，那我早就困苦不堪了。我家三代都住在这里，到现在已经六十年了，而乡邻们的生活一天比一天窘迫。他们拿出土地里的全部出产和家里的一切收入来缴纳赋税，呼喊哭叫着四处迁移，因饥渴劳累而倒毙在地。一路之上，他们冒着风吹雨打，严寒酷暑，呼吸着有毒的疫气，因此而死掉的人相互枕靠着躺在路边。从前和我祖父同居一村的人，现在十家剩下不到一家；和我父亲同居一村的人，现在十家剩下不到两三家；和我一起住了十二年的，如今十家中剩下不到四五家。不是死了，就是搬走了。只有我因为捕蛇得以幸存。凶暴的差役来到我们村里，到处呼喊吵闹，四处骚扰破坏，人们吓得乱喊乱叫，连鸡狗也不得安宁。我只要小心翼翼地起来，看看瓦罐里捕捉到的蛇还在，就可以放心地躺下。平时我小心地喂养蛇，到了规定的时间就去上交。回到家后就可以怡然自得地享用自己田地里出产的东西，就这样来度过天年。一年之中只有两次需要冒生命危险，其他时候都很快乐，哪里会像我的乡邻们那样天天担惊受怕呢？现在即使我死在捕蛇这件差事上，比起乡邻们的死亡也已经晚了很久了，我又怎么敢怨恨呢？"

我听了以后更加难过。孔子曾说："暴政比老虎更加凶恶。"我曾经怀疑这句话，现在从姓蒋的人的遭遇来看，这句话大概是可信的。唉，谁能知道横征暴敛对百姓的毒害竟比毒蛇更厉害呢？因此我写下这篇文章，来等待那些考察民情的官吏参考。

导读

本文作于柳宗元被贬永州任上。永州位于今湖南省，当时仍处于蛮荒地带。柳宗元曾自述他在永州的生活感受："居蛮夷中久，惯习炎毒，昏眊重膇，意以为

常。忽遇北风晨起，薄寒中体，则肌革惨懔，毛发萧条，瞿然注视，怵惕以为异候，意绪殆非中国人也。”(《与萧翰林俛书》)自然环境是如此的恶劣，乃至作者自以为不是中原之人，已被此地所同化，其中所包含的辛酸心痛，已不言而喻。但就是在如此偏远，使人怀疑王化所不能及的地方，柳宗元却借以描绘了“苛政猛于虎”的社会现实。

“苛政猛于虎”出自《礼记·檀弓下》：“孔子过泰山侧，有妇人哭于墓者而哀。夫子式而听之，使子路问之曰：‘子之哭也，壹似重有忧者。’而曰：‘然。昔者吾舅死于虎，吾夫又死焉，今吾子又死焉。’夫子曰：‘何为不去也？’曰：‘无苛政。’夫子曰：‘小子识之！苛政猛于虎也。’”《礼记》以极为简短的语言讲述了一个妇人一家被害于虎而不迁徙，只因没有苛政的故事，陈述了苛政的危害远远大于自然的危害的观点。柳宗元的《捕蛇者说》即由此而演化，并有所铺陈敷衍。

文章首先讲述永州的野外生产一种名贵的蛇，因为这种蛇具有很好的药效作用，而被太医收购，也因此而产生了以捕蛇代替缴纳赋税的默认规则。永州之人为之竞相奔走。从“永之人争奔走焉”已经可以初步看出赋税给人民带来的苦难远远大过捕蛇所带来的危险。继而，作者举一个擅长捕蛇的蒋姓人为例，从他的叙述中得知其祖孙三代均以捕蛇为生，而他的祖父、父亲均因为捕蛇而死，自己也很多次差点死去。而当作者要将他的捕蛇之业更换回赋税时，蒋姓人却表示拒绝。他首先指出捕蛇的危险并不如缴纳赋税，他以自己家中三代为例，说明这个问题。缴纳赋税的百姓或是迁徙，或是死去，唯独从事捕蛇的人侥幸存活，生活在故园。进而描绘了暴吏前来收税时的景象，与自己只要捕捉到蛇，小心看管，及时缴纳之后就可以安然享受收入，而不必担心有人来逼迫、伤害自己形成鲜明的对比。从两个方面反复证明捕蛇并不比缴纳赋税更加危险。因为捕蛇只需每年冒两次险，而缴纳赋税则是终生每时每刻都要担惊受怕。所以他宁愿冒着生命危险捕蛇，也不愿重新回到日日担惊受怕的生活中。

文章前面写捕蛇的危险、危害，后面写暴吏横征暴敛、欺压百姓的危害。写蛇毒虽寥寥几句，却令人悲伤；写暴吏之毒则生动形象，如在眼前，更让人愤慨。从蒋姓人的选择之中，又鲜明地指出后者的危害更大于前者，由此而完成了对于“苛政猛于虎”的证明和论述。《捕蛇者说》写作的时代是唐宪宗元和年间，而上推六十年，正是唐玄宗天宝年间。唐朝自天宝“安史之乱”以后开始走向衰落，作者所写的正是六十年间人民的苦难生活：苛捐杂税的压榨，贪官悍吏的迫害，逼得人民纷纷走上逃窜死亡的道路。而这个故事发生在边远的永州,更加具有代表价值和普遍意义。本文具有极强的讽刺和批判意味,清人吴楚材、吴调侯称"若转以上闻,所谓言之者无罪,闻之者足以为戒,真有用之文"(《古文观止》卷九)。

愚溪诗序

——[唐]柳宗元——

灌水之阳,有溪焉,东流入于潇水。或曰:"冉氏尝居也,故姓是溪为冉溪。"或曰:"可以染也,名之以其能,故谓之染溪。"[①]余以愚触罪,谪潇水上。爱是溪,入二三里,得其尤绝者家焉。[②]古有愚公谷,今予家是溪,而名莫能定,土之居者犹龂龂然,不可以不更也,故更之为愚溪。[③]

愚溪之上,买小丘,为愚丘。自愚丘东北行六十步,得泉焉,又买居之,为愚泉。愚泉凡六穴,皆出山下平地,盖上出也。合流屈曲而南,为愚沟。[④]遂负土累石,塞其隘,为愚池。愚池之东,为愚堂。其南,为愚亭。池之中,为愚岛。嘉木异石错置,皆山水之奇者,以余故,咸以愚辱焉。[⑤]

注释

①灌水:湘江支流,发源于广西,流经湖南。阳:水的北面。潇水:湘江支流,发源于湖南省蓝山县,流经永州。

②触罪:指作者参与王叔文政治革新失败后被贬永州。谪(zhé):因罪被降职。家:居住。

③愚公谷:在今山东省淄博市北,据传齐桓公出猎时入山谷中,看见一个老翁问是什么地方,老翁回答说是"愚公之谷",自称因卖牛买马,被人称"牛不能生马",将马抢走,遂被人称为"愚",而以命名山谷,事见刘向《说苑·政理》。龂(yín)龂:争辩。

④穴:孔穴,指泉眼。上出:或说当作"正出",涌出。

⑤负土累石:指按照地势填土堆石。隘:狭窄的地方。错置:杂然罗列,错落有致。

夫水,智者乐也。今是溪独见辱于愚,何哉?盖其流甚下,不可以灌溉;又峻急,多坻石,大舟不可入也;幽邃浅狭,蛟龙不屑,不能兴云雨。无以利世,而适类于余。然则虽辱而愚之,可也。①

宁武子“邦无道则愚”,智而为愚者也;颜子“终日不违如愚”,睿而为愚者也。皆不得为真愚。②今余遭有道,而违于理,悖于事,故凡为愚者,莫我若也。夫然,则天下莫能争是溪,余得专而名焉。③

溪虽莫利于世,而善鉴万类,清莹秀澈,锵鸣金石,能使愚者喜笑眷慕,乐而不能去也。余虽不合于俗,亦颇以文墨自慰。漱涤万物,牢笼百态,而无所避之。④以愚辞歌愚溪,则茫然而不违,昏然而同归,超鸿蒙,混希夷,寂寥而莫我知也。于是作《八愚诗》,纪于溪石上。⑤

注释

①乐(yào):喜好,《论语·雍也》:“知者乐水,仁者乐山。”下:指低平。坻(chí):水中小洲或高地。邃:深。适:正好,恰巧。类:似。

②宁武子:春秋时卫国大夫宁俞。邦无道则愚:出自《论语·公冶长》:“宁武子,邦有道则知,邦无道则愚。其知可及也,其愚不可及也。”颜子:颜回,孔子学生。终日不违如愚:出自《论语·为政》:“子曰:‘吾与回言终日,不违如愚。退而省其私,亦足以发。回也不愚。’”违:提出疑问。睿:明智。

③有道:指政治清明的时代。悖:违背。莫我若:没有比得上我的。专:专享。名:命名。

④鉴:照。锵:金石撞击声。眷慕:依恋,爱慕。漱涤:洗涤。牢笼:包罗。

⑤昏然:迷糊不清。鸿蒙:宇宙形成之前的混沌状态,指自然界之气。希夷:指虚寂玄妙的境界。寂寥:空虚无形。

译文

灌水的北面有一条小溪,向东流入潇水。有人说:“过去有个姓冉的人曾住在这里,所以这条溪被称为冉溪。”有人说:“溪水可以用来染色,根据这种功能来命名,所以叫作染溪。”我因为愚蠢而犯了罪,被贬谪到潇水边。我喜爱这条溪水,向里走了二三里路,发现了一个景色绝佳的地方,就在这里居住下来。古代有愚公谷,现在我住在这条溪旁,而溪的名字还没有确定,这里的居民还在争论不休,不能不更换一个名称,所以我改其名为愚溪。

我在愚溪的上游买了个小丘,称为愚丘。从愚丘向东北走了六十步,发现了一处泉水,我又把它买了下来,称为愚泉。愚泉一共有六个泉眼,都出自山下的平地,大概泉水是向上涌出的。泉水合流后向南方弯曲延伸,我称其为愚沟。于是堆土砌石,堵住其中狭窄的地方,形成了愚池。愚池的东面是愚堂,南面是愚亭,中间是愚岛。美好的树木和奇异的石头参差错落,这些都是山水中的奇景,却因为我的缘故,都被"愚"字玷辱了。

水,是聪明人所喜欢的,现在这条溪水却独被愚字所玷辱,为什么呢? 大概是因为它的水道太低,不能用来灌溉;水流又过于险峻湍急,中间有很多小洲、石头,大船无法驶入;幽深狭窄,蛟龙也不屑于居住,因为不能在其中兴云化雨。它不能对世人有用处,而这些却正好和我相似。既然如此,即使是玷辱,用愚字来称呼它,也是可以的。

宁武子"在政治败坏的时候就装傻",那是聪明人故意装愚蠢;颜回"整天听孔子讲学,从来不提出疑问,好像是个愚蠢的人",那是睿智的人表面上显得愚蠢,这些都不是真正的愚蠢。现在我身处政治清明的时代,却违背了事理,所以凡是愚蠢的人,没有一个能比得过我。如果是这样,那么天下就没有谁能和我争抢这条溪水,我就可以单独占有并给它取名了。

这条溪水虽然对世人没有什么用处,但它能够映照万物,而且清明澄澈,水声像金石撞击一样铿锵作响,能让愚蠢的人开怀大笑,眷恋爱慕而不愿离去。我虽然与世俗相违背,但也颇能用写文章来自我安慰。我描写世间的各种事物,捕捉各种形态,没有什么能够逃过我的笔端。用我愚蠢的诗歌来赞颂愚溪,便觉得茫茫然而不相违背,昏昏然而有共同的归宿,超越了宇宙天地,与自然混同为一,空寂无形,忘却了自己。于是我写下《八愚诗》,刻在溪旁的石头上。

导读

本文大约作于唐宪宗元和五年,作者在冉溪上构建居室,改溪名为愚溪,并作《八愚诗》,本文即其序文。

唐德宗贞元二十一年,德宗驾崩,唐顺宗即位,任用王伾、王叔文等进行政治

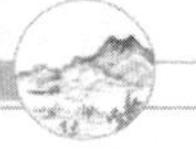

改革。未几,顺宗禅位于太子,即唐宪宗,宪宗遂贬王伾、王叔文等。次月,柳宗元、刘禹锡等八人因王叔文事被牵连而遭贬,柳宗元先被贬为邵州刺史,在途中又被贬为永州司马。至十年后才又被迁为柳州刺史。作者遭际之曲折,于此可见一斑。

《愚溪诗序》虽是为《八愚诗》所作的序文,却记录了自己发现愚溪、构室其上的经过,并描写了愚溪优美的环境,和自己对于"愚"字的解释,通篇皆以"愚"字为核心。文章开始即讲述愚溪名称的来由,该溪原作冉溪或染溪,而作者发现此处,于是在溪上构屋,又仿照愚公谷,以自己的"愚"来命名。继而写愚溪周围自己所发现的景色地域,愚丘、愚泉、愚沟、愚池、愚堂、愚亭、愚岛,皆以"愚"字命名。接着,作者解释了为什么要用"愚"字来命名。先写此溪"无以利世",不能被人或物所使用,而这一点恰好与作者相同,又写自己恰恰是别人都比不上的真"愚",所以二者相合,便敲定以"愚"字命名。最后,又写愚溪虽然无用于世,但却有秀美的风景,足以令自己快乐,而自己虽然"愚",却能陶醉在文章之中,又写出二者的相合之处。愚溪其实对应了愚人,即作者。作者是借愚溪来抒写自己怀才不遇的愤懑,以及纵情山水诗文的选择。

作者原作的《八愚诗》今已散佚无存。作者在另外一篇作品《愚溪对》中,假托溪神与自己的对话,来解释自己的"愚"与为何以"愚"来为溪命名。《愚溪对》也是散文名篇,其意旨与本文基本相同。作者在《愚溪对》中称:"吾茫洋乎无知,冰雪之交,众裘我絺;溽暑之铄,众从之风,而我从之火。吾荡而趋,不知太行之异乎九衢,以败吾车;吾放而游,不知吕梁之异乎安流,以没吾舟。吾足蹈坎井,头抵木石,冲冒榛棘,僵仆虺蜴,而不知怵惕。何丧何得,进不为盈,退不为抑,荒凉昏默,卒不自克。"可知作者之"愚"在于不苟合于世,不能与世浮沉,随波逐流。而正因为此,才使得作者被贬谪到永州,在偏远之地无所作为。《冉溪》一诗称"少时陈力希公侯,许国不复为身谋。风波一跌逝万里,壮心瓦解空缧囚"。作者因为政治风波而遭贬谪,遂使自己的满腔抱负化为乌有,其中的愤恨已是不言而喻。作者以"愚"名溪,其实更多是在强调自己的"愚",是在对自己的"愚"进行反复的审视。而身处永州,虽然心怀不满,但作者却并未沉沦于这种负面情绪中,而是找到了转换寄托,即"以文墨自慰"。《冉溪》诗称"却学寿张樊敬侯,种漆南园待成器",表明作者仍旧对于自己被起用怀着深切的自信和期望。事实上,正是作者在永州与柳州的十四年,其文学创作达到了巅峰状态,《旧唐书》本传称其在柳州时

“著述之盛，名动于时”。作者之“愚”，恰恰使他赢得了文学盛名，将作者失去的政治生命与所获得的文学价值相比较，“孰得孰失，必有能辨之者”（韩愈《柳子厚墓志铭》）。

阿房宫赋

——[唐]杜牧——

作者简介

杜牧（803—852），字牧之，号樊川居士，京兆万年（今陕西省西安市）人。唐文宗太和二年进士，历任弘文馆校书郎、监察御史，黄州、池州、睦州、湖州刺史等，迁中书舍人，卒于任。晚唐著名文学家，兼擅诗、文、赋。与杜甫相别，人称“小杜”，又与李商隐并称为“小李杜”。

六王毕，四海一。蜀山兀，阿房出。覆压三百余里，隔离天日。[①]骊山北构而西折，直走咸阳。二川溶溶，流入宫墙。[②]五步一楼，十步一阁。廊腰缦回，檐牙高啄。各抱地势，钩心斗角。[③]盘盘焉，囷囷焉，蜂房水涡，矗不知乎几千万落。[④]长桥卧波，未云何龙？复道行空，不霁何虹？高低冥迷，不知西东。歌台暖响，春光融融；舞殿冷袖，风雨凄凄。一日之内，一宫之间，而气候不齐。[⑤]

妃嫔媵嫱，王子皇孙，辞楼下殿，辇来于秦，朝歌夜弦，为秦宫人。[⑥]明星荧荧，开妆镜也；绿云扰扰，梳晓鬟也；渭流涨腻，弃脂水也；烟斜雾横，焚椒兰也。雷霆乍惊，宫车过也，辘辘远听，杳不知其所之也。[⑦]一肌一容，尽态极妍，缦立远视，而望幸焉，有不得见者，三十六年。[⑧]

注释

①六王：指战国时齐、楚、燕、韩、赵、魏六国之君。蜀山：泛指蜀地一带的山。兀：光秃。阿房（ē páng）：阿房宫，故址在今陕西省西安市西。覆压：覆盖。

②骊山:秦岭支脉,在今陕西省西安市临潼区。构:建筑。走:趋向。咸阳:秦朝的国都,故址在今陕西省咸阳市。二川:指渭水和樊川;一说是沣水和樊川。

③廊腰:走廊转折处。檐牙:檐际翘出如牙的部分。高啄:高耸似禽鸟在仰首啄物。钩心斗角:宫室的中心相互钩连,檐角相互凑和,形容建筑的结构精密细致。

④盘盘、囷囷(qūn):曲折回旋的样子。涡:漩涡。矗:高耸,矗立。落:座,所,建筑物的单位量词;一说指院落,院子。

⑤复道:宫中楼阁相通,上下都有通道,称复道。冥迷:模糊,迷茫。

⑥妃嫔(pín):帝王侍妾。媵(yìng):后妃陪嫁的女子。嫱(qiáng):宫中女官。妃嫔媵嫱:指六国的后妃宫人。王子皇孙:指六国宗室。辇(niǎn):乘车。

⑦腻:油腻。脂水:盥(guàn)洗后的剩水。辘(lù)辘:车行声。杳:远。

⑧缦立:伫立。幸:古代称皇帝亲临为"幸"。三十六年:秦始皇在位共三十六年多,这里是夸张手法。

燕赵之收藏,韩魏之经营,齐楚之精英,几世几年,剽掠其人,倚叠如山。一旦不能有,输来其间。①鼎铛玉石,金块珠砾,弃掷逦迤,秦人视之,亦不甚惜。②嗟乎!一人之心,千万人之心也。秦爱纷奢,人亦念其家。奈何取之尽锱铢,用之如泥沙?③使负栋之柱,多于南亩之农夫;架梁之椽,多于机上之工女;钉头磷磷,多于在庾之粟粒;瓦缝参差,多于周身之帛缕;直栏横槛,多于九土之城郭;管弦呕哑,多于市人之言语。④使天下之人,不敢言而敢怒。独夫之心,日益骄固。戍卒叫,函谷举,楚人一炬,可怜焦土。⑤

呜呼!灭六国者,六国也,非秦也。族秦者,秦也,非天下也。嗟乎!使六国各爱其人,则足以拒秦;使秦复爱六国之人,则递三世可至万世而为君,谁得而族灭也?秦人不暇自哀,而后人哀之;后人哀之而不鉴之,亦使后人而复哀后人也。⑥

注释

①经营:筹划营造。剽掠:抢夺掠取。输:送。

②铛(chēng):古代的温器,用以温热酒、茶等。块:土块。逦迤(lǐ yǐ):接连不

断,指到处都是。

③锱铢(zī zhū):锱、铢均为古代的计量单位,六铢为一锱,四锱为一两,比喻数量微少。

④南亩:指农田。椽(chuán):放在檩上架着屋顶的木条。磷磷:色泽鲜明的样子。庾:粮仓。九土:九州,指全国。呕哑:管弦声。

⑤独夫:残暴无道、众叛亲离的暴君,指秦始皇。戍卒叫:指陈胜、吴广起义,事见《史记·陈涉世家》。函谷举:指刘邦攻占函谷关。楚人一炬:指项羽焚烧秦宫室,大火三月不灭,事见《史记·项羽本纪》。

⑥族:灭族。其人:即其民。递三世:传至第三代,秦朝只传秦始皇、秦二世和秦王子婴三代。不暇:没有时间,来不及。

译文

六国灭亡,天下一统,蜀山的树木都被砍伐殆尽,用来修建阿房宫。覆盖三百多里,遮天蔽日。从骊山北部开始构筑宫殿,既而向西延伸,一直修到了咸阳城。渭水和樊川,河水流动,直入宫墙。五步就有一栋高楼,十步就有一座亭阁。走廊曲折像缦带一样回环,飞檐高扬像禽鸟一般仰首啄食。宫室各依地势而建,中心相互钩连,檐角相互凑和。曲折密集如同蜂房,回旋如同水的漩涡,矗立的楼阁不知道有多少座。长桥横卧在水面上,人们不禁惊讶:天上没有云,怎么会出现了龙?复道横空而过,人们又不禁诧异:不是雨过天晴,哪里来的彩虹?亭台楼阁随着地势高低起落,使人迷糊,辨不清方向。歌台之上歌声悠扬,充满暖意,使人感到如同春光一样和煦;舞殿之中舞袖飘飞,寒意阵阵,使人感到如同风雨交加一般凄冷。同一天之内,同一座宫中,气候就有如此的不同。

六国的后妃宫人和王族宗室,都被迫辞别了自己故国的楼阁宫殿,乘车来到秦国。日夜献歌奏乐,充当秦国的宫人。星光闪烁,原来是她们打开了梳妆镜;绿云纷扰,原来是她们在早晨梳理发髻;渭水河面上浮起了一层垢腻,原来是她们倒掉的残脂剩粉;空中烟雾缭绕,原来是她们在焚烧香料。突然响起了雷霆声,让人吃惊,原来是皇帝的宫车驰过;听着车声渐远,也不知驰到哪儿去了。宫人们用尽心思修饰容貌肌肤,打扮得娇媚妍丽,伫立远望,盼望皇帝能够驾临行幸。有很多人等了整整三十六年,还没有见过皇帝。

六国收藏的财宝,聚敛的金玉,搜掠的珍奇,都是多少年、多少代,从百姓手中

掠夺而来的,堆积得像山一样高。一旦国家灭亡,不能再占有,就全部被运进了阿房宫。秦人把宝鼎看作温酒的器具,把美玉当成石头,把黄金视为土块,把珍珠看为沙石,随意丢弃,到处都是,其他的秦人看见了,也不觉得可惜。唉!一个人的心思,也就是千万人的心思。秦始皇喜爱奢侈,百姓也都顾念自己的家业。为什么搜刮时一丝一毫都不放过,挥霍时却像泥沙一样毫不珍惜呢?阿房宫中承载房屋的柱子,比田地里的农夫还要多;架在梁上的木椽,比织机上的女工还要多;色彩鲜明的钉头,比粮仓里的粟米还要多;参差不齐的屋瓦的接缝,比身上衣服的丝缕还要多;栏杆纵横,比天下的城郭还要多;嘈杂的器乐声,比闹市里人的说话声还要多。天下的百姓,虽然不敢说话却满怀怒气,秦始皇却更加骄奢顽固。等到陈胜、吴广揭竿而起,刘邦攻占了函谷关,项羽放了一把火焚烧咸阳,那富丽堂皇的阿房宫竟成了一片焦土,可惜啊!

唉!灭亡六国的是六国自己,而不是秦;灭亡秦朝的是秦自己,而不是天下的百姓。唉!如果六国统治者都能爱护本国百姓,那么就足以抗拒秦国;如果秦国统治者同样能爱护六国的百姓,那么秦就能够传递到三世甚至万世,谁又能够使秦灭族呢?秦的统治者来不及为自己的灭亡哀叹,有后世的人为他们哀叹;但后世的人如果只是哀叹而不引以为教训,那么又要让后世的人来为他们哀叹了。

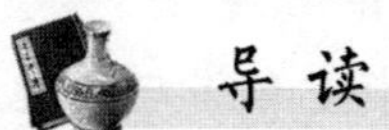

导读

据《史记·秦始皇本纪》记载:秦始皇因咸阳人多,而以前的宫廷太小,“乃营作朝宫渭南上林苑中。先作前殿阿房,东西五百步,南北五十丈,上可以坐万人,下可以建五丈旗。……作宫阿房,故天下谓之阿房宫”。发刑徒七十余万人,砍伐蜀地、荆地的木材来修建阿房宫和骊山墓。后来项羽攻入咸阳,“引兵西屠咸阳,杀秦降王子婴,烧秦宫室,火三月不灭;收其货宝妇女而东”(《史记·项羽本纪》),阿房宫遂从此消失。

杜牧自称“宝历大起宫室,广声色,故作《阿房宫赋》”(《上知己文章启》),可知此文作于唐敬宗宝历年间。本文同时也是借古讽今,以期统治者有所借鉴。

文章开始即写秦始皇统一六国,而统一之后随即大兴土木,修建阿房宫。先写阿房宫的规模和建筑,阿房宫占地之广,绵延三百余里,直到咸阳城下,楼阁众多,建筑精美,以至于“一日之内,一宫之间,而气候不齐”,充分显示了阿房宫的宏大、华美、壮丽。进而写阿房宫内所住之人。从六国掠夺而来的妃嫔宫人,六国公族，都被送到了阿房宫，在其中弹奏音乐，表演歌舞。写她们在其中的生活状态，接连以四个比喻，写出她们照镜梳洗焚香之事，一面突出人数的众多，以致被看作明星、绿云，渭水都浮起油腻，到处烟云缭绕，一面又写出其生活的奢华和无忧无虑，使人倍觉"商女不知亡国恨"。而这些女子身处宫中，日夜盼望秦始皇临幸，不得见者竟有三十六年之久，极为夸张，更加突出阿房宫的宽广和宫中人数的众多。继而又写阿房宫中的收藏。从六国所掠夺而来的财宝，都被堆砌在宫中，而秦人将珍宝视若敝屣，随意抛弃，毫不爱惜。

写阿房宫的规模和建筑，突出其豪奢广大；写阿房宫中的人物，突出其众多和生活奢侈；写阿房宫的收藏，突出财宝之众多和秦人的不爱惜。进而发挥议论，并对秦亡进行总结。以"一人之心，千万人之心也"为肇端，指出"人亦念其家"。秦人的掠夺和奢靡生活，只顾自己的享受，而不爱护天下的百姓，不理会天下人的困苦生活，"取之尽锱铢，用之如泥沙"，终于引起天下人的怨愤，发生了陈胜、吴广起义，经由农民起义军和六国贵族的接连打击，秦最终二世而亡，前后还不到十五年。最后，作者指出，六国的灭亡和秦的灭亡，都是因为其自身未能珍惜爱护百姓，而自取灭亡。最后又提出对今人的警诫：如果现在只是哀叹历史而不借鉴覆亡的教训，那么就只有等待后人来哀叹现在了。这一警诫极为明显地对统治者提出了劝谏。

本赋描写与议论紧密结合，前面极力铺陈渲染，将阿房宫的华美奢侈与百姓的痛苦之深形成对比，既夸张而又富于想象，比喻也新奇恰当；后面则着重抒发议论，见解精辟，针对性极强，更能发人深省。虽然文中不尽尊重史实而多夸张和发挥，但从文学的角度而言，却恰恰增加了其文学趣味与色彩。

岳阳楼记

——[宋]范仲淹——

作者简介

范仲淹(989—1052)，字希文，苏州吴县(今江苏省苏州市)人。宋真宗大中祥符八年进士，历任大理寺丞、秘阁校理、天章阁待制、邠州观察使等，曾抵御西夏进攻，颇有成效。后任参知政事，与富弼等推行"庆历新政"，失败后被贬邓州等地。谥“文正”。北宋著名军事家、政治家、文学家。

庆历四年春，滕子京谪守巴陵郡。[①]越明年，政通人和，百废具兴。乃重修岳阳楼，增其旧制，刻唐贤今人诗赋于其上。属予作文以记之。[②]

予观夫巴陵胜状，在洞庭一湖。衔远山，吞长江，浩浩汤汤，横无际涯。朝晖夕阴，气象万千：此则岳阳楼之大观也，前人之述备矣。[③]然则北通巫峡，南极潇湘，迁客骚人，多会于此，览物之情，得无异乎？[④]

若夫霪雨霏霏，连月不开，阴风怒号，浊浪排空，日星隐耀，山岳潜形；商旅不行，樯倾楫摧；薄暮冥冥，虎啸猿啼。登斯楼也，则有去国怀乡，忧谗畏讥，满目萧然，感极而悲者矣。[⑤]

注释

①庆历：宋仁宗年号，庆历四年为1044年。滕子京：名宗谅，河南（今河南省洛阳市）人，曾任泾州知州，后被贬到岳州。巴陵郡：即岳州，治所在今湖南省岳阳市。

②越：及，到了。百废具兴：一切废置的事情都兴办起来。制：规模。属：通“嘱”，嘱咐，嘱托。

③衔：连接。吞：吞吐。汤（shāng）汤：水流盛大的样子。际涯：边际。晖：日光。大观：盛大壮观的景象。述：记述。备：完备。

④巫峡：长江三峡之一，因巫山而得名。极：尽，到。潇湘：潇水与湘江，均位于今湖南省。迁客：被贬斥放逐的人。骚人：文人。得无：难道没有。

⑤霪雨：连绵不断的雨。排：冲上。耀：光芒。去：离开。

至若春和景明，波澜不惊，上下天光，一碧万顷；沙鸥翔集，锦鳞游泳；岸芷汀兰，郁郁青青。而或长烟一空，皓月千里，浮光跃金，静影沉璧；渔歌互答，此乐何极！登斯楼也，则有心旷神怡，宠辱偕忘，把酒临风，其喜洋洋者矣。[①]

嗟夫！予尝求古仁人之心，或异二者之为。何哉？不以物喜，不以己悲。[②]居庙堂之高，则忧其民；处江湖之远，则忧其君。是进亦忧，退亦忧。然则何时而乐耶？其必曰“先天下之忧而忧，后天下之乐而乐”乎。

噫，微斯人，吾谁与归！[3]

时六年九月十五日。

注释

①景：阳光。翔集：飞翔后聚集在一起。锦鳞：指鱼。郁郁：形容芳香浓郁。偕：都。

②二者：指上文所描述的“忧谗畏讥”和“宠辱偕忘”两种情绪。以：因为。

③庙堂：指朝廷。高：指高官。江湖：指草野民间，相对朝廷而言。微：无，非。斯人：指古仁人。

译文

庆历四年的春天，滕子京被贬谪到巴陵当郡守。到了第二年，政事顺利，百姓和乐，一切被废置的事情都兴办起来。于是他重修了岳阳楼，扩充旧有的规模，又把唐代和今人的诗赋刻在上面，并嘱托我写一篇文章来记述这件事情。

我看巴陵郡最美的景象，是在洞庭湖。它连接着远方的群山，吞吐着长江，浩浩荡荡，无边无际。清晨阳光灿烂，傍晚暮霭沉沉，气象千变万化。这些都是岳阳楼盛大壮观的景象，前人的记录已经很详尽了。但是，此地向北连通巫峡，往南到达潇水和湘江，被贬斥放逐的官员和文人，大多在此聚会，他们观赏自然风光的心情，难道不会因为各自的遭遇和风景的变化而有所不同吗？

如果阴雨连绵，数月都不变晴，阴风怒吼，浊浪直扑向天空，太阳和星星都隐没了光芒，高山峻岭也掩藏了山形。商人和旅客都不敢上路，帆樯和船桨也都被吹倒折断。到了傍晚，一片幽暗，猛虎咆哮，猿声哀鸣。此时登上岳阳楼，便会产生离开故国，怀念家乡，担心害怕谗言非议的悲伤。举目远望，一片萧条冷落的凄凉景象，感慨到了极致，不禁有无限悲凉。

等到春风和煦，阳光明媚，湖面上风平浪静，天色湖光，在万顷碧波之上连成一片。沙鸥或是飞翔或是停聚，鱼儿游来游去。湖岸和小洲上的香草幽兰，散发着浓郁的香气，一片青葱茂盛。又或漫天烟雾都被扫荡一空，皓皓明月洒出千里清辉，月光在水面上随着水波浮动，似乎跃动着的金光，月影静静地停留在水中，好像是下沉的玉璧。渔船之上有人唱着渔歌，有人唱和，这是何等的快乐！此时登上岳阳楼，便觉得心情开朗，精神愉悦，荣辱得失都一齐忘却，迎着清风举起酒杯，真正欣喜无限。

唉！我曾经去探求古代仁人志士的内心，也许与上述两种心情有所不同。为什么呢？他们不因外物的影响和自身的遭遇而或喜或悲。身居朝廷的高位，就为百姓而担忧；退居偏远的乡野，就为君王而担忧。这真是进也忧虑，退也忧虑，那么什么时候才能快乐呢？他们一定会回答说“在天下人忧虑之前而忧虑，在天下人快乐之后才快乐”。唉，如果没有这样的人，我同谁一道呢？

时为庆历六年九月十五日。

导读

滕宗谅与范仲淹是同年进士，历任泰州军事推官、大理寺丞、左司谏等职。西夏元昊反时，范仲淹、富弼等前往平乱，滕宗谅守庆州。宋仁宗庆历四年，被贬岳州。（《宋史·滕宗谅传》）滕宗谅在岳州之时，颇有政绩，“求恤民谟，宣布诏条，去宿弊以便人，兴无穷之长利”（欧阳修庆历五年与滕子京书）。又重修岳阳楼，遂致书范仲淹，请其代写一篇记文，以记录此事。此前，范仲淹与富弼等在朝廷主持庆历新政，屡遭挫折，庆历四年，范仲淹自请罢政事，知邠州，不许。庆历五年范仲淹罢政事，先知邠州，后转知邓州。（《宋史·范仲淹传》）二人同样是抑郁不得志，范仲淹遂借此记以抒发情怀。

范仲淹未曾到过岳阳，也未曾亲睹岳阳楼的景观。因此他所写的《岳阳楼记》，带有很多的想象色彩。但正是因为有想象，才更加使人感觉到岳阳楼的美景是多么震撼人心。《岳阳楼记》先写此记的来由，继而写前人已经书写过的岳阳胜景，所占篇幅并不多。紧接着提出，岳阳当四方要塞，而“迁客骚人，多会于此”，岳阳楼必然会成为这些人抒发感情的宣泄之地，由此引申，写出两种不同的“览物之情”。当天气黯淡，阴雨连绵之时，风声呼啸，惊涛拍岸，阻断前行之路，到处听闻虎啸猿啼，前来此地的迁客骚人，在这种情况之下登上岳阳楼，则会想起自己被贬谪而离开故国，放逐流落，因此十分悲伤。而当天气和畅，万物勃发之时，月影徘徊，渔歌传来，再次登上岳阳楼的迁客骚人，已经忘记了以前的宠辱境遇，而陶醉在优美的自然风光之中。而这两种“览物之情”，都不是作者所追求的。作者探求古代仁人志士之心，而能做到不因为外物和自己的境遇或喜或悲，无论进退，都在为天下和君王担忧，最后发出了“先天下之忧而忧，后天下之乐而乐”的千古名言。作者将个人的遭际视为“小”，而将天下国家视为“大”，在天下国家的大利面前,小我不需要为自身的宠辱遭际而患得患失。作者的这一人生境界,远远超出于迁客骚人之上,体现了他为国为民死而后已的精神境界。

范仲淹一生仕途曲折。他因屡次直言上谏,又与当时宰相吕夷简等人交恶,而屡次被贬,致有党争的嫌疑。而在庆历四年的新政中,新政措施也屡遭挫折,又被贬谪到邓州。范仲淹的满腔抱负和对国家君王的热爱都得不到施展表达。在这种情况下,他借助《岳阳楼记》所抒发的,不是对自己被贬谪的怨恨、才华不得施展的愤懑,而是始终对国家事务关心的态度,"不以物喜,不以己悲"的人生哲学,以及先忧后乐的政治理想。而最末"微斯人,吾谁与归"的感叹,更可视为作者对同道人才的召唤。滕宗谅向范仲淹求记文时曾写道:"天下郡国,非有山水环异者不为胜,山水非有楼观登览者不为显,楼观非有文字称记者不为久,文字非出于雄才巨卿者不成著。"(《与范经略求记书》)正是因为范仲淹的《岳阳楼记》,才使得岳阳楼得以名闻天下,而也正是他在《岳阳楼记》中所抒发的先忧后乐的抱负,更加使得他成为后世效仿的对象。

醉翁亭记

——[宋]欧阳修——

作者简介

欧阳修(1007—1072),字永叔,号醉翁,晚号六一居士,吉州吉水(今属江西)人。宋仁宗天圣八年进士,历任西京推官、馆阁校勘等,知谏院,以直谏出名。后贬滁州,迁翰林学士。谥"文忠"。北宋著名史学家、文学家,主持编修《新五代史》《新唐书》等史书,"唐宋八大家"之一。

环滁皆山也。其西南诸峰,林壑尤美。望之蔚然而深秀者,琅琊也。[①]山行六七里,渐闻水声潺潺,而泻出于两峰之间者,酿泉也。峰回路转,有亭翼然临于泉上者,醉翁亭也。[②]作亭者谁?山之僧曰智仙也。名之者谁?太守自谓也。太守与客来饮于此,饮少辄醉,而年又最高,故自号曰"醉翁"也。醉翁之意不在酒,在乎山水之间也。山水之乐,得之心而寓之酒也。[3]

若夫日出而林霏开，云归而岩穴暝，晦明变化者，山间之朝暮也。野芳发而幽香，佳木秀而繁阴，风霜高洁，水清而石出者，山间之四时也。朝而往，暮而归，四时之景不同，而乐亦无穷也。[4]

注释

①滁：滁州，在今安徽省滁州市。林壑：山林涧谷。琅琊(yá)：山名，在今安徽省滁州市西南。

②回：转弯。翼然：鸟张开翅膀的样子，指亭子四角翘起。

③太守：即欧阳修。自谓：自称。寓：寄托。

④林霏：林中的云气。秀：茂盛。清：一作"涸"；一作"落"。

至于负者歌于途，行者休于树，前者呼，后者应，伛偻提携，往来而不绝者，滁人游也。[1]临溪而渔，溪深而鱼肥；酿泉为酒，泉香而酒洌。山肴野蔌，杂然而前陈者，太守宴也。[2]宴酣之乐，非丝非竹，射者中，弈者胜，觥筹交错，起坐而喧哗者，众宾欢也。苍颜白发，颓然乎其间者，太守醉也。[3]

已而夕阳在山，人影散乱，太守归而宾客从也。树林阴翳，鸣声上下，游人去而禽鸟乐也。然而禽鸟知山林之乐，而不知人之乐；人知从太守游而乐，而不知太守之乐其乐也。醉能同其乐，醒能述以文者，太守也。太守谓谁？庐陵欧阳修也。[4]

注释

①负者：背东西的人。伛偻：俯身；一说为老人。提携：牵扶，携带；一说用于小孩或晚辈。

②渔：捕鱼。洌(liè)：清。肴：荤菜。野蔌(sù)：野生蔬菜。前陈：摆放在前面。

③射：投壶，古代一种投掷的游戏。弈：下棋。觥：酒杯。筹：酒筹，用以计算饮酒的数量。颓然：醉倒的样子。

④翳：遮蔽。庐陵：在今江西省吉安市，为欧阳修祖籍所在地。

译文

环绕滁州的都是山。其中西南方向的几座山峰,山林涧谷的景色尤其优美。一眼望去郁郁葱葱、幽深秀丽的,是琅琊山。沿着山路走六七里,渐渐听到潺潺的水声,从两座山峰之间倾泻而出的,是酿泉。山势曲折,转过迂回的山路,有一座四角翘起的亭子立在泉上,那就是醉翁亭。建造亭子的是谁呢?是山上的和尚智仙。给它命名的又是谁呢?是太守用自己的号来命名的。太守和宾客来这儿饮酒,只喝了一点儿就醉了,他年纪又最大,所以自号为“醉翁”。醉翁的意图并不在喝酒,而在于欣赏山水的美景。欣赏山水的乐趣,领会在心中而又寄托于酒中。

太阳升起,林中的云气散尽;暮云聚集,岩洞里变得阴暗,黑暗与光明交替变化,是山中的黎明和黄昏。春天野花开放散发着幽香,夏天树木茂盛蔚然成荫,秋天风高霜白,冬天水势下降石头露出,这是山中的四季变化。清晨外出,黄昏归来,四季的风光不同,乐趣也无穷无尽。

再说背负东西和来往行走的人,或在途中唱歌,或在树下休息,前后招呼回应,俯身牵扶,来往不绝,那是滁州的百姓到这里来游玩。在溪边钓鱼,溪水很深,鱼儿也很肥;用泉水来酿酒,泉水清冽,酿出的酒也很清香。山间的野味和果蔬,被杂乱地摆放在前面,那是太守主办的宴席。宴饮酣畅的乐趣,并不在于有音乐。投壶的人投中了,下棋的人得胜了,酒杯和酒筹交错杂陈,人们站起坐下,大声喧闹,那是宾客们欢乐到了极致。有一个容颜苍老、白发苍苍的老人,醉醺醺地坐在人们中间,那是太守喝醉了。

不一会儿,夕阳西下,人影杂乱,那是宾客们跟随太守回去了。树林逐渐阴暗,鸟鸣声忽上忽下,游人去后,鸟儿非常欢乐。但是鸟儿只知道山林中的快乐,却不知道人的快乐;人们只知道跟随太守游玩的快乐,却不知道太守把人们的快乐当作自己的快乐。在酣醉时能够与人们一起快乐,醒了之后又能写文章来叙述这些事情的,是太守。太守是谁呢?是庐陵人欧阳修。

导读

宋仁宗庆历五年,“庆历新政”失败,杜衍、范仲淹、富弼等被贬,欧阳修上书进谏,招致诬构,被贬知滁州。次年,欧阳修写作了《醉翁亭记》。

文章先写滁州四面皆山,而以西南方的山峰最为秀美,沿山路前行六七里,有

泉名为酿泉,而在酿泉之上的亭子,由山中的僧人智仙修建,太守以自己的号为其起名为"醉翁亭"。不直写醉翁亭,而是由滁州引入西南山峰,又由山引至泉,由泉引至亭,一波而三折。既而写醉翁的来历。因为太守酒量不佳,而年龄最大,故而以"醉翁"自号。而后指出"醉翁之意不在酒,在乎山水之间也",而欣赏山水的乐趣,又寄托在了酒里。将酒与山水联系起来,又以此来点明作者并非是沉迷于酒,而只不过是借酒来抒发欣赏山水的乐趣。介绍完醉翁亭后,作者紧接着介绍了醉翁亭周边的景象,从早到晚,春夏秋冬,各有不同,与文章开始的"林壑尤美"相呼应。而因四时景色的不同,所得的乐趣也不尽相同。下文写宴游之盛。滁州人前后呼应,往来不绝,太守于此举办宴会,捕鱼酿酒,采捕野味,众人欢乐,不分彼此,而太守又已颓然醉倒。等到夕阳西下,众人归去,山鸟返回山林,又尽情享受自己的乐趣。作者以禽鸟只知山林之乐而不知人之乐,而宾客只知跟从太守宴游之乐而不知太守之乐,将前文的"在乎山水之间也"的解释推倒,点出太守是以百姓之乐作为自己的快乐,山水之乐也不过是作为一种桥梁而已。直到此时,才真正指出太守"醉翁"的切实所指,而前面一切的描写记叙都是为了引出此点而作铺垫。

欧阳修写作此文时,年已四十。人生七十古来稀,至三十五岁便已经是度过半生,所以四十而自称为"翁"属于正常。"醉"字则有画龙点睛的作用。文章开始写自己"饮少辄醉",可见酒量并不佳,文末又写"颓然乎其间",前后呼应,可见酣然醉态。作者不能饮而又好饮,所以自称"醉翁",但"醉翁之意不在酒,在乎山水之间也",已经明白写出作者所醉心的并非是酒,而是此地的山水。但此地的山水也不足贵,更加重要的是"能同其乐",将百姓的快乐当作自己的快乐,这才是作者真正醉心的对象。如此,从文章一开始的醉酒之乐,到中间的醉山水之乐,再到最后的醉百姓之乐,步步推移,暗暗点化,直至最后点出主题,结构精巧,可谓神来之笔。

欧阳修因直谏被贬,已非第一次。一般文人士大夫被贬,往往寄情山水,或喜或悲,而能真正忘怀得失、宠辱偕忘的十分稀少。故范仲淹《岳阳楼记》有"不以物喜,不以己悲"的宣言。而欧阳修能够真正将自己融入山水,与百姓同乐,并将这种快乐视为真正的快乐,可以说是真正达到了"不以物喜,不以己悲"的境界。"醉能同其乐"与"醒能述以文",一方面指向与民同乐的政治理想,另一方面又突出文章著述的个人期许,二者的结合,大概便是古代知识分子的最高理想,也即是

“内圣外王”追求的一种表现。而此篇之所以流传后世，多被称赞，也与作者所表达出的这种心态有关。

秋声赋

——[宋]欧阳修——

欧阳子方夜读书，闻有声自西南来者，悚然而听之，曰：“异哉！”初淅沥以萧飒，忽奔腾而砰湃，如波涛夜惊，风雨骤至。[①]其触于物也，鏦鏦铮铮，金铁皆鸣；又如赴敌之兵，衔枚疾走，不闻号令，但闻人马之行声。余谓童子：“此何声也？汝出视之。”童子曰：“星月皎洁，明河在天，四无人声，声在树间。”[②]

余曰：“噫嘻悲哉！此秋声也，胡为而来哉？盖夫秋之为状也：其色惨淡，烟霏云敛；其容清明，天高日晶；其气栗冽，砭人肌骨；其意萧条，山川寂寥。[③]故其为声也，凄凄切切，呼号愤发。丰草绿缛而争茂，佳木葱茏而可悦；草拂之而色变，木遭之而叶脱；其所以摧败零落者，乃其一气之余烈。[④]

注释

①悚然：惊惧的样子。萧飒：风雨吹打草木发出的声音。骤：突然。

②鏦(cōng)鏦：象声词，金属等物相撞击的声音。赴敌：奔赴战场，对敌作战。枚：形如筷子。衔枚：行军时衔枚于口中，以防喧哗或叫喊。明河：银河。

③胡为：为何。惨淡：暗淡。霏：弥漫。清明：清澈明朗。晶：明亮，清朗。栗冽：凛冽，寒冷。砭(biān)：刺。

④愤发：发怒。缛：繁密。一气：指秋气。余烈：余威。

“夫秋，刑官也，于时为阴；又兵象也，于行用金；是谓天地之义气，常以肃杀而为心。[①]天之于物，春生秋实。故其在乐也，商声主西方之音；夷则为七月之律。商，伤也，物既老而悲伤；夷，戮也，物过盛而当杀。[②]嗟乎！草木无情，有时飘零。人为动物，惟物之灵，百忧感其心，万事劳其形，有动于中，必摇其精。[③]而况思其力之所不及，忧其智之所不能，宜其渥然丹者为槁木，黟然黑者为星星。奈何以非金石之质，欲与草木而争荣？念谁为之戕贼，亦何恨乎秋声！”[④]

童子莫对，垂头而睡。但闻四壁虫声唧唧，如助余之叹息。[⑤]

注释

①刑官：执掌刑法的官员，《周礼》将官职按天、地、春、夏、秋、冬划分为六类，司寇为秋官，掌刑狱。时：指四季，古代以春夏为阳，秋冬为阴。兵象：战争的征象，古代战争多发生在秋季。行：五行，即金木水火土。义气：刚正之气。肃杀：严厉摧残。

②实：成熟。乐：指五音，即宫商角徵羽，商与五方中的西方相对应。夷则：十二律之一，据《礼记·月令》：“孟秋之月……其音商，律中夷则。”杀：削减，摧残。

③百忧：各种忧虑。精：精神。

④渥然：色泽红润的样子。丹：红色。槁（gǎo）：枯。黟：黑；一作“黝（yī）”。星星：头发斑白的样子。戕贼：摧残。

⑤唧唧：虫鸣声。助：增加，助长。

译文

我正在夜间读书，听到有声音从西南方传来，我惊恐地侧耳倾听，说：“奇怪！”那声音初来之时淅淅沥沥十分萧瑟凄凉，忽然间便奔腾澎湃气势汹涌，犹如波涛在黑夜中惊起，狂风暴雨突然来临。碰到物体，铿锵有声，如同金属相撞，又好像奔赴战场的士兵，口中衔枚，迅速奔走，听不见号令声，只能听见人马行走的声音。我问书童：“这是什么声音？你出去看看。”书童回答说：“月亮和星星明亮洁白，银河横挂在天上。四周寂静没有人声，声音来自树间。”

我说：“唉，悲伤啊！这是秋声，为什么而来呢？要说秋天所呈现的情状：其色暗淡，烟雾弥漫，云气聚拢；其容清澈明朗，天空高远，太阳明亮；其气凛冽寒冷，刺痛人的肌肤骨头；其意萧索冷落，高山大川尽皆寂寞。因此这秋天的声音，凄凉悲切，哀号发怒。茂密的青草争比茂盛，美丽的树木青翠丰茂又惹人喜爱。但是秋风一旦拂过，绿草就变了颜色；秋风一旦碰触，树上的叶子就脱落。之所以能够摧残树木、使花草零落,不过是秋气的一点余威罢了。

“秋天,在官职上被归为刑官,季节上属阴;又是战争的象征,在五行中属金。所以被称为是天地间的刚正之气,常常以严厉摧残为特征。自然万物的特点,是春天生长,秋天成熟。所以秋天在音乐上,是主管西方音调的商声,是序属七月音律的夷则。商,就是伤,万物衰老就令人悲伤;夷,就是戮,万物过盛就要削减。唉,草木没有感情,尚且按时凋零。人作为动物,乃是万物之灵,各种忧愁感触其心,各种事情劳其外形。心中有所触动,则必定会动摇其精神,更何况是去思考、担心那些自己的能力所做不到、智慧所不能解决的事情呢!这必然会使红润的容貌变得如同枯木,乌黑的头发变得花白。为什么要用并非金石的身躯,想着去和草木争比繁盛?应该想想是谁在摧残我们,又何必去怨恨那不相关的秋声?”

书童没有回答,垂下头已经睡熟了。只能听到四周墙壁下唧唧的虫鸣声,好像是在助长我的叹息。

导读

秋天属于成熟丰收的季节,是举行盛大祭祀仪式的时期,也往往是女子出嫁的时期,但成熟与丰收也同时意味着衰败的开始。“春生夏长,秋收冬藏”,是古人所总结的自然规律,是“天道之大经也,弗顺则无以为天下纲纪”(《史记·太史公自序》)。将自然规律(天道)应用到社会人生(人道),出于古人对自然和社会的认识,同时也是古人探求“天人之际”、追求“天人合一”的重要体现。秋熟之后便进入冬日,而冬日万物萧条,万事均不能进行。随着太阳在地球直射点的转移,四季的阴阳二气也随之发生变化,秋天处于从极盛(夏)到极衰(冬)、从太阳(夏)到太阴(冬)转化的中间阶段,是四季更替的重大转折点,这意味着人间从纷繁热闹进入了蛰伏、萧条期。所以秋便成为中国文化当中一个极为重要的存在。基于对秋的自然认识,将其移用到人事之上,便使秋具有了萧条悲观的意味。源出于三代而于汉代集大成的“天人宇宙论图式”(李泽厚语),为自然与社会的对应、结合提供了完善的理论基础。从五行上讲,秋属“金”,是兵器的象征,于是成为了战争和刑杀的代称;“金”在五方上属西;秋日霜降,于五色上属白;五声上属商,故而音悲,于五志上属悲;悲而引人痛苦,于五声上属哭,等等。孟秋之时“凉风至,白露降,寒蝉鸣,鹰乃祭鸟,用始行戮”(《礼记·月令》)。这些前人总结的经验与和阴阳五行理论的结合,为“悲秋”文化打下了坚实的文化基础。

在文学上，“悲秋”主题可以溯源到《诗经》和“楚辞”的时代，如《诗·小雅·四月》“秋日凄凄，百卉具腓”，屈原《湘夫人》“袅袅兮秋风，洞庭波兮木叶下”。真正以“悲”来命秋，并使“悲秋”成为文学主题的，当属宋玉《九辩》：“悲哉秋之为气也！萧瑟兮草木摇落而变衰，憭栗兮若在远行，登山临水兮送将归，泬寥兮天高而气清，寂寥兮收潦而水清。”通过多个角度描写秋日所带来的悲伤。从此，秋在诗词文赋曲等多种文学体裁中便多成为悲愁的象征，成为文人抒发愁闷的倾诉窗口。如魏文帝曹丕《燕歌行》“秋风萧瑟天气凉，草木摇落露为霜”、杜甫《登高》“万里悲秋常作客”等。至刘禹锡则称“自古逢秋悲寂寥，我言秋日胜春朝。晴空一鹤排云上，便引诗情到碧霄。”（《秋词二首》其一）否定了以往视秋为悲的观点，认为秋高气爽，更能引发诗情。但秋所带给人的悲伤之感，和文人对秋的摹写基调，仍未能就此改变。欧阳修的《秋声赋》便是描写秋风、秋声的名篇。

文章一开始写自己夜晚读书，忽闻有声音来。既而以铺陈手法描写所听到的声音，由轻到重，由小及大，又渐渐消散而去，模拟比喻，都极新奇而巧妙。命令童子外出查看所得的回报是“声在树间”，作者因此得知这是秋声。进而从色、容、气、意四个方面描写了秋的情状，或惨淡凛冽，或清明萧条，给人以愁惨悲凉的感觉。而由此得出秋声的特点，凄切而怒号，以至于草木逢秋则衰败枯落。作者进而对秋何以如此进行了理论上的解释。从秋所属的官职、季节、征象和五行上的划分指出秋天为刑官，主阴，象征兵杀，五行属金，故而是天地间的正义之气，以肃杀为特征。在音乐上属于商音、夷则，而商为伤，主悲伤；夷为戮，主杀戮。所以秋主悲伤、杀戮，而秋所带给人的感觉也便带有这两种特征。

但作者并未纠结于秋声，而是由秋声引申到了人生态度。在作者看来，秋日一到则草木凋零，可见万事万物的变化有其规律，而人身为万物之灵，本应懂得这个道理，却往往多思多虑，使心为形役，以至于精神为之萧条，而情感也与之动荡，最终导致形容枯槁而少年白头，衰老也随之而来。作者又以反问的形式提出自己的质疑：应该想想是谁在摧残我们，又何必去怨恨那不相关的秋声？在一反悲秋基调的基础上，事实上作者已经进行了解答，正是人自己的“百忧”“万事”干扰心灵，劳役形体，才使得身心被摧残。这里也表达了作者要求无思无虑、不为外物所役而顺其自然的见解。而文末童子已经睡倒，只有虫声鸣叫，自己的心声也无从宣泄，更加增添了悲凉寂寥的感伤。

《秋声赋》先写耳闻的秋声，次写想象中的秋声，又对秋声进行了理论分析，最后由秋声引入人事,提出自己的见解。故而本文虽是摹写秋声的名篇,但其主旨却不是写秋,而是蕴含了作者为官三十年的人生体历和心得。

《五代史·伶官传》序

——[宋]欧阳修——

呜呼!盛衰之理,虽曰天命,岂非人事哉!原庄宗之所以得天下,与其所以失之者,可以知之矣。①

世言晋王之将终也,以三矢赐庄宗,而告之曰:“梁,吾仇也。②燕王,吾所立;契丹,与吾约为兄弟,而皆背晋以归梁。此三者,吾遗恨也。与尔三矢,尔其无忘乃父之志!”③庄宗受而藏之于庙。其后用兵,则遣从事以一少牢告庙,请其矢,盛以锦囊,负而前驱,及凯旋而纳之。④

注释

①人事:人的作为。原:推究,推原。庄宗:后唐庄宗李存勖。

②世言:世间传言。晋王:李存勖的父亲李克用。矢:箭。梁:指后梁太祖朱温,曾欲谋杀李克用,后灭唐建梁。

③燕王:指刘仁恭,为李克用所提拔,后叛晋,李克用死后,朱温封其子刘守光为燕王。契丹:指辽太祖耶律阿保机,曾与李克用结盟为兄弟,后背约。遗恨:到死还感到悔恨。乃:你的。

④庙:祭祀祖先的太庙。从事:属官。少牢:祭祀时用羊、猪二牲作祭品。告庙:古代天子或诸侯出巡或遇兵戎等重大事件时须祭告祖庙。请:取。纳:藏入。

方其系燕父子以组,①函梁君臣之首,入于太庙,还矢先王而告以成功,其意气之盛,可谓壮哉!②及仇雠已灭,天下已定,一夫夜呼,乱者四应。苍皇东出,未及见贼而士卒离散。君臣相顾,不知所归。③至于誓天断发,泣下沾襟,何其衰也!岂得之难而失之易欤?抑本其成败之迹而皆自于人欤?④

《书》曰："满招损，谦得益。"忧劳可以兴国，逸豫可以亡身，自然之理也。[5]故方其盛也，举天下之豪杰莫能与之争；及其衰也，数十伶人困之，而身死国灭，为天下笑。夫祸患常积于忽微，而智勇多困于所溺，岂独伶人也哉！作《伶官传》。[6]

注释

①系(xì)：拴缚。燕父子：指刘仁恭和他的儿子刘守光。后梁乾化三年(913)，李存勖亲征刘守光，次年春诛杀刘守光，遣大将李存霸拘送仁恭于代州，刺其心血奠告于武皇(即李克用)陵，然后斩之，事见《旧五代史·唐书·庄宗纪》。组：指绳索。

②函：用匣子装。梁君臣：指梁末帝朱友贞及其部将皇甫麟。后唐同光元年(923)，后唐军队攻陷后梁开封，梁末帝为皇甫麟所杀，李存勖命函其首藏于太社，事见《旧五代史·梁书·末帝纪》。

③仇雠：仇人。一夫夜呼：后唐同光四年(926)，魏博军士皇甫晖等因赌博不胜，煽动兵变。

④"誓天断发"二句：李存勖派去平叛的李源嗣叛变，李存勖重返洛阳至石桥，置酒向部下询问计策，百余将士均割发立誓，上下无不悲号。本：推究本源。

⑤"满招损，谦得益"：出自《尚书·大禹谟》。逸豫：安乐。

⑥"数十伶人"二句：李存勖称帝后，宠信任用伶人，后李源嗣叛乱，伶人郭从谦等趁机作乱，李存勖死于流矢。忽微：指极其细微的事情。溺：沉湎。

译文

唉！盛衰变化的规律，虽说是由天命所决定，难道不也跟人的作为有关吗？探究后唐庄宗取得和失去天下的原因，就可以明白这个道理。

世间传言说，晋王李克用临死之时，把三支箭赐给庄宗，嘱咐他说："后梁的朱温，是我的仇人；刘仁恭是我扶植起来的，契丹的耶律阿保机曾和我结盟拜为兄弟，但最后都背叛我而归顺了后梁。这三件事，是我未尽的心愿，到死还感到遗憾。现在给你三支箭，你千万不要忘记你父亲未了的心愿！"庄宗接受了这三支箭，供奉在宗庙里。以后出兵作战，就派遣属官用一副少牢去宗庙祷告，取出那些箭，放在锦囊里，背着箭走在军队前面，等到凯旋归来再放还到宗庙里。

当他用绳子捆绑刘仁恭、刘守光父子，用匣子盛着后梁末帝的头颅，进入宗庙，把箭还给先王，并把成功的消息报告给亡灵的时候，那强盛的意气，真可谓壮观了。等到仇敌都被消灭，天下已经平定，却祸起萧墙，一个人在夜间呼喊一声，叛乱者就四下响应。庄宗也只好匆忙向东出逃，还没有碰见乱贼，军队就已经逃散。君臣之间互相看着，不知该往哪里去，以至于将士们剪断头发，对天发誓，眼泪沾湿了衣裳，又是多么衰败啊！难道是因为取得天下艰难而失去容易吗？还是说他之所以成功，又之所以失败，都是由于人为的原因呢？

《尚书》说："满足会招来损害，谦虚能得到益处。"忧患劳苦可以振兴国家，安逸舒适则可丧失性命，这是当然的道理。所以在他强盛的时候，普天下的豪杰，都不能与他争雄；等到他衰败的时候，几十个优伶就能使他受困，最终丧失性命，国家覆亡，被天下人所讥笑。祸患常常在细微的小事上积聚，而聪明勇敢又往往在沉湎嗜好中受到困厄，难道仅仅是优伶吗？因此写作了《伶官传》。

导读

欧阳修大约于景祐三年(1036)前着手编写《新五代史》，至皇祐五年(1053)大体编纂完毕(欧阳修景祐三年《与尹师鲁第二书》、皇祐五年《与梅圣俞书》)，早于他以翰林学士的官方身份主持修纂《新唐书》(至和元年至嘉祐五年，即1054—1060)。欧阳修在嘉祐四年上书中曾表达自己对于史书的看法："史者，国家之典法也。自君臣善恶功过，与其百事之废置，可以垂劝戒、示后世者，皆得直书而不隐。"(《论史馆日历状》)而薛居正所编的《五代史》"繁猥失实"(宋晁公武《郡斋读书志》卷二)，并不符合他的历史观，于是欧阳修遂自行编纂这一"私史"。

伶官即是以优伶身份而被授予官职的人。欧阳修《伶官传》源起于《史记·滑稽列传》，但有所不同。司马迁所写的淳于髡、优孟、优旃与褚先生续写的六人，都凭借口才和表演技能劝谏君王、大臣，从而实现进谏与获取官位的双重目的，显示了战国至汉初的辩论之风。而《伶官传》中，除敬新磨能够进谏庄宗，尚保留了《史记·滑稽列传》的特色外，其余的伶官则都是以反面形象出现，如景进谗杀李存义、朱友谦，史彦琼处置不当招致叛乱，郭从谦叛杀庄宗等，与敬新磨形成了鲜明对比。因此，《伶官传》的主要目的是提供教训和借鉴，以引起统治者的注意，其主旨不同于《史记·滑稽列传》。

欧阳修的《伶官传序》是为该传所作的序文，有提纲挈领的作用。序文一开始即提出国家兴盛衰亡的道理，"天命"不足恃，很多事情都是由人为原因造成的。进而以后唐庄宗李存勖为例，来证明这一点。先以有关李克用临死时的故事引出李存勖。李存勖之父李克用原为唐节度使，被封晋王，而与梁、燕、契丹结下冤仇。李克用临死之时，以三支箭来嘱咐李存勖为自己报仇。而李存勖也不负所望，相继攻下燕、梁，俘虏诛杀了燕王刘守光，获得了梁末帝的首级，从而为父报仇。当此之时，“意气之盛，可谓壮哉！”写庄宗意气之胜，正是为了与其功成之后的悲惨结局形成鲜明对比。在功成之后，庄宗贪图享乐，宠用伶官，诛杀重臣、宗室，导致人心惶恐，流言四起，最终引发叛乱，最后庄宗也被自己宠信的伶官所杀。此时距其成就大业尚不过四年，如此鲜明的对比，在引人唏嘘的同时，也带给读者一个为何如此的疑问。在作者看来，一切都是个人的作为所决定的。“忧劳可以兴国，逸豫可以亡身”，当其面临身危国亡的困境时奋发向上，自然可以成就功业，而之后则困于所溺，终于逸豫亡身。如此又呼应了文章开始“岂非人事”的主题。作者最后提出“祸患常积于忽微，而智勇多困于所溺”的观点，且指出并非只有伶官如此，由此对统治者提出了告诫。

本序十分简短，区区数百字，即写尽一代帝王的一生，并对其成败进行了分析。将本文与魏徵的《谏太宗十思疏》相对比阅读，可以看出，后唐庄宗正是没有能够在功成之后常怀“十思”，而最终逸豫亡国，这正是魏徵所上疏的绝好注脚。为政的道理大多相同，但历史无数次见证了类似的成功和失败，也正是因为“虽曰天命，岂非人事”。从这个意义上来说，本文对于现在的政治与个人的言行修养仍具有极好的教育价值。

爱莲说

——[宋]周敦颐——

作者简介

周敦颐（1017—1073），字茂叔，号濂溪，道州营道（今湖南省道县）人。历任洪州分宁县主簿、南安军司理参军、郴州郴县令、桂阳令，知洪州南昌县，通判虔州、永州，知南康军等。谥“元公”。宋代理学创始人，著有《太极图说》《通书》等。

水陆草木之花，可爱者甚蕃。晋陶渊明独爱菊。自李唐来，世人盛爱牡丹。[①]予独爱莲之出淤泥而不染，濯清涟而不妖。[②]中通外直，不蔓不枝，香远益清，亭亭净植，可远观而不可亵玩焉。[③]

予谓：菊，花之隐逸者也；牡丹，花之富贵者也；莲，花之君子者也。噫！菊之爱，陶后鲜有闻。莲之爱，同予者何人？牡丹之爱，宜乎众矣。[④]

注释

①蕃(fán)：多。李唐：因唐代皇帝姓李，故称“李唐”。

②清涟：水清澈而有波纹。妖：艳丽，妖媚。

③蔓：枝蔓。枝：指干茎分杈。亭亭：独立的样子。植：立。亵(xiè)玩：亲近玩弄。

④鲜：少。

译文

水上和陆地上的各种草木之花，惹人喜爱的有很多。晋代的陶渊明特别喜爱菊花。自唐朝以来，世人大多喜爱牡丹。我却唯独喜爱莲，它从淤泥之中长出，却不被沾染；在清水之中洗涤，而不显妖媚。莲的茎内部中空，外部挺直，不生枝蔓，不分杈节，香气传播得越远越觉清芬，笔直而洁净地挺立，只可从远处去观赏它，却不能靠近去玩弄。

我认为：菊，是花中的隐士；牡丹，是花中的富贵者；莲，却是花中的君子。唉！喜爱菊花的人，在陶渊明之后就很少听到了。喜爱莲的人，与我一样的还有什么人呢？至于喜爱牡丹的人，那的确是应该有很多。

导读

周敦颐被后学者崇奉为宋代理学的开山始祖，并于宋理宗淳祐元年，“从祀孔子庙庭”(《宋史·道学一·周敦颐传》)，享有儒家学者所能得到的最高声誉。但周敦颐为后世人所熟知，却主要是因为《爱莲说》一文。据宋人度正《周敦颐年谱》记载，《爱莲说》作于宋仁宗嘉祐八年(1063)五月，周敦颐时通判虔州。

早在《诗三百》的时代，就已经有以花喻人的修辞手法，如《诗·周南·桃夭》以“桃之夭夭，灼灼其华”，《诗·召南·何彼秾矣》以“唐棣之华”“华如桃李”，《诗·郑风·有女同车》以“颜如舜华”“颜如舜英”等来比喻女子的容颜，但更多是用于比兴手法，至《离骚》才开始形成象征体系。东汉学者王逸称《离骚》中“善鸟香草，以配忠贞；恶禽臭物，以比谗佞”，将自然界中的花草禽鸟人为地加以分别，使其对应不同人的不同品德。这一象征手法被后世文学接受并摹仿，形成了“香草美人”的象征传统，诸如兰、芷等意象在后世遂成为高洁的代称，到宋代郑思肖的笔下，兰更成为民族气节的象征。东晋诗人陶渊明的诗作中多出现菊的意象，如“采菊东篱下”(《饮酒》其五)、“三径就荒，松菊犹存”(《归去来兮辞》)，据南朝梁太子萧统《陶渊明传》记载，陶渊明“尝九月九日出宅边菊丛中坐，久之，满手把菊，忽值(王)弘送酒至，即便就酌，醉而归”，可见陶渊明对菊的喜爱。因陶渊明以隐逸著称，后世遂以菊为隐逸的代表。(桃花意象在陶渊明笔下也成为隐逸代表，见《桃花源记》导读)李唐王朝以盛大壮阔气象著称，而牡丹有雍容华贵的王者之气，正与唐人精神相匹配。据唐人李肇《国史补》记载：“京城贵游，尚牡丹三十余年矣。……种以求利，一本有直数万者。”宋人李格非《洛阳名园记》称“洛中花甚多种，而独名牡丹曰花王。凡园皆植牡丹”，可见牡丹在唐朝的盛行。而武则天贬牡丹的传说更为其增添了人文意趣。牡丹被称为“国色天香”，而世人遂趋之若骛，造成了唐以后“世人盛爱牡丹”的特点。

《爱莲说》以“水陆草木之花，可爱者甚蕃”起笔，指出众花之中，多有惹人喜爱者，而以陶渊明爱菊，世人爱牡丹为引，引出自己与众人的不同，点出自己独爱莲。进而描写莲出自淤泥之中而不被淤泥所沾染，出于清水之中而不显妖冶艳丽的特点，及其挺直而不生枝蔓，香气远播的特色，并以“可远观而不可亵玩”作为总结。从作者对莲的描写来看，“出淤泥而不染，濯清涟而不妖”显示了莲的洁身自好，“中通外直，不蔓不枝”显示了莲的通达方正，“香远益清，亭亭净植”显示了莲的清雅芬芳，“可远观而不可亵玩”显示了莲端庄严肃的独立姿态。而这些姿态无一不是作者的自况。黄庭坚曾评价周敦颐称其“人品甚高，胸怀洒落，如光风霁月。廉于取名而锐于求志，薄于徼福而厚于得民，菲于奉身而燕及茕嫠，陋于希世而尚友千古”(《宋史·道学一·周敦颐传》)，足可见周敦颐笔下的莲与其自身的相合之处。

在文中所提到的三种花中，菊代表了隐士人格，有其独立不迁的一面，但真正的隐逸者少之又少，故陶渊明之后少闻有以爱菊而著称者。牡丹代表了富贵世俗人格，象征着对世俗名利的追逐，但正因世人的追逐，牡丹反而显得俗艳，故而“宜乎众矣”。唯独莲代表了君子人格，其立身正直，不媚于世俗，洁身自好而又独立通达，正是中国传统士人所标榜和追求的君子形象。“独”“鲜”二字，显示了作者对菊所代表的隐士人格之少的遗憾，一个“宜”字，显示了作者对牡丹所代表的追名逐利的世俗人格的嘲讽，而“同予者何人”的反问，则是对没有知己的感叹，也是对君子之风衰微的慨叹。

周敦颐的《爱莲说》以莲的形象塑造了理想的君子人格，从这一角度而言，与他通过《太极图说》而开创的宋代理学思想体系具有同等重要的地位。文中对莲寥寥数句而准确精详的描绘，也成为后世人耳熟能详的佳句，并激励着一代一代的士人不断追寻。

游褒禅山记

——[宋]王安石——

作者简介

王安石(1021—1086)，字介甫，晚号半山，临川(今江西省抚州市)人。宋仁宗庆历二年进士，知鄞县、通判舒州、知江宁府，宋神宗熙宁二年，任参知政事，主持变法，屡遭攻击，一再罢相，后封荆国公，世称“王荆公”。谥“文”，又称“王文公”。北宋著名政治家、文学家，“唐宋八大家”之一。

褒禅山亦谓之华山，唐浮图慧褒始舍于其址，而卒葬之，以故其后名之曰褒禅。今所谓慧空禅院者，褒之庐冢也。[①]距其院东五里，所谓华山洞者，以其乃华山之阳名之也。距洞百余步，有碑仆道，其文漫灭，独其为文犹可识曰“花山”。今言“华”如“华实”之“华”者，盖音谬也。[②]

其下平旷，有泉侧出，而记游者甚众，所谓前洞也。由山以上五六里，有穴窈然，入之甚寒。问其深，则其好游者不能穷也，谓之后洞。[③]余与四人拥火以入，入之愈深，其进愈难，而其见愈奇。有怠而欲出者，曰:“不出,火且尽。”遂与之俱出。[④]盖予所至,比好游者尚不能十一,然视其左右,来而记之者已少。盖其又深,则其至又加少矣。方是时,予之力尚足以入,火尚足以明也。既其出,则或咎其欲出者,而予亦悔其随之,而不得极夫游之乐也。[⑤]

注释

①褒禅山:在今安徽省含山县东北。浮图:佛教语,指僧人。禅院:寺院。庐冢:庐舍和坟墓。

②阳:山南水北称阳。仆:倒。为文:指残留的文字。

③记游:题名以记录游踪。窈然:幽深的样子。穷:尽。

④拥:举。怠:疲倦。且:将要。

⑤盖:大概。十一:十分之一。加:更加。明:照明。咎:责怪。极:尽。

于是予有叹焉。古之人观于天地、山川、草木、虫鱼、鸟兽,往往有得,以其求思之深,而无不在也。夫夷以近,则游者众;险以远,则至者少。而世之奇伟瑰怪非常之观,常在于险远,而人之所罕至焉。故非有志者,不能至也。[①]有志矣,不随以止也,然力不足者,亦不能至也。有志与力,而又不随以怠,至于幽暗昏惑,而无物以相之,亦不能至也。然力足以至焉,于人为可讥,而在己为有悔。尽吾志也而不能至者,可以无悔矣,其孰能讥之乎?此予之所得也。[②]

余于仆碑,又以悲夫古书之不存,后世之谬其传而莫能名者,何可胜道也哉!此所以学者不可以不深思而慎取之也。[③]

四人者:庐陵萧君圭君玉,长乐王回深父,余弟安国平父、安上纯父。至和元年七月某日,临川王某记。[④]

注释

①无不在:指无处不到。夷:平。以:而,且。瑰怪:奇特怪异。非常:不同寻常。观:景象。

②不随以止:不盲目跟从别人而停止。昏惑:昏乱迷惑。相(xiàng):辅助。

③谬其传:以讹传讹,错误地传下去。名:通“明”,指辨明真相。

④萧君圭:字君玉,未详。长乐:在今福建省长乐市。王回:字深父,福州侯官人,曾任官,后隐居不仕,《宋史》有传。安国:王安国,字平甫,以文章闻于世。安上:王安上,字纯甫。父:通“甫”。至和:宋仁宗年号。

译文

褒禅山也被称为华山。唐代的高僧慧褒最开始在这里居住,死后就葬在这里。因为这个缘故,之后人们就把这座山称为褒禅山。现在被称为慧空禅院的地方,就是慧褒生前居住的屋舍和他的坟墓所在。由慧空禅院向东行五里,有被称为华山洞的地方,因为处于华山的南面而得名。距离华山洞一百多步,有一块石碑仆倒在路上,碑文模糊不清,唯有残留的文字还可辨认为“花山”。现在把“华”字读成“华实”的“华”,大概是字音读错了。

华山洞下面平坦空阔,有泉水从旁边涌出,来这里游览题字的人很多,这就是所谓的“前洞”。沿着山路向上行走五六里,有一个很幽深的山洞,走进去后感觉非常寒冷。询问这个洞的深度,就是那些喜好游山玩水的人也没有能走到过尽头,这就是所谓的“后洞”。我和四个同游的朋友举着火把进去,进入越深,前进越困难,但所见到的景色也就越奇异。有一个朋友感觉疲倦,很想出去,就说:“如果我们现在不出去,火把就要烧完了。”于是大家就和他一起出来了。大概我所走到的地方,还不及那些喜好游山玩水的人所到的十分之一,但是看左右的洞壁,能够到达那里并且题字的人已经很少了。大概再往深处,进去的人就更加少了。从洞里退出来的时候,我的力气还足以继续前进,火把也足以照明。出来以后,就有人责怪那个提议出来的朋友,而我也后悔跟着他一起出来,而不能尽情地享受游览的乐趣。

对于此我颇有感慨。古代的人在观览天地、山川、草木、虫鱼、鸟兽的时候,往往会有心得体悟,这是因为他们思考问题很深刻,而且无处不到。道路平坦而距离又近的地方,前去游览的人就会很多;道路艰险而距离很远的地方,前去的人就会很少。但是世界上奇伟壮观、奇特怪异而不同寻常的景色,往往都在艰险遥远而人们很少到达的地方。所以,如果不是有志向前去探求的人,是不能到达的。有了志向,能够不盲从别人而停止,但是体力不足,也不能到达;有志向,体力也充足,也不盲目跟从别人而停止,但是到了幽深昏暗又让人昏乱迷惑的地方,如果没

有外力的帮助,也不能够到达。在体力足以到达的情况下,却没有能够到达,在别人看来是可以讥笑的,而在自己也应该感到懊悔。尽了自己最大的努力却不能到达,那就可以不必后悔,谁又能嘲笑他呢?这就是我的所得。

对于那块倒在地上的石碑,我又感慨古代的文字没能保存下来,使后世的人以讹传讹,而不能辨明真相,哪里能够说得完呢!这就是求学的人不能不深思熟虑而谨慎选择的原因。

同游的四个人是:庐陵的萧君圭,长乐的王回,我的弟弟安国和安上。至和元年七月某日,临川王某记。

导读

宋仁宗至和元年(1054),王安石通判舒州,七月,与萧君玉、王深父,弟弟王安国、王安上同游褒禅山,而作此记,以记录所游及自己的感触。

文章首先写褒禅山的来历,最初以唐代高僧慧褒曾居于此地而称褒禅。又有华山洞,洞外有碑,碑上有"花山"字样,由此推知褒禅山的别名应为"花山",而非一般所读的"华山"。文章一开始即显示了作者的考据精神。继而写作者与朋友的游览。先写后洞深不可测,即使是喜好游玩之人也未曾穷尽,埋下伏笔。又写自己与朋友拿着火把前进,而所看见的景色愈加奇丽,但因为有一个朋友倦怠不想继续前进,众人便顺原路返回。待返回之后才得知自己所到达的地方尚且不及他人,但能够深入其中游览的已是少而又少。作者与朋友本来可以继续深入,但却急于归还而未能享受游览的乐趣,作者于后悔之余得出自己的感悟。首先,由自己"入之愈深,其进愈难,而其见愈奇"得出世上的"奇伟瑰怪非常之观"常常处于危险而边远的地方的结论。但是往往这些地方却很少有人可以到达,究其原因,在于众人贪图安逸而不能像古人一样"求思之深而无不在也",也就是缺乏探求精神。进而提出要到达这些险远的地方欣赏壮观的景象,就必须要有志向存在。但通过作者与朋友亲身探求后洞的经验,作者又指出不能到达的几种情况:缺乏志向、盲目跟从停止、体力不足、缺乏帮助等。在此之外,作者又针对两种不能到达的情况提出了自己的见解,认为如果本来可以抵达但却因为盲目跟从而停止,那么在人在己,都是值得反省的;如果是竭尽全力但最终没有到达,那么就可以不必后悔。在游览之外,作者又提到文初的仆碑,通过"花山"的解读,指出因为古书不能存留,致使后人有所误读,真相反而被湮没,进而指出学者应当具有

“深思而慎取”的态度。

本文虽是作者的游记，但其目的却并不在于记述游览，而是通过游览来表达自己的见解，抒发自己的感触。文中对自然环境的描写极为有限，真正出彩之处在于作者在记事之外所抒发的议论。作者以自身的亲身体验为基础，总结出几种可能存在的半途而废的情景，更加具有说服力和针对性。其中的说理部分，又能井然有序，环环相扣，步步深入，以极为浅显的语言说明相对平实的道理。

作者所说明的道理，一是要勇于探索，坚持不懈，才能取得成绩，对照“深思”；一是要辨别真相，不被谬言所误导，对照“慎取”。“深思而慎取”，不仅仅是学者所应当遵从的原则，也应当是一切人所要遵守的准则。作者的所得，来自于自己的体验，而推之于为学、为政、为人，更加具有现实价值。将游览、抒情与议论相结合，在纪游之中探求学问道理，也是宋代游记的一种特色。

赤壁赋

——[宋]苏轼——

作者简介

苏轼(1037—1101)，字子瞻，号东坡居士，眉州眉山(今四川省眉山市)人。宋仁宗嘉祐二年进士。曾通判杭州，知密州、徐州、湖州、杭州、扬州等地，后因“乌台诗案”被贬黄州。谥“文忠”。北宋著名文学家、书画家，豪放词派代表，“唐宋八大家”之一，与父苏洵、弟苏辙合称“三苏”。

壬戌之秋，七月既望，苏子与客泛舟，游于赤壁之下。① 清风徐来，水波不兴。举酒属客，诵明月之诗，歌窈窕之章。② 少焉，月出于东山之上，徘徊于斗牛之间。③ 白露横江，水光接天。纵一苇之所如，凌万顷之茫然。④ 浩浩乎如凭虚御风，而不知其所止；飘飘乎如遗世独立，羽化而登仙。⑤

于是饮酒乐甚，扣舷而歌之。歌曰：“桂棹兮兰桨，击空明兮溯流光。渺渺兮予怀，望美人兮天一方。”⑥ 客有吹洞箫者，倚歌而和之。其声呜呜然，如怨如慕，如泣如诉，余音袅袅，不绝如缕。舞幽壑之潜蛟，泣孤舟之嫠妇。⑦

注释

①壬戌：宋神宗元丰五年(1082)。既望：农历每月十六日。

②属：劝酒。明月：《诗·陈风·月出》有“月出皎兮”，魏武帝曹操《短歌行》有“明明如月”“月明星稀”之句。窈窕：《诗·周南·关雎》有“窈窕淑女”，《诗·陈风·月出》有“舒窈纠兮”之句，“窈纠”与“窈窕”音近义同。

③斗牛：二十八宿中的斗宿和牛宿。

④一苇：指小船。如：到。凌：越过；一作“陵”。

⑤凭虚：犹言虚空。御风：乘风、驾风，出自《庄子·逍遥游》“夫列子御风而行”。遗：离开。羽化：道家用语，飞升成仙。

⑥舷：船的边缘。渺渺：悠远貌。“渺渺”二句：或断句作“渺渺兮予怀望，美人兮天一方”。怀望：想念。

⑦余音袅袅：形容声音婉转悠扬，《列子·汤问》：“余音绕梁欐，三日不绝。”缕：细线。幽壑：指深渊。嫠(lí)妇：寡妇。

苏子愀然，正襟危坐，而问客曰：“何为其然也？”①客曰：“‘月明星稀，乌鹊南飞。’此非曹孟德之诗乎？②西望夏口，东望武昌。山川相缪，郁乎苍苍。此非孟德之困于周郎者乎？③方其破荆州，下江陵，顺流而东也，舳舻千里，旌旗蔽空，酾酒临江，横槊赋诗，固一世之雄也，而今安在哉？④况吾与子渔樵于江渚之上，侣鱼虾而友麋鹿。驾一叶之扁舟，举匏尊以相属。寄蜉蝣于天地，渺沧海之一粟。⑤哀吾生之须臾，羡长江之无穷。挟飞仙以遨游，抱明月而长终。知不可乎骤得，托遗响于悲风。”⑥

注释

①愀(qiǎo)然：忧愁的样子。正襟危坐：整理好衣服，端正地坐着。

②“月明星稀，乌鹊南飞”：出自曹操《短歌行》。曹孟德：即曹操，字孟德。

③夏口：在今湖北省武汉市。武昌：在今湖北省鄂州市。缪：通“缭”，缠绕。孟德

之困于周郎：指汉献帝建安十三年（208），孙权、刘备联军于赤壁击败曹操三十万大军。周郎：即周瑜。

④荆州：治所在今湖北省襄阳市。江陵：在今湖北省。“破荆州”二句：建安十三年，曹操南下荆州，荆州刺史刘表的儿子刘琮投降，随后，曹操在当阳长坂击败刘备，进占江陵。舳舻：船头和船尾的并称，指前后首尾相接的船。千里：极言船多。酾（shī）酒：斟酒。槊（shuò）：长矛。

⑤匏尊：葫芦制成的酒樽，亦泛指饮具。尊：通“樽”。蜉蝣：虫名，幼虫生活在水中，成虫褐绿色，生存期极短。

⑥挟：伴随。终：久。遗响：指洞箫的余音。

苏子曰：“客亦知夫水与月乎？逝者如斯，而未尝往也；盈虚者如彼，而卒莫消长也。盖将自其变者而观之，则天地曾不能以一瞬；自其不变者而观之，则物与我皆无尽也，而又何羡乎？[①]且夫天地之间，物各有主，苟非吾之所有，虽一毫而莫取。惟江上之清风，与山间之明月，耳得之而为声，目遇之而成色，取之无禁，用之不竭，是造物者之无尽藏也，而吾与子之所共食。”[②]

客喜而笑，洗盏更酌。肴核既尽，杯盘狼籍。相与枕藉乎舟中，不知东方之既白。[③]

注释

①逝者如斯：出自《论语·子罕》：“子在川上曰：‘逝者如斯夫！’”斯：指水。盈虚：指月圆月缺。彼：指月；一作“代”，更迭。曾：竟。

②造物者：创造天地万物的神，这里指大自然。无尽藏：佛教语，谓佛德广大无边，作用于万物，无穷无尽，这里泛指事物之取用无穷者。食：享；一作“适”。

③更：换。肴核：肉类和果类食品。狼籍：纵横散乱的样子。枕藉：指人相枕而卧。

译文

壬戌年的秋天，时间是七月十六日，我与客人在赤壁下泛舟游览。清风缓缓

吹来,水面丝毫不起波浪。我一面端起酒杯向客人劝酒,一面吟唱着描写"明月"和"窈窕"的诗歌佳作。不一会儿,月亮从东面山上升起,停留在斗宿和牛宿之间。白濛濛的水汽笼罩着江面,江水的泛光和天空连成一色。小船任意地漂荡,越过这茫无边际的江面。江面是如此的浩瀚,仿若凌空乘风而行,不知将要飞向何方;飘飘然又仿佛要脱离这尘世,无牵无挂,飞升到仙境。

酒喝得欢畅之时,我敲着船舷唱起歌来:"桂木棹、兰木桨,击打着江水,迎接着月光。我的思念悠远绵长,美人却在天边,遥远的地方。"一位擅长吹洞箫的客人,也随着歌声为我伴奏。呜呜的箫声十分低沉,像怨恨又如思慕,似抽泣又若倾诉。吹完之后,余音尚且婉转悠扬,仿若细长的丝线延绵不断,竟使得潜藏在深渊中的蛟龙跳起舞来,孤舟上的寡妇也为之哭泣。

听闻此声,我顿感忧愁,于是整理好衣服,端正地坐着,向客人问道:"为何箫声如此悲凉?"客人说:"'月明星稀,乌鹊南飞',这难道不是曹操写的诗吗?向西望是夏口,向东望是武昌,山水环绕,草木茂盛,这里难道不正是曹操被周瑜打败的地方吗?当年他占领荆州,攻克江陵,顺着长江向东行进,战船连接千里,连旌旗都遮蔽了天空,面对着长江,手握长矛,饮酒赋诗,本也是盖世的英雄,但如今又在哪里呢?现在我和你隐居在这江中的小洲上,和鱼虾做伴,与麋鹿交友,驾着一叶小船,拿葫芦做的酒杯互相劝酒。就像蜉蝣一样,将短暂的生命寄托在无垠的天地之间,渺小得如同大海里的一粒米。所以我不得不哀叹生命的短促,而羡慕长江的无穷,多么希望能够伴着神仙飞升遨游,和明月一起永世长存啊。明知道这种想法不可能实现,也只好把感慨寄托在曲调中,在这悲凉的秋风中吹奏出来。"

我对客人说:"你知道那江水和月亮吗?江水不断地流去,但始终没有消失;月亮时圆时缺,但最终也没有消损和增长。如果从变化的一面去看,连天地也不曾保存原状超过一眨眼的时间;从不变的一面来看,万物和我们都是无穷无尽的,又有什么是值得羡慕的呢?更何况,在这天地之间,万物均有主宰。如果不是我所拥有的东西,即使是一丝一毫也不得取用。只有这江上的清风和山间的明月,耳朵听到就成声音,眼睛看到就成色彩,取用它们没有人禁止,享用它们也不会竭尽。这是大自然无穷的宝藏,也正是我和你所能共同享用的。"

客人高兴地笑了,于是重新洗了酒杯,斟酒再喝。菜肴和果品都吃完了,空杯、空盘杂乱地放着。我们互相倚靠着在船中睡着了,而不知不觉天已经亮了。

导读

江汉地区名为“赤壁”的地方有几处，一般认为，东汉末年周瑜大破曹军的赤壁在今湖北省嘉鱼县东北，而作者所写的则是湖北黄冈城外的赤鼻矶。苏轼该年另作有《念奴娇·赤壁怀古》词，宋人朱彧《萍州可谈》卷二中说：“孙权破曹操于赤壁，今沔鄂间皆有之，黄州徙治黄冈，俯大江，与武昌县相对，州治之西，距江名赤鼻矶，俗呼‘鼻’为‘弼’，后人往往以此为赤壁。武昌寒溪，正孙氏故宫。东坡词有‘人道是周郎赤壁’之句，指赤鼻矶也。坡非不知自有赤壁，故言‘人道是’者，以明俗记尔。”苏轼于次年八月五日所作文《与范子丰》中也记载：“黄州少西山麓，斗入江中，石室如丹，传云曹公败所，所谓赤壁者。或曰非也。……李委秀才来相别，因以小舟载酒饮赤壁下。李善吹笛，酒酣，作数弄，风起水涌，大鱼皆出。山上有栖鹘，亦惊起。坐念孟德、公瑾如昨日耳。”

宋神宗元丰二年(1079)，苏轼因作诗讽刺新法，被逮捕入狱，也就是有名的“乌台诗案”，他被贬到黄州(今湖北省黄冈市)担任团练副使，并受到朝廷的监视。作者内心非常苦闷，于是借泛舟赤壁的记叙和描写，来抒发内心的情感。文章首先借助自然景色引出主人的歌与客人的和，又由客人婉转悲凉的箫声引出主客问答，进而引出两种人生态度的讨论。客人回顾历史来表述对人生短促无常的悲观和消沉的人生态度，主人则对此进行解释和发挥。前者的悲观和消沉是苏轼在遭受打压后的真实心态，而借由对自然的欣赏与热爱，引出了“自其不变者而观之，则物与我皆无尽也”的哲学解释，并进一步阐明了在自然中忘怀得失的人生态度。

知识分子历来遭遇着各种沉浮，穷与达成为他们面临的两种人生道路，孔子“用舍行藏”和孟子“穷则独善其身，达则兼善天下”的主张，都试图通过自主的与时进退来消解人生的不同境遇。对于有所抱负的知识分子，不得行其道永远充满着难以掩饰的悲观失望，尤其是在遭遇政治打压时，多半不能自我解脱，而流于消沉。苏轼在遭遇“乌台诗案”及被贬黄州时，也一样地有郁闷和惆怅，游览赤壁不但是对历史遗迹的凭吊，更是通过对历史的回顾，来揭示人生短促而又变幻莫测的真实境况，当此之时，最易流入“哀吾生之须臾”的消极，产生对人生的悲观失望。但苏轼并未止步于此，在看到人生短促无常之外，苏轼更加能够通过对自然美好景色的拥有而达到自我满足，从而将人生仕途的失意消融于无尽的自然天地、清风明月之中，实现了人生意义的升华，这种升华，正是苏轼旷达人生态度的体现。也正是因为这个原因，《赤壁赋》不仅在文字辞藻，更加在精神境界上远远超过了其他文作。清人张伯行在《唐宋八大家文钞》卷八中评价此文："以文为赋，藏叶韵于不觉，此坡公工笔也。凭吊江山，恨人生之如寄；流连风月，喜造物之无私。一难一解，悠然旷然。"可谓是对本文的绝好注解。

石钟山记

——[宋]苏轼——

《水经》云：彭蠡之口，有石钟山焉。郦元以为下临深潭，微风鼓浪，水石相搏，声如洪钟。是说也，人常疑之。今以钟磬置水中，虽大风浪不能鸣也，而况石乎？[①]至唐李渤，始访其遗踪，得双石于潭上。扣而聆之，南声函胡，北音清越，枹止响腾，余韵徐歇，自以为得之矣。然是说也，余尤疑之。石之铿然有声者，所在皆是也，而此独以"钟"名，何哉？[②]

元丰七年六月丁丑，余自齐安舟行适临汝，而长子迈将赴饶之德兴尉，送之至湖口，因得观所谓石钟者。寺僧使小童持斧，于乱石间择其一二扣之，硿硿焉，余固笑而不信也。[③]至暮夜月明，独与迈乘小舟，至绝壁下。大石侧立千仞，如猛兽奇鬼，森然欲搏人；而山上栖鹘，闻人声亦惊起，磔磔云霄间；又有若老人咳且笑于山谷中者，或曰："此鹳鹤也。"[④]余方心动欲还，而大声发于水上，噌吰如钟鼓不绝，舟人大恐。徐而察之，则山下皆石穴罅，不知其浅深，微波入焉，涵澹澎湃而为此也。[⑤]舟回至两山间，将入港口，有大石当中流，可坐百人，空中而多窍，与风水相吞吐，有窾坎镗鞳之声，与向之噌吰者相应，如乐作焉。因笑谓迈曰："汝识之乎？噌吰者，周景王之无射也；窾坎镗鞳者，魏庄子之歌钟也。古之人不余欺也。"[⑥]

事不目见耳闻，而臆断其有无，可乎？郦元之所见闻，殆与余同，而言之不详；士大夫终不肯以小舟夜泊绝壁之下，故莫能知；[⑦]而渔工水师，虽知而不能言，此世所以不传也；而陋者乃以斧斤考击而求之，自以为得其实。余是以记之，盖叹郦元之简，而笑李渤之陋也。[⑧]

注释

①《水经》：我国第一部记录江河水道的地理书，旧题汉桑钦著。郦元：即郦道元，字善长，北魏人，著有《水经注》。虽：即使。

②李渤：字浚之，唐穆宗年间任江州刺史，撰有《辨石钟山记》。扣：敲击。函胡：模糊不清。枹（fú）：鼓槌。

③齐安：即黄州。适：往。临汝：即汝州，在今河南省汝州市。迈：苏轼长子苏迈，字伯达。饶：饶州。德兴：在今江西省德兴市。尉：县尉。湖口：在今江西省湖口县。硿（kōng）硿：敲打金石的声音。

④仞：古代长度单位，长七尺；一说八尺。森然：阴森幽暗的样子。鹘（hú）：一种凶猛的鸟，又名"隼"。磔（zhé）磔：鸟鸣声。

⑤心动：指心中不安。噌吰（chēng hóng）：钟鼓声。罅（xià）：缝隙。涵澹：水波激荡的样子。

⑥窍：洞。窾（kuǎn）坎：撞击声。镗鞳（tāng tà）：钟鼓声。无射（yì）：古十二律之一，周景王铸钟，以之为名。魏庄子：魏绛，春秋时晋国大夫。歌钟：编钟。

⑦臆断：主观判断。殆：大概。

⑧渔工水师：渔夫，船夫。斧斤：斧子。考击：敲打。

译文

《水经》上说："鄱阳湖的湖口有一座石钟山。"郦道元认为石钟山下方正对着深潭，微风鼓动波浪，湖水和山石相撞击，而发出洪钟般的声响。对于这个解说，人们常常质疑。现在把钟磬放在水中，即使有大风浪也不能使它发出声音，更何况是石头呢？到了唐代李渤时，才开始查访石钟山，他在水潭中找到了两块石头，敲击石头去听所发出的声音，南边那块声音模糊厚重，北边那块声音清远悠扬，停止敲击后声音还在继续，余音很久才消失。他自以为探知了缘由。但对于这一解说，我更加怀疑。能铿然发出声音的石头到处都是，却唯独这里用"钟"来命名，为什么呢？

元丰七年六月丁丑日，我从齐安乘船到临汝去，我的长子苏迈将到饶州德兴

去做县尉,我送他到湖口,因此有机会可以看到李渤所说的“石钟”。寺里的僧人让一个童子拿着斧头,在乱石之中挑了一两块击打,石头硿硿作响。我当然笑着不相信。到了晚上月明之时,我和苏迈坐上小船,来到峭壁下面。有一块大石斜立着,足有千仞之高,仿佛凶猛的野兽,恐怖的野鬼,阴森恐怖,好像要与人搏斗。山上栖息着鹘鸟,听到了人声也吓得飞起,在空中磔磔地鸣叫。又有仿佛老人在山谷中边咳嗽边笑的声音,有人说是鹳鹤。我正心中恐慌,想要回去,水面上突然响起了巨响,好像敲钟擂鼓之声而不停息,船夫大为恐慌。我慢慢地察看,发现山下面都是石头的孔穴缝隙,不知道有多深,细小的波浪从中涌入,水波激荡,因而发出了声音。船转回到两山之间,刚准备进入港口,在水中央有一块巨石,上面可坐百人,内部是中空的,又有很多洞穴,与风、水相互吞吐,发出物体撞击和钟鼓敲击的声音,与先前的声音相呼应,好像奏乐一般。我就笑着对苏迈说:“你知道吗?前面噌吰的声音,是周景王的无射钟所发出的;现在的窾坎镗鞳的声音,是魏庄子的编钟所发出的。古人没有欺骗我。”

事情如果不是亲眼看到、亲耳听到就主观判断,可以吗?郦道元所看到听到的,大概与我相同,但他说得并不详尽;士大夫们终究不愿意亲自驾着小船夜泊于峭壁之下来实地观察,所以不能知道真相;而渔夫船夫们虽然知道,却无法说出来,这就是真相不能传布开来的原因。而见识浅陋的人,竟然用斧头敲击石头的方法来探求,还自以为得到了真相。我记下了这件事情,是因为叹惜郦道元的解释过于简略,同时也嘲笑李渤的浅陋。

导读

本文作于宋神宗元丰七年六月,时苏轼由黄州调任饶州,送长子苏迈就职,途经湖口,于是顺便在湖口实地调查石钟山,而得出石钟山命名的原因,因此写作此文。其用意则在于对“事不目见耳闻而臆断其有无”进行批评,主张通过调查得出结论。

文章一开始先写郦道元与李渤对于石钟山之名的解释,而对之表示怀疑。郦道元认为是“水石相搏,声如洪钟”,但将钟磬放置在水中,尚且不能发声,更何况是大石?李渤则实地调查,但他以为是两块巨石通过敲打能够发出洪钟般悠远的声音,石钟山也因此得名,然石头能够发声的到处都是,石钟山为何独以此命名呢?作者对郦道元和李渤解释的辩驳,已体现出了强烈的怀疑精神。既而作者写自己对石钟山的实地访查。中间插入寺僧让小童敲打石块发声，其实即是李渤观点的现实模仿，借此再次表示作者对于李渤观点的不认同。于是作者与苏迈趁夜前往山下。此处摹写夜间恐怖景象，巨石侧立，如猛兽野鬼，而山鸟鸣叫，更增添了阴森的气氛，以至于作者也“心动欲还”。而正在此刻，听到了水上巨声，作者细加查看，发现山下多是缝隙，而水流入，相互激荡便发出了巨响。回舟至两山之间，又有巨石，也多有中空，与前面所见原理相同。作者以此得知石钟山命名的原因，并将其比作周景王和魏庄子的乐器。通过实地访查，作者找到了石钟山命名的原因，有所收获。作者又提出“事不目见耳闻而臆断其有无”的荒谬，指出郦道元的解释过于笼统，而李渤则过于浅陋。又指出石钟山命名的原因之所以不被发现，是因为士大夫不肯亲身调查，而生活在此地的渔夫船夫虽然知道，却无法陈说，以至于这一解释始终未能被世人得知。作者在此对郦道元和李渤以及寺僧的感叹和嘲讽，其实表明作者坚持实证调查的方法和实证查考而不臆断的科学态度，也正是这种态度才使得作者能够身临险境，最终有所发现。

事实上，苏轼自认为的“真相”，在后世也被嘲笑。苏轼所提出的观点是从声音定名。清咸丰九年，曾国藩与友人彭玉麟同至石钟山，“因棹小舟，至钟山下，寻石洞入，可数十丈，仍由东大石下出。大石，即东坡所称可坐百人者也。余曰：石钟山者，山中空形如钟。东坡叹李渤之陋，不知坡亦陋也”。（《求阙斋日记类钞》卷下）提出了从外形定名的观点，并对苏轼进行嘲讽。现在则一般综合声、形两部分来解释石钟山定名的原因。然而，本文所着重表现的，并不是石钟山命名本身，而是作者所强调的实地考察的精神，清人孙琮谓“大凡细心学问人，每遇一事，必不轻易放过，必要穷究到底。如一石钟山也，经有其文，注详其实，前人已得其近似。犹不肯径信，必身历其境闻之，真察之详，然后以我所见考书所传，以书所传合我之见。而向之所疑，至此乃释。此可悟观山水法，亦可得读书法。”（《山晓阁选宋大家苏东坡全集》卷六）本文与王安石的《游褒禅山记》都是通过游览、记述山川而得出自己的体悟和感想。这种“慎取”和实地考察的精神，值得今人注意并学习。

上枢密韩太尉书

——[宋]苏辙——

作者简介

苏辙(1039—1112),字子由,号栾城,眉州眉山人。苏洵之子,苏轼之弟。宋仁宗嘉祐二年进士,曾受苏轼“乌台诗案”牵连被贬,历任尚书右丞、门下侍郎。因反对王安石变法,被免官。晚年寓居许昌颍水之滨,自号“颍滨遗老”,谥“文定”。北宋著名政治家、文学家,“唐宋八大家”之一。

太尉执事:辙生好为文,思之至深。以为文者气之所形,然文不可以学而能,气可以养而致。① 孟子曰:“我善养吾浩然之气。”今观其文章,宽厚宏博,充乎天地之间,称其气之小大。② 太史公行天下,周览四海名山大川,与燕、赵间豪俊交游,故其文疏荡,颇有奇气。此二子者,岂尝执笔学为如此之文哉?其气充乎其中而溢乎其貌,动乎其言而见乎其文,而不自知也。③

辙生十有九年矣。其居家所与游者,不过其邻里乡党之人,所见不过数百里之间,无高山大野,可登览以自广。百氏之书,虽无所不读,然皆古人之陈迹,不足以激发其志气。恐遂汩没,故决然舍去,求天下奇闻壮观,以知天地之广大。④ 过秦汉之故都,恣观终南、嵩、华之高,北顾黄河之奔流,慨然想见古之豪杰。至京师,仰观天子宫阙之壮,与仓廪、府库、城池、苑囿之富且大也,而后知天下之巨丽。见翰林欧阳公,听其议论之宏辩,观其容貌之秀伟,与其门人贤士大夫游,而后知天下之文章聚乎此也。⑤

注释

①太尉:韩琦,字稚圭,北宋著名军事家、政治家,宋仁宗时任枢密使,官职类似于

汉代的太尉。执事:敬称。气:指作家的气质。

②我善养吾浩然之气:出自《孟子·公孙丑上》。称(chèn):符合。

③太史公:指司马迁。疏荡:指文风洒脱而又跌宕有气势。奇气:非凡的气势或气象。溢:流露。

④百氏:指诸子百家。汩没:埋没,指志气消沉。

⑤恣:尽情。终南、嵩、华:终南山,在今陕西省;嵩山,在今河南省登封市西北;华山,在今陕西省华阴市境内。苑囿:古代畜养禽兽以供帝王玩乐的园林。欧阳公:欧阳修。

太尉以才略冠天下,天下之所恃以无忧,四夷之所惮以不敢发,入则周公、召公,出则方叔、召虎。而辙也未之见焉。且夫人之学也,不志其大,虽多而何为?[①]辙之来也,于山见终南、嵩、华之高,于水见黄河之大且深,于人见欧阳公,而犹以为未见太尉也。故愿得观贤人之光耀,闻一言以自壮,然后可以尽天下之大观,而无憾者矣。[②]

辙年少,未能通习吏事。向之来,非有取于斗升之禄。偶然得之,非其所乐。然幸得赐归待选,使得优游数年之间,将以益治其文,且学为政。太尉苟以为可教而辱教之,又幸矣。[③]

注释

①恃:依靠。周公、召公:周公旦与召公奭,均为周初大臣,辅佐周成王,安定周室。方叔、召虎:周宣王时大臣,曾出征征讨有功。

②光耀:光采。大观:盛大壮观的景象,指上文所谓的“天地之广大”“天下之巨丽”“天下之文章”等。

③斗升之禄:微薄的俸禄。赐归:苏辙考取进士后,以自己年轻不愿做官,朝廷批准他暂归故里。待选:等待选拔。优游:悠闲自得。

译文

太尉执事:我苏辙生性喜好写作,对此曾有过深刻的思考。我认为文章是作者气质、性格的表现,但文章不是只通过学习就能写好的,气质却可以通过培养而获得。孟子说:“我善于培养我的浩然正气。”现在看他的文章,深沉雄厚,宏大广博,充盈在天地之间,和他的气质相符合。太史公走遍天下,博览天下的名山大川,和燕赵之地的豪士俊杰交结出游,所以他的文章明畅而又跌宕,很有非凡的气势。这两个人,难道曾经拿着笔来学习写作这样的文章吗?他们的气充盈于胸中,显露在形貌上,发而为言语,又表现为文章,但自己却并不曾觉察。

我生下来已经十九年了。我住在家里的时候,跟我交游的,不过是乡间邻里的人,所见到的不过是几百里以内的事物,又没有高山旷野可供攀登游览,来开阔自己的胸襟视野。诸子百家的著作,我虽然无所不读,但这些都是古人的遗迹,不足以激发我的志气。我担心这样会丧失志气,所以毅然离开故乡,去访求天下惊奇动听的事情和壮丽的景观,来了解天地的广博浩大。我路过了秦、汉的故都,尽情观赏了终南山、嵩山、华山的高峻,北望奔腾流泻的黄河,深有感慨地想起了古代的豪士俊杰。到了汴京,我瞻仰了天子雄伟的宫殿,以及国家的粮仓、府库、城池、园林的富庶宏大,然后才知道天下的宏伟壮丽。我见到了翰林学士欧阳公,聆听了他宏大而雄辩的议论,看见了他秀丽而俊伟的容貌,同他的门生贤士大夫交往出游,然后才知道天下最好的文章都聚集在这里。

太尉的雄才大略冠称天下,天下依仗您才能平安无忧,四方各少数民族政权也因为惧怕您而不敢发难。您在朝廷之内如同周公、召公一般辅佐君王,在朝廷之外就像方叔、召虎那样平定叛乱、安定边疆。但是我还是没能拜见您。况且,一个人学习,如果不树立远大的志向,即使学得再多又有什么用呢?我这一次到来,在山,看见了终南山、嵩山、华山的高峻;在水,看见了黄河的深广;在人,看见了欧阳公。但是,我还是没能拜见您,这太遗憾了。所以我希望能够亲睹贤人的丰采,即使只听到您一句话也足以使我志气壮大。这样就可尽览天下的壮观,而不会再有什么缺憾了。

我还年轻,尚未能通晓政务。先前来京城应试,并不是为了谋取微薄的俸禄,即使偶然得到,那也不是我所乐意的。幸而蒙受恩赐允许回家,等待朝廷的选用,使我可以获得几年的悠闲时光,能够进一步钻研作文之道,并且学习政务。如果太尉认为我值得指教,屈尊给我以教诲,那就更使我深感荣幸了。

导读

宋仁宗嘉祐二年(1057),苏辙与兄长苏轼同时考中进士,苏辙时年十九,中第五甲。韩琦于去年担任太尉,苏辙遂上书,以期能够获得接见。(孙汝听《苏颍滨年谱》)因此,本文与李白《与韩荆州书》一样,都可视为是干谒文,但苏辙此文与李白的文章有极大的不同。

文章一开始即写自己爱好写作文章,进而讲解自己对写作文章的看法。苏辙认为文章是由人内在的气质所生发和决定的,文章不能通过学习而擅长,但气质却可以通过培养而获得。他举了孟子善养"浩然之气"和太史公有"奇气"的例子,来说明气对文章的重要性。孟子养"浩然之气",故而其文章汪洋恣肆,宽厚宏博,使人读之而觉充塞天地;司马迁周览天下山川,交结俊杰,故而其文章跌宕起伏,而有非凡的气势。孟子与司马迁都未尝刻意学习如何写作文章,他们游历天下,培养了独特的气质,通过文章表现出来,就形成了一种独特的写作风格。在陈述自己关于文章发乎于气的观点后,作者又讲述自己学习古人养气的过程。苏辙未出故乡入京以前,所见及的不过是数百里之地,所交结的也都是乡里邻人,所读之书均是千年前的诸子百家著作,这些对于一个人的养气是没有太大用处的。居家而死读书,只能学得书本上的知识,但对于真正明白理解其中的道理,却没有过多的帮助,更不利于开阔胸襟,培养气质。因此,苏辙于嘉祐元年跟随父兄离开家乡,经长安、出关中、至河南、游京师。这一次出行开拓了苏辙的眼界和心胸。在文中他写到游览秦汉故都、名山胜景、黄河壮观、京师富丽,以及拜见欧阳修等,这些都对其自我气质的培养产生了极大的积极作用。而这也正与孟子养"浩然之气"和司马迁游历天下以养奇气相吻合,是作者对于自己的文学创作理念的一种实践。

在陈述完自己的文学创作理念及实践之后,作者又将中心转移到韩琦身上。在上文中所提到的名山大川、故都、京师、欧阳修等,都是天下的奇闻壮观、名士贤臣,而韩琦则"以才略冠天下",作者虽然遍览天下壮观,但犹以未能一见韩琦为憾。此处与李白"生不用万户侯,但愿一识韩荆州"有异曲同工之妙。作者借此委婉地提出希望能够受到韩琦接见的愿望。此后,又转回自身,指出自己年纪尚小,也不追求高官厚禄,虽侥幸得中进士,但并非自己所愿。作者希望潜心钻研文章,学习政事,来表达自己的志向。最后,作者再次表达希望能够被韩琦接见的愿望。

与李白《与韩荆州书》不同的是,苏辙并未在文中一味不切实际地吹捧韩琦和自己,而是出于实际。对韩琦的直接赞美,不过寥寥数语,更多是使用间接手法。文章以自己对文章写作的理解入手，提出主气的观点，进而提出应多游历以养气，讲述自己游历所见所感，并以未能得见韩琦为遗憾。如此步步推进，由自身引入韩琦，对韩琦的推崇，在不着痕迹的书写中得以展现。而对希望韩琦接见自己的愿望，也是点到为止。清人林云铭称："从来上书当路，鲜有不自炫所长，以求其罗致援拔。此却为作文养气上起见，何等奇创！"(《增订古文析义合编》卷十五)余诚称"通体绝无一干求仕进语，而纡徐婉曲中，盛气足以逼人"(《重订古文释义新编》卷八)。此外，苏辙在文中所称的文章主气之说，也是中国文学批评上的一个重要主题，而游览名山大川以养气，不被故书所束缚的主张，更加应当值得现代人的注意。

卖柑者言

——[明]刘基——

作者简介

刘基(1311—1375)，字伯温，青田(今浙江省青田县)人。元至顺四年进士，历任江西高安县丞、江浙儒学副提举等，后辅佐明太祖朱元璋平定天下，封诚意伯，谥"文成"。元末明初杰出的军事家、政治家、文学家和思想家。擅诗文，与宋濂、高启并称为"明初诗文三大家"。

杭有卖果者，善藏柑，涉寒暑不溃。出之烨然，玉质而金色。置于市，贾十倍，人争鬻之。予贸得其一，剖之，如有烟扑口鼻，视其中，则干若败絮。[①]予怪而问之曰："若所市于人者，将以实笾豆、奉祭祀、供宾客乎？将炫外以惑愚瞽也？甚矣哉为欺也。"[②]

卖者笑曰："吾业是有年矣，吾赖是以食吾躯。吾售之，人取之，未尝有言，而独不足子所乎？世之为欺者不寡矣，而独我也乎？吾子未之思也。[③]今夫佩虎符、坐皋比者，洸洸乎干城之具也，果能授孙、吴之略耶？[④]峨大冠、拖长绅者，昂昂乎庙堂之器也，果能建伊、皋之业耶？[⑤]盗起而不知御，民困而不知救，吏奸而不知禁，法斁而不知理，坐糜廪粟而不知耻。[⑥]观其坐高堂、骑大马、醉醇醲而饫肥鲜者,孰不巍巍乎可畏、赫赫乎可象也?又何往而不金玉其外、败絮其中也哉!今子是之不察,而以察吾柑!”[⑦]

予默然无以应。退而思其言,类东方生滑稽之流。岂其愤世疾邪者耶?而托于柑以讽耶?[⑧]

注释

①杭:杭州。藏:储藏。溃:烂。烨然:光彩鲜明的样子。贾:通“价”,价格。鬻:购买。贸:买。

②市:卖。笾(biān)豆:古代祭祀及宴会时常用的两种礼器。炫:夸耀。愚瞽:愚昧的人。

③业是:以此为业。食(sì):喂养,供养。所:宜,所需。

④虎符:虎形的印信,用以调遣军队。皋比:虎皮,这里指武将的坐席。洸(guāng)洸:威武的样子。干:盾;或说音“gàn”,守卫,捍卫。孙、吴:孙武、吴起,春秋战国时著名的军事家。

⑤峨:高耸。绅:古代士大夫束于腰间,一头下垂的大带。伊、皋:伊尹、皋陶,古代的贤臣。

⑥斁(dù):败坏。糜:耗费,浪费。廪粟:公家的粮食。

⑦醇醲:指美酒。饫(yù):饱食。象:取法。

⑧东方生:指东方朔,字曼倩,汉武帝时人,善滑稽讽谏。滑稽(gǔ jī):指能言善辩,言辞流利,一般以言辞讽谏。

译文

杭州有个卖水果的人,很善于储藏柑子,过了一年也不会腐烂。拿出来的时候,光泽鲜亮,质地像玉一般,颜色也还是金黄色的。放在市场上出售,价格高出普通柑子十倍,人们都争相购买。我买了一个,剖开之后,好像有烟尘扑向口鼻,再看里面,干枯得像破棉絮一样。我感到很奇怪,于是问他说:“你所出售给别人的柑子,是准备用来放置在祭祀用的礼器中,供奉神灵、招待宾客呢,还是要夸耀它的外表来迷惑愚昧的人呢?你这种骗人的勾当,也太过分了!”

卖柑子的人笑着说:“我从事这个职业已经有很多年了,我依靠它来养活自已。我卖柑子,人们买柑子,没听见有谁抱怨的,却唯独不能满足你的需要吗？世上骗人的人不在少数,难道就只有我一个？看来您是没有想过这个问题。当今那些佩带兵符、坐在虎皮椅子上的武将,威风凛凛的样子,好像是保卫国家的人才,但他们真的能够传授孙武、吴起那样的韬略吗？那些高戴官帽,腰上拖着长长绅带的文官,一副高傲的样子,好像是朝廷的重臣,但他们真的能够建立伊尹、皋陶那样的功业吗？盗贼兴起却不知道抵挡,百姓贫困却不知道解救,官吏狡诈却不知道禁止,法度败坏却不知道整顿,白白地耗费国家仓库里的粮食却不知道羞耻。看看那些坐在高敞的厅堂之上,骑着高头大马,喝足了美酒,吃饱了鲜美食物的人,哪一个不是高大壮观、令人生畏,哪一个不是威风凛凛、可供效法的呢？可是无论到哪里,又何尝不是外表像金玉一样绚烂、内里却像破絮一样破败呢？现在你不去查究那些人,却反而来查究我的柑子!"

我沉默着,无言以对。回头再想想他的话,觉得他是类似于东方朔一类以言辞讽谏的人物。难道他是愤慨世事、憎恶邪恶的人,而假借柑子来进行讽刺吗？

导读

本文大概作于元朝末年,当时作者在杭州为官。文章通过与杭州一个卖柑者的对话,来揭示当时朝廷中"金玉其外,败絮其中"的现象。

文章先用赞扬的语气,指出杭州的卖柑者擅长收藏柑子,经过他收藏的柑子,不但储存时间长久,而且色泽鲜艳。既而以其出售价格虽然昂贵,但人们仍竞相购买,来侧面烘托卖柑者的名声之高及其柑子的销路之畅。如此,以寥寥数笔即交代完了卖柑者其人,并写出了其人的特点。既而写作者购得一个,却发现外表非常美丽的柑子,其内里却如同败絮一般。先扬后抑,通过鲜明的对比而提出作者的怀疑。在听到作者的质问之后,卖柑者却以微笑来应对,点出卖柑者的从容与"自信"。而通过卖柑者的回答,又可以获知诸多信息。首先,卖柑者自述其以卖柑为生,已经有很多年,而人"未尝有言",这本身便是一件值得追问的事情。事实上,购买柑子的人事后必然会发现柑子的"败絮其中",但却未曾有人来追问,已经表示买者与卖者之间形成了一种默契的利益关系,也就是卖柑者所说的"吾售之,人取之"。究其原因,可能在于人们买柑的目的主要是"实笾豆、奉祭祀、供宾客",并不注重柑子内在是否有问题,而只注重其外表的绚烂,故而对卖柑者有所"纵容"并继续购买。这也可以粗略反映国人大事化小、息事宁人的性格特点和只重外表而不重内美的选择标准。但作者的主旨并不在于以此揭露国人性格的劣根性。卖柑者继续发表他的见解,指出“世之为欺者不寡”的现实,更以当前社会身居高位而毫无作为的人为例。在外为将的人掌握兵权,在内为官的人身居高位,但当盗贼蜂起、百姓困顿、官吏作奸犯科而法度败坏之时,却只知自行享乐而不顾天下安危,实则他们脑中胸中并无任何谋略可言,不能为国家分忧解难,却得到高官厚俸,与卖柑者比起来,这才是真正的“金玉其外,败絮其中”。其后,卖柑者又指责作者不去追究为官为将者而抓住自己不放,也是舍大而取小。

元朝末年,政治败坏,各地反抗义军蜂起,而朝廷腐败无能,非但不能镇压,反而毒害百姓。在这种情况下,本文所描写的“金玉其外,败絮其中”的文官武将便具有了现实色彩和普遍意义。作者从小小的柑子外表鲜艳内里腐败为引,借卖柑者之口写出当政者亦然的现实,指出了当前社会所面临的现状,揭露了社会深层的腐败。作者在文末以卖柑者为东方朔一类的滑稽讽谏人物,实则是作者借卖柑者之口进行讽谏,从这一角度来讲,本文具有极强的现实意义。另一方面,从卖柑者能够持续很多年卖柑而不被人揭穿以及卖柑者应对作者的质疑而能笑言批驳,也可看出当时社会上“金玉其外,败絮其中”现象的普遍性,而这些人也以此而洋洋自得,人们更对这种现象姑息纵容。如果从这个角度来看,则更加可以看出当时社会的腐败程度,这也正恰恰增强了本文的现实色彩。再者,朝廷内外的文官武将都是“金玉其外,败絮其中”,则也从侧面点出真正的贤才士人都被排挤,而不被重用,结合作者在元末的政治仕途,也可隐约看出作者内心对此现象的批判和自己不得重用的愤慨之情。

项脊轩志

——[明]归有光——

作者简介

归有光(1507—1571),字熙甫,号震川,又号项脊生,昆山(今江苏省昆山市)人。嘉靖十九年中举人,四十四年中进士,历任长兴知县、顺德通判、南京太仆寺丞,卒于官。明代著名散文家,推重古文,与唐顺之、王慎中并称为“嘉靖三大家”,后人称赞其散文为“明文第一”。

项脊轩，旧南阁子也。室仅方丈，可容一人居。百年老屋，尘泥渗漉，雨泽下注；每移案，顾视无可置者。又北向，不能得日，日过午已昏。[①]余稍为修葺，使不上漏。前辟四窗，垣墙周庭，以当南日，日影反照，室始洞然。[②]又杂植兰桂竹木于庭，旧时栏楯，亦遂增胜。借书满架，偃仰啸歌，冥然兀坐，万籁有声。[③]而庭阶寂寂，小鸟时来啄食，人至不去。三五之夜，明月半墙，桂影斑驳，风移影动，珊珊可爱。然余居于此，多可喜，亦多可悲。[④]

注释

①方丈：一丈见方。渗漉(lù)：渗漏。案：长方形状的桌子。北向：面向北方。

②修葺(qì)：修理。周：环绕。洞然：明亮的样子。

③栏楯(shǔn)：栏杆。借：一作"措"，一作"积"。偃仰：俯仰，形容从容自适。冥然：静默的样子。兀坐：端坐。万籁：指自然界的各种声音。

④三五：指农历十五日。斑驳：色彩错杂，指树影零落错乱。珊珊：轻盈舒缓的样子。

先是，庭中通南北为一。迨诸父异爨，内外多置小门墙，往往而是。东犬西吠，客逾庖而宴，鸡栖于厅。庭中始为篱，已为墙，凡再变矣。[①]家有老妪，尝居于此。妪，先大母婢也，乳二世，先妣抚之甚厚。[②]室西连于中闺，先妣尝一至。妪每谓予曰："某所，而母立于兹。"妪又曰："汝姊在吾怀，呱呱而泣；娘以指叩门扉曰：'儿寒乎？欲食乎？'吾从板外相为应答。"语未毕，余泣，妪亦泣。[③]

余自束发读书轩中，一日，大母过余曰："吾儿，久不见若影，何竟日默默在此，大类女郎也？"比去，以手阖门，自语曰："吾家读书久不效，儿之成，则可待乎？"[④]顷之，持一象笏至，曰："此吾祖太常公宣德间执此以朝，他日汝当用之。"瞻顾遗迹，如在昨日，令人长号不自禁。[⑤]

轩东故尝为厨，人往，从轩前过。余扃牖而居，久之，能以足音辨人。轩凡四遭火,得不焚,殆有神护者。⑥

注释

①迨:等到。爨(cuàn):烧火做饭。异爨:指分家。庖(páo):厨房。再变:变了两次。

②老妪(yù):老妇。先大母:已故的祖母。先妣(bǐ):已故的母亲。抚:照顾。

③中闺:内室,闺房。而:通"尔",你的。呱(gū)呱:小孩的哭声。

④束发:古代男孩成童时束发为髻,代指成童。过:探访,探视。竟日:整日。阖:关上。效:有成效,指科举考中为官。

⑤象笏(hù):用象牙制作的手板,品位较高的官员朝见君王时所执,可供记事备忘。太常公:指归有光祖母的祖父夏昶,官至太常寺卿。宣德:明宣宗年号。瞻顾:回想。号:号哭。

⑥扃牖(jiōng yǒu):关闭窗户。殆:大概。

项脊生曰:蜀清守丹穴,利甲天下,其后秦皇帝筑女怀清台。刘玄德与曹操争天下,诸葛孔明起陇中。①方二人之昧昧于一隅也,世何足以知之?余区区处败屋中,方扬眉瞬目,谓有奇景。人知之者,其谓与坎井之蛙何异!②

余既为此志,后五年,吾妻来归,时至轩中,从余问古事,或凭几学书。吾妻归宁,述诸小妹语曰:"闻姊家有阁子,且何谓阁子也?"③其后六年,吾妻死,室坏不修。其后二年,余久卧病无聊,乃使人复葺南阁子,其制稍异于前。然自后余多在外,不常居。庭有枇杷树,吾妻死之年所手植也,今已亭亭如盖矣。④

注释

①项脊生:即归有光。"蜀清"三句:战国时巴蜀有一个名叫清的寡妇,继承先人经营丹砂致富的事业,后秦始皇认为她是贞妇,为她建筑了女怀清台。陇中:即隆中;或说是田野中。刘备、诸葛亮事见《出师表》。

②昧昧:昏暗的样子,指默默无闻。隅:角落。区区:微不足道,谦称。瞬目:眨

眼。坎(kǎn)井:浅井。坎井之蛙:出自《庄子·秋水》,坎井之蛙向东海之鳖夸耀自己在浅水坑的乐趣,比喻孤陋寡闻之人。

③为:作。归:指女子出嫁至夫家。凭:靠。几:案。归宁:已嫁女子回娘家看望父母。

④制:规模,形制。亭亭:高耸的样子。盖:伞。

译文

项脊轩就是以前南面的阁子。房间只有一丈见方,可容纳一个人居住。这是历经百年的老屋了,尘土往下渗漏,雨水也往下流淌。常想挪动一下桌子,但四面看看没有可以安置的地方。房子朝向北方,照不进阳光,一过中午,室内就变得昏暗。我稍加修补,让屋顶不漏,前面开了四扇窗户,围着庭院修筑了短墙,用来挡住南射的阳光,让阳光反射,室内才开始变得明亮。又在庭院中栽种了兰花、桂树、竹子和其他树木,以前的栏杆也因此而增加了光彩。书籍堆满了书架,我在其中俯仰高歌,自在快乐。有时默然独坐,各种声音都能听见。而庭院又特别寂静,小鸟有时飞下来用嘴取食,有人走来也不飞走。到了十五的夜晚,明亮的月光照着半个墙面,桂树的影子纷杂错落,风在吹,影子也随之移动,舒缓轻盈,十分可爱。我居住在这里,有很多可喜的事情,而可悲的事也很多。

在这之前,庭院南北原是贯通的。等到叔伯们分家以后,庭院内外新加了很多小门,到处都是。东家的狗冲着西家叫,客人要穿过厨房去吃饭,鸡都栖息在厅堂里。庭院中最先设置篱笆,后来又垒起了墙,一共变动了两次。我家里有个老妇人,曾经在这里住过。她是我已过世的祖母的婢女,哺育过两代人,我母亲生前待她很好。屋子西面和内室相连,我母亲曾经来过。老妇人经常对我说:"那个地方,你母亲曾经站过。"又说:"你姐姐在我的怀里,呱呱地哭,你母亲听到了就用手指敲着房门说:'孩子是不是冷了?是不是想吃东西了?'我就隔着门板回答。"话还没说完,我就哭了,老妇人也哭了。

我从成童时起就在这里读书。有一天,祖母来看我,说:"我的孩子,很久都没看见你的人影了,怎么整天不声不响地待在这儿,像个女儿家一样?"等到离去时,用手关上房门,自言自语地说:"我们家的人读书,很久都没有看见成效,这孩子的成功,那总是可以期待的吧?"过了一会儿,祖母拿着一块象笏过来,说:"这是我祖父太常公在宣德年间拿着上朝用的,将来你会用得着。"回想起这些往事陈迹,就好像还在昨天，叫人忍不住放声大哭。

项脊轩的东面曾经是厨房，人们要到那里去就要从轩前经过。我关上窗子住在里面，时间长了，就能凭借脚步声辨别出是谁。项脊轩一共四次遭遇火灾，却没有被焚毁，大概是有神灵保护的缘故。

项脊生说：巴蜀有个名叫清的寡妇，她继承了先人的丹砂矿，获利为天下第一，后来秦始皇专门修建了“女怀清台”来纪念她。刘备和曹操争夺天下，诸葛亮在隆中被起用。当这两个人还在角落里不为人所知的时候，世人又哪里会知道他们？我待在这破旧的小屋之中，却沾沾自喜，以为这里有奇异的景致。如果有人知道，大概会说我跟待在井里的青蛙没什么区别吧。

我写完这篇志文后，过了五年，我的妻子嫁到我家。她时常到项脊轩中来，向我询问古代的事情，或是靠着桌子学写字。我妻子回娘家，回来后转述她的小妹的话说：“听说姐姐家有间阁子，那么什么是阁子呢？”过了六年，我的妻子去世了，阁子坏了也没有修理。又过了两年，我因久卧病榻，心里无聊，于是让人再次修理了南阁子，形制与以前略有不同。但之后我大多时间都在外，不常住在这里。庭院中有一株枇杷树，是我妻子去世那一年亲手栽种的，现在已经长得高大挺拔，像伞一样了。

导读

归有光的远祖归道隆曾居住在太仓的项脊泾，所以作者以此命名自己的书斋，来表示纪念。《项脊轩志》是归有光回忆记述项脊轩的文章，最初当作于明嘉靖二年(1523)，后于嘉靖十四年加以补充。(张传元、余梅年《归震川年谱》)

文章先对项脊轩进行描写。先写项脊轩的方位和形制，位于南面，只有一间阁子，大小仅一丈方圆，只能容纳一人居住，又历时百年，十分破旧，每到下雨时就漏雨。因为房屋面向北方，又不能获得阳光。总之，晴雨两不方便。作者稍加修葺后，才使得房间不再漏雨，有了光亮。又在庭院中种植花草竹木，增加庭院的景象。轩中书籍堆满了书架，作者身处其间，倍觉欢乐。人与自然和谐相处，有不怕人的小鸟经常前来啄食。等到明月在天，树影斑驳，更加觉得可爱。以上是写项脊轩令人可喜的方面，以“多可喜，亦多可悲”为转折，又开始描写发生于此间的令人悲伤的事情。

作者先回忆以前尚未分家之时，庭院相通。等到分家之后，便开始相互间隔，只以小门相互往来,而有时客人来访,往往穿梭而过,甚至家养的鸡也栖息在大厅之中。看似热闹,实则饱含了分家之后的心酸悲伤。又写家中的老妪,经历了三代变迁,而经常为作者讲述以前作者母亲和姐姐的故事,又是悲伤。再写以前祖母对自己专心读书而不出去游玩的关怀询问,以及对作者的殷殷期望,三次悲伤。后写项脊轩曾经遭遇四次火灾,却没有被焚毁,悲伤之中又带着庆幸。中间又夹叙自己能够凭借脚步声来辨别是何人往来,又带有一些少年时的乐趣。

以上或喜或悲,而夹杂写来,令读者也或喜或悲,感同身受。进而又写自己对于项脊轩的感触,以秦寡妇清和汉诸葛亮的故事来与自己对比,寡妇清和诸葛亮最初"昧昧于一隅",而后都知名天下;而自己虽也身处"败屋",却洋洋得意,满足于项脊轩的"奇景",使人不禁要嘲讽自己是井底之蛙。名义上是写自己不思进取,实际上却深含了作者对项脊轩的感情。在作者完成此篇五年后,作者娶妻(嘉靖七年),夫妇之间琴瑟和谐,使项脊轩增添了无限柔情趣味。过了六年,妻子去世(嘉靖十二年),而项脊轩也颓败,不再修理,可见作者伤痛之情。又过了两年,作者久病,无聊之余才使人稍加修葺,但也不常居住,可知是睹物思人,而物是人非,更添悲伤。作者重新为此文增添内容,内容虽仍旧是或喜或悲,但情感基调已不同于十三年前少年时的得意舒适,而是充满了中年的悲伤。庭前的枇杷树,是两年以前妻子死时自己亲手种下,而现在已经枝叶茂盛,形状如伞,真正是"树犹如此,人何以堪"(庾信《枯树赋》)。通过这一描写,更加体现出作者内心无限的悲痛。

明人王锡爵称归有光"所为抒写怀抱之文,温润典丽,如清庙之瑟,一唱三叹,无意于感人,而欢愉惨恻之思,溢于言语之外,嗟叹之,淫佚之,自不能已已"(《明太仆寺寺丞归公墓志铭》)。此文集描写、记事、议论、抒情为一体,感情真挚,每多细节描写,悲喜之间,感动人心。

五人墓碑记

———[明]张溥———

作者简介

张溥(1602—1641),字天如,号西铭,太仓(今江苏省太仓市)人。明思宗崇祯四年进士，授庶吉士，后乞假归家。曾与郡中名士结为复社，评议时政。在文学方面，主张复古，反对空疏。一生著作宏丰，著有《七录斋集》，另编有《汉魏六朝百三家集》，精通诗词，尤擅散文、时论。

五人者，盖当蓼洲周公之被逮，急于义而死焉者也。[①]至于今，郡之贤士大夫请于当道，即除逆阉废祠之址以葬之。且立石于其墓之门，以旌其所为。呜呼，亦盛矣哉！[②]夫五人之死，去今之墓而葬焉，其为时止十有一月尔。夫十有一月之中，凡富贵之子，慷慨得志之徒，其疾病而死，死而湮没不足道者，亦已众矣；况草野之无闻者欤！独五人之皦皦，何也？[③]

予犹记周公之被逮，在丁卯三月之望。吾社之行为士先者，为之声义，敛资财以送其行，哭声震动天地。[④]缇骑按剑而前，问："谁为哀者？"众不能堪，抶而仆之。是时以大中丞抚吴者，为魏之私人，周公之逮所由使也，吴之民方痛心焉。于是乘其厉声以呵，则噪而相逐，中丞匿于溷藩以免。[⑤]既而以吴民之乱请于朝，按诛五人，曰：颜佩韦、杨念如、马杰、沈杨、周文元，即今之傫然在墓者也。[⑥]然五人之当刑也，意气阳阳，呼中丞之名而詈之，谈笑以死；断头置城上，颜色不少变。有贤士大夫发五十金，买五人之脰而函之，卒与尸合。故今之墓中，全乎为五人也。[⑦]

注释

①蓼(liǎo)洲周公：周顺昌，号蓼洲，曾任福州推官、吏部主事等，后乞假归家，因触怒魏忠贤党人而被捕，被杀于狱中。

②郡：指吴郡，今苏州市。当道：当地执政官员。除：清理。逆阉：指魏忠贤。废祠：魏忠贤当权之时，各地方官为了奉承他，在当地为他建立生祠，魏忠贤被捕后，生祠也被废弃，这里指江苏巡抚毛一鹭在虎丘所建的生祠。旌：表彰。

③去：距离。墓：修墓。湮没：埋没。皦(jiǎo)皦：明亮的样子。

④丁卯：天启七年(1627)。吾社：指张溥等人组织的复社。声义：伸张正义。

⑤缇骑(tí jì)：指锦衣卫。堪：忍受。抶(chì)：打。仆：倒。以大中丞抚吴者：指

江苏巡抚毛一鹭,是魏忠贤的亲信。溷(hùn)藩:厕所。

⑥按:查办,审核。傫(lěi)然:重叠堆积的样子。

⑦阳阳:通“扬扬”,昂然自若。詈(lì):骂。少:稍。脰(dòu):脖颈,这里指头颅。函:用匣子装起来。

嗟乎!大阉之乱,缙绅而能不易其志者,四海之大,有几人欤?而五人生于编伍之间,素不闻《诗》《书》之训,激昂大义,蹈死不顾,亦曷故哉?[①]且矫诏纷出,钩党之捕遍于天下,卒以吾郡之发愤一击,不敢复有株治;大阉亦逡巡畏义,非常之谋,难于猝发,待圣人之出而投缳道路,不可谓非五人之力也。[②]

由是观之,则今之高爵显位,一旦抵罪,或脱身以逃,不能容于远近;而又有翦发杜门、佯狂不知所之者。其辱人贱行,视五人之死,轻重固何如哉?[③]是以蓼洲周公忠义暴于朝廷,赠谥美显,荣于身后;而五人亦得以加其土封,列其姓名于大堤之上,凡四方之士,无有不过而拜且泣者,斯固百世之遇也![④]不然,令五人者保其首领以老于户牖之下,则尽其天年,人皆得以隶使之,安能屈豪杰之流,扼腕墓道,发其志士之悲哉!故余与同社诸君子,哀斯墓之徒有其石也,而为之记,亦以明死生之大,匹夫之有重于社稷也。[⑤]

贤士大夫者:冏卿因之吴公、太史文起文公、孟长姚公也。[⑥]

注释

①大阉:指魏忠贤。缙绅:指士大夫。易:改变。编伍:户籍编制,五人为一伍,代指平民百姓。素:向来。蹈死:赴死。

②矫诏:假托皇帝诏令。钩党:牵连而为同党。株治:株连治罪。非常之谋:指魏忠贤废立皇帝、篡夺天下的意图。猝发:立即发动。圣人:指明思宗,即位后废逐魏忠贤。投缳:自缢,魏忠贤被废逐后在路上自缢身亡。

③抵罪:因触犯法律而受到制裁。翦发:指削发为僧。翦:同“剪”。杜:关闭。佯:假装。辱人贱行:使人格受辱,行为卑劣。

④暴:显露。谥(shì):谥号。美显:美好荣耀。加其土封:指重修坟墓。

⑤隶使:奴役。扼腕:用一只手握住另一只手腕,表示振奋、惋惜、愤慨等情绪。徒:只。

⑥冏(jiǒng)卿:即太仆寺卿。因之吴公:指吴默,字因之。太史:指翰林。文起文公:指文震孟,字文起,曾任翰林院编修。孟长姚公:指姚希孟,字孟长,文震孟外甥,曾任庶吉士。吴、文、姚三人即前文中提及的"发五十金,买五人之脰而函之"的贤士大夫。

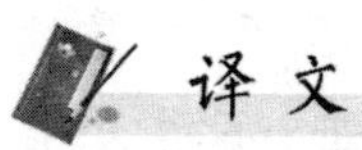

译文

这五个人,就是在周公顺昌被逮捕之时,激于大义而死的。到了现在,吴郡的贤明士大夫向当权者申请,就把魏忠贤的废祠加以清理,用来安葬他们,并在墓门前竖立石碑,来表彰他们的作为。唉,这也真是隆盛啊!这五人的死亡,距离今天修墓安葬,才只有十一个月。在这十一个月中,富贵的人,意气激昂、志得意满的人,由于疾病而死,死去之后就此泯没无闻而不值得称道的,也已经有很多了,更何况是那些身处草野、不被人所知的人呢!但唯独这五个人仍然光明昭著,这是什么缘故呢?

我还记得周公被捕,是在天启七年三月十五日。我们复社中那些在行为上可当士子表率的人,为他伸张正义,聚集钱财,为他送行,哭声震天动地。锦衣卫手按剑柄,站在前面喝问:"是谁在为他哀哭?"大家不能忍受,把他们打得跌倒在地。当时以中丞的官衔而担任江苏巡抚的毛一鹭,是魏忠贤的党羽,周公被捕就是出于他的指使,当地人民正对他满怀痛恨,于是便趁他厉声呵责之时,大声鼓噪,上前追逐,中丞躲藏在厕所里才得以幸免。其后就以吴地人民暴乱为由向朝廷申报,最终处死五人,是颜佩韦、杨念如、马杰、沈杨、周文元,也就是现在墓中的人。这五人临刑之时,意气昂扬自若,喊着中丞的姓名大声怒骂,谈笑之间从容就死。砍下的头颅被悬挂在城墙上,脸色没有丝毫改变。有贤明的士大夫拿出五十两银子,买下了五人的头颅,用匣子装起来,最终与尸体缝合,所以现在的坟墓中还是完整的五个人。

唉,当魏忠贤乱政之时,能够不改变节操志气的士大夫,以天下之大,又能有几个呢?但这五个人生于民间,平时也没有听过《诗》《书》所载的训诫,却能被大义所激扬,赴死而不顾惜,这又是什么缘故呢?况且当时伪造的诏书纷纷下达,整个天下都在相互牵连引为同党,大肆逮捕,最终由于我们吴郡这次发愤抗击,才不敢再株连治罪。魏忠贤也犹豫畏缩，惧怕天下大义，谋朝篡位的阴谋也不敢立即发动，等到崇祯皇帝即位后即被废逐，在路上自缢身亡，这不能说不是由于这五个人的力量。

由此来看，现在那些身居高位的官员，一旦被发现有罪而被处罚，或者逃走却没有容身之地，或者削发为僧，闭门不出，或者假装发疯而不知行踪，这些人使自己的人格受辱，行为又卑劣，与这五人为忠义而死相比，其轻重究竟如何呢？所以周公的忠义显露于朝廷，被赠予美好显耀的谥号，在死后享有荣耀，而这五个人也得以重修坟墓，使姓名刻在大堤之上，天下的士人，没有不经过此地而下拜哭泣的，这实在是百年难遇的恩遇。否则，让这五个人保全性命而老死家中，那么虽然能够活满自然的寿数，但却被别人役使，又怎能让豪杰之人为之折服，在墓门之前扼腕痛惜，抒发他们志士的悲慨呢？因此我与同社的诸位君子，感叹此墓只有墓碑，而写了这篇记文，也是想要说明生死之间的巨大意义和平民对于国家的重要性。

上文所说的贤明士大夫，是太仆寺卿吴公因之、太史文公文起和姚公孟长。

导读

周顺昌是吴县（今江苏省苏州市）人，为人刚方贞介，疾恶如仇，与魏忠贤党不合。据《明史·周顺昌传》记载，“巡抚周起元忤魏忠贤削籍，顺昌为文送之，指斥无所讳。魏大中被逮，道吴门，顺昌出饯，与同卧起者三日，许以女聘大中孙”。又辱骂魏忠贤，而得罪魏党。魏党倪文焕、吕纯如等，与周顺昌有旧仇，于是编织罪名，纠结织造中官李实与江苏巡抚毛一鹭，逮捕周顺昌。周顺昌在吴县素有德望，“及闻逮者至，众咸愤怒，号冤者塞道。至开读日，不期而集者数万人，咸执香为周吏部乞命”。进而因东厂跋扈，众人愤怒，“众纵横殴击，毙一人，余负重伤，逾垣走。（毛）一鹭、（徐）吉不能语”。之后毛一鹭上奏章称民变，东厂主事之人称吴人尽反，谋断水道，劫漕舟，魏忠贤大为震惧。毛一鹭逮捕颜佩韦、马杰、沈扬（杨）、杨念如、周文元五人，以倡乱之名处死。而周顺昌也于天启六年六月十七日被杀于狱中。（《明史·周顺昌传》，时间与张溥所记不同，当以《明史》为准）次年，明思宗崇祯帝即位，清除魏党，当地士大夫组织重修五人墓，张溥为之作记，即《五人墓碑记》。

文章先记重修五人墓之事，指出五人是“急于义而死”，为本文定下了情感和叙事基调。又指出自五人之死到作者写作记文的时间内，富贵而慷慨得志之人大多湮没无闻，而五人的名字却清白显耀，既回应了上文的“急于义而死”，又为下文记事、议论打下基础。下文即记叙周顺昌被逮捕之时吴县人反抗的场景。缇骑的嚣张跋扈与吴县人民的哀痛愤怒形成了鲜明对比，而巡抚毛一鹭躲在厕所中逃命的场景更让人大声叫好。五人也因此事被捕被杀。当五人被杀之时，意气扬扬，神色不变，显露出了“急于义”的本色气概。文章进而指出，在魏忠贤执政之时，天下的士大夫或是屈服，或是懦弱不敢言，而这五人生于市井之间，却急于义而蹈死不顾，以至于自此之后，缇骑不敢出京，而魏忠贤谋篡的阴谋也被迫延迟，至崇祯即位而被逐自杀，也有这五人的功劳在内。针对于此，作者抒发了自己的观点。在作者看来，五人之死，重于泰山，在死后享有忠义之名，胜于庸庸碌碌老死家中，而被他人所驱使。这其实也是司马迁“人固有一死，或重于太山，或轻于鸿毛”的引申。司马迁要完成名山事业，而甘于忍受耻辱，在司马迁看来，因为一时的愤怒而死得毫无价值便是轻于鸿毛；在张溥看来，急于大义而死，胜过于庸碌一生，而能青史留名，为人敬仰，这种死便是重于泰山。两者观点虽不相同，但其根本却是相通的。作者在最后指出写作本文的目的在于“明死生之大，匹夫之有重于社稷”，从这一点上来看，本文已经超出了五人，而上升到了强调忠义气节和强调平民百姓作用的高度。

明朝中后期，市民经济不断发展，尤其是江南地区，不但是文化渊薮，更加是经济发达地区，市民生活不断繁荣，市民精神也更加兴盛。此前的东林党与张溥等人组织的复社，都可以视为是这种社会形态下的政治产物。明末虽然党争激烈，但士大夫与阉党的斗争却始终未有停止。结社不但是出于文学交流，更加有着联合知己、批判时政的目的。本文即可视为复社组织者张溥对于时政的批判之作。本文叙事简略而凝练，议论则侧重于对“义”的阐释，并突显自己的观点。文中除写五人临死时的神态外，并未直写五人事迹。事实上，作者所看重的是五人之死所代表的忠义，并借助这种忠义来表达自己的见解。后人称“此文风神摇曳，直逼史公，早为艺林所赏；而其发扬正义，彰阐幽潜，激劝之功，尤不可没也”（蒋逸雪《张溥年谱》），可谓中其标的。